과거

과거

중국의 시험지옥

미야자키 이치사다 지음

전혜선 옮김

역사비평사

과거
중국의 시험지옥

일러두기

1. 중국의 인명과 지명은 우리식 한자 발음으로 표기했다. 단, 일본의 인명과 지명 등은 국립국어원의 외래어 표기법 규정에 따랐다. (예) 文天祥 — 문천상 / 魯迅 — 노신 / 廣東省 — 광동성 / 北京 — 북경 / 阿倍仲麻呂 — 아베 나카마로 / 千葉県 市川市 — 지바 현 이치카와 시

2. 본문에서 간단한 설명이 필요한 단어에는 역자가 내주內註를 달았다. 내주를 다는 방식은 7쪽 '구제舊制 중학교'에 대한 설명과 같은 방식이다. 이외에 좀 더 보충 설명이 필요한 내용에는 각주를 달았다.(27, 182, 229쪽 참조)

3. 저자가 내용을 보충 설명하거나 쉽게 설명하기 위해 일본과 비교하여 설명한 부분은 거의 그대로 두었으나, 간혹 중국의 옛 관직명을 현대 일본식 관제에 비유한 것은 오늘날 한국의 관제로 바꾸어 내주를 달았다.

   (예) 일본어판 원서의 표현 : 문부대신에 해당하는 예부상서禮部尚書까지 오른 황월黃鉞 → 이 책의 번역 방식 : 예부상서禮部尚書 오늘날 한국의 관직으로 치면 문화와 교육을 담당하는 교육부장관에 해당까지 오른 황월黃鉞

4. 11쪽의 〈과거제 흐름도〉는 청 대 과거제도의 흐름을 한눈에 볼 수 있도록 책의 내용에 근거하여 편집부에서 정리했다. 다만 이 도표는 문과거文科擧를 정리해 놓은 것이며, 무과거武科擧도 문과거와 거의 동일한 단계를 거쳤다.

5. 이 책의 내용 이해를 돕기 위해, 원서에는 없는 도판을 편집부에서 찾아 배치했다.

머리말

일본에서 입시 지옥이란 단어는 언제부터 들리기 시작했을까? 20세기 초반에 태어난 나는 사실 그 단어를 뼈저리게 느끼며 자란 세대라고는 할 수 없다. 내가 나고 자란 마을의 소학교를 졸업하고 나서 근처 작은 도시의 구제舊制 중학교 일본이 2차 세계대전에서 패망하기 전까지 일본 본토와 조선 등 국외 통치 지역에 설치했던 정규 인문계 중등교육기관에 입학하던 해, 그 중학교에서는 최초로 입학시험이라는 것을 시행했는데, 사실 딱히 지원자를 떨어뜨리려는 목적으로 시행했다기보다는 단순히 시험 삼아 한번 실시해본 것에 불과했다. 왜냐하면 시험에 떨어진 사람이 아무도 없었기 때문이다. 그 뿐만이 아니었다. 그 중학교는 지방의 유지가 현縣 당국에 영향력을 행사해서 무리하게 만들어진 학교였으므로 항상 지원자가 적었다. 이런 까닭에 매년 3학기가 되면 당시 일본은 한 학년 3학기제로 운영되었다. 1학기는 4~7월 초, 2학기는 8월 말 또는 9월 초~12월 중순, 3학기는 1월 말~3월 근처 소학교의 선생님은 짚신을 신고 졸업생 집을 일일이 방문하여 학부형들에게 자제를 중학교에 보내도록 권유하고 돌아다닐 정도였다.

중학교를 졸업한 해에 나는 그해 새로 설립된 구제 마쓰모토松本고등학교에 입학했는데, 내가 경쟁다운 경쟁을 해본 것은 이때뿐이었다. 사실 그 시절에는 중학교를 졸업한 뒤 전문학교나 고등학교에 진학하는 시험이 어려웠다. 심지어 때로는 20:1 정도의 경쟁률을 기록하는 학교도 있었다. 이 같은 입학난을 해소하기 위해 당시 하라 다카시原敬 내각(1918~1921)은 고등학교 증설 정책을 입안하여 기존 8개교에 불과하던 고등학교를 그해에 12개교로 늘렸다. 하지만 그해부터 중학교 4년을 수료한 학생도 고등학교 진학이 가능해져서 우리는 이전 세대와 신진 세대 사이에 낀 신세가 되어버렸고, 그로 인해 실제로는 더 어려운 시험을 치를 수밖에 없었다. 이후 고등학교와 전문학교가 연달아 증설되면서 한때 이 단계의 입학난은 상당히 해소되었던 것 같다.

그런데 이번에는 다음 단계, 즉 고등학교에서 대학으로 진학하는 입시가 어려워졌다. 나는 교토京都대학 문학부로 진학했기 때문에 입학시험은커녕 선배들로부터 오래간만에 신입생이 잔뜩 들어왔으니 풍년을 축하하는 춤이라도 춰야 하는 것 아니냐는 농담을 들으면서 열렬한 환영을 받았다. 그러나 고교 동창생 가운데 도쿄東京대학 법학부에 지원한 친구는 상당한 경쟁률의 입학시험을 통과해야만 했다. 그럼에도 불구하고 그때만 해도 아직 대학이라는 곳에 들어가기 위해 지금과 같은 입시를 치르게 되리라고는 어느 누구도 상상하지 못했다.

전쟁(제2차 세계대전)이 끝난 뒤 대학 입학이 어려워지자 대학에 들어가기 위해 고등학교, 고등학교에 들어가기 위해 중학교, 중학교에 들어가기 위해 소학교, 소학교에 들어가기 위해 유치원까지 연속해서 경쟁이 벌어지게 되었다고 한다. 이는 중국에서 이미 지나간 유물이 되어버린 과거제도의 재현이라고 부르기에 충분할 듯싶다.

내게는 이 책 외에도 중국의 과거제도에 대해 쓴 또 한 권의 구판舊版 『과거科擧』〈쇼와 21년(1946) 아키타야秋田屋 간행〉라는 저서가 있다. 그 책에는 잊지 못할 추억이 있다. 패전한 해(1945년) 3월, 당시 마흔다섯 살이던 나는 갑자기 소집영장을 받았다. 급작스럽기는 했지만 군적에 이름이 올라 있던 터라 이전부터 그렇게 되리라는 예감은 있었다. 그래서 조금이라도 더 많이 나의 성과물을 후세에 남기고자 부지런히 원고를 써 두었다. 그중의 하나가 바로 구판 『과거』이다. 세계적으로도 유명한 중국의 관리 등용 시험제도인 과거에 대해서는 역사적으로 그 중요성이 지적되면서도 정작 그것을 한 권으로 정리해낸 책은 여태껏 없었다. 그 공백을 메우기 위해 전부터 조금씩 준비해 둔 자료가 있었으므로 나는 서둘러 그것들을 정리하는 작업에 돌입했다. 그리고 그 작업이 거의 마무리되었을 무렵에 진짜 소집영장이 날아들었다. 나는 원고를 출판사에 넘기고 그에 대한 교정은 아라키 도시카즈荒木敏一 군에게 의뢰한 뒤 소집지인 도야마富山로 향했다.

8월에 지바千葉 현 이치카와市川 시에서 패전을 맞이한 뒤 9월에 교토로 귀환했을 때 원고는 이미 활자화되어 있었으며 교정도 끝나가고 있었다. 원고는 오사카의 출판사 금고에 보관된 채 폭격을 당해 건물이 화재로 몽땅 타버렸음에도 기적적으로 무사했고, 인쇄소로 보내졌다. 이렇게 국판菊版148×210mm, A5 크기의 책 판형 약 300쪽의 구판 『과거』가 세상에 나왔다.

하지만 그 책은 너무 급하게 완성하려고 서두른 결과 내용에 만족스럽지 못한 부분이 있고, 결코 세간의 수요가 없어진 것은 아니지만 지금은 품절과 동시에 그대로 절판되었다. 약간의 오류를 정정하고 보필을 가해서 재판을 찍어내야 한다는 의무감을 갖고 있으면서도 여러 가지 일로 바쁜 나머지 지금까지 그 책임을 다하지 못하고 있었다.

이번에 주코신쇼中公新書에 수록된 이 『과거』는 구판의 재판이 아닌, 완전히 새롭게 쓴 책이다. 따라서 구판과 별개의 책이라는 사실을 드러내기 위해 특별히 '중국의 시험지옥'이라는 부제를 달기로 했다.

그러나 이 책은 현재 일본의 시험지옥 해소에 뭔가 기여를 한다거나 묘안을 내놓으려는 등의 목적을 갖고 있지는 않다. 그렇다고 이 문제에 대해 내 자신의 의견이 전혀 없는 것도 아니다. 아니, 오히려 한때는 내 자신의 의견을 크게 포함하여 써보려는 생각도 했으나, 그때 나는 문득 손을 멈췄다. 내 임무는 과거의 사실 가운데 가장 중요하다고 생각되는 부분을 뽑아내서 가능한 한 객관적으로 세상에 소개하는 것이다. 사실이야말로 그 무엇보다도 설득력이 있다. 섣불리 사실에 주관을 섞어서 조리하는, 이른바 평론가적인 태도는 나에게는 가장 서툰 영역이다. 그와 동시에, 또 그로 인해 책이 딱히 더 좋아지는 것도 아니라고 생각한다.

그래서 나는 될 수 있는 대로 냉정하게, 가급적 공정한 입장에서 과거제도와 그 실상을 묘사하려 노력했다. 이렇게 완성한 것이 이 책이다.

1963년 4월

미야자키 이치사다宮崎市定

과거제 흐름도

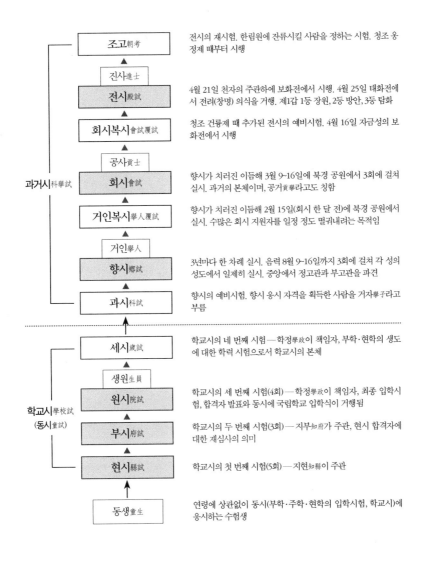

과거시科擧試

| 조고朝考 | 전시의 재시험. 한림원에 잔류시킬 사람을 정하는 시험. 청조 옹정제 때부터 시행 |

▲
진사進士

전시殿試 — 4월 21일 천자의 주관하에 보화전에서 시행. 4월 25일 태화전에서 전려(창명) 의식을 거행. 제1갑 1등 장원, 2등 방안, 3등 탐화

회시복시會試覆試 — 청조 건륭제 때 추가된 전시의 예비시험. 4월 16일 자금성의 보화전에서 시행

▲
공사貢士

회시會試 — 향시가 치러진 이듬해 3월 9~16일에 북경 공원에서 3회에 걸쳐 실시. 과거의 본체이며, 공거貢擧라고도 칭함

거인복시擧人覆試 — 향시가 치러진 이듬해 2월 15일(회시 한 달 전)에 북경 공원에서 실시. 수많은 회시 지원자를 일정 정도 떨귀내려는 목적임

▲
거인擧人

향시鄕試 — 3년마다 한 차례 실시. 음력 8월 9~16일까지 3회에 걸쳐 각 성의 성도에서 일제히 실시. 중앙에서 정고관과 부고관을 파견

과시科試 — 향시의 예비시험. 향시 응시 자격을 획득한 사람을 거자擧子라고 부름

학교시學校試
(동시童試)

세시歲試 — 학교시의 네 번째 시험─학정學政이 책임자, 부학·현학의 생도에 대한 학력 시험으로서 학교시의 본체

▲
생원生員

원시院試 — 학교시의 세 번째 시험(4회)─학정學政이 책임자, 최종 입학시험, 합격자 발표와 동시에 국립학교 입학식이 거행됨

부시府試 — 학교시의 두 번째 시험(3회)─지부知府가 주관, 현시 합격자에 대한 재심사의 의미

현시縣試 — 학교시의 첫 번째 시험(5회)─지현知縣이 주관

동생童生 — 연령에 상관없이 동시(부학·주학·현학의 입학시험, 학교시)에 응시하는 수험생

서론

중국의 정치사상에 따르면 천자天子란 무릇 하늘로부터 위임을 받아 천하의 백성을 통치하는 의무를 진 사람이다. 하지만 천하는 넓고 백성은 많기 때문에 도저히 혼자서는 통치를 할 수 없다. 자연히 백성들 가운데 조수를 구하여 그 일의 일부를 분담할 수밖에 없다. 그들이 바로 관리이며, 관리의 좋고 나쁨은 정치에 크게 영향을 미치므로 백성들 가운데 가장 현명한 이를 등용해야만 한다. 그를 위해서는 만인 가운데 공평하게 인물을 채용하는 시험제도야말로 최선의 수단이다. 과거科擧는 이렇게 시작되었다.

이는 실로 멋진 아이디어다. 이 과거제도가 성립된 시기가 지금으로부터 약 1,400년 전인 587년이라는 사실에는 놀라지 않을 수 없다. 왜냐하면 6세기는 유럽으로 따지면 게르만 민족의 이동에 따른 대혼란이 겨우 안정되기 시작하던 무렵으로, 중세적인 봉건 제후의 할거와 중세의 꽃이라 할 수 있는 기사도의 황금시대가 그 뒤로 오랜 시간에 걸쳐 전개되었기 때문이다. 그런데 중국에서는 봉건 제후에 비견될 만한 특권 귀족의 황금시대가 이 무렵에 이미 종언을 고하고, 그를 대체하는 새로운 사회의 태동이 조짐을 보이고 있었다. 과거제도 역시 단순한 유교 이념에서 형성된 것이 아니라 실제 정치의 필요로 촉발되어 역사적 움직임 속에서 탄생하였다.

그 전까지 중국은 귀족주의의 전성시대로 불리며 지방의 유력 귀족들이 뿌리를 내리고 세력을 떨쳤기 때문에 아무리 제왕 권력이라 하더라도 섣불리 그들에게 손을 댈 수는 없었다. 그들은 지방의 주州를 단위로 하여 그곳에 이른바 귀족 연합 정권이라 할 만한 지방정부를 형성했다. 그 요직은 모두 토착 귀족이 독점했으며 다만 장관만이 중앙정부로부터 임명되었기 때문에 가까스로 전체적인 통일국가로서 모양새를 유지했을 뿐이었다.

귀족들은 지방정부를 기반으로 삼아 상황이 좋을 때는 중앙정부로 진출하여 요직을 차지했지만 형편이 여의치 않으면 지방으로 물러나 숨어 있으면서 서서히 재기를 꾀했다. 중앙정부로서는 이러한 귀족들의 동태를 잘 살피지 않으면 정치를 원활히 펼칠 수 없었다. 이에 귀족들은 점점 더 기고만장해져서 자신들의 집안이 천자 집안보다 더 오래된 가문이라고 서로 자랑하며 천자의 권리를 무시하는 일조차 빈번했다.

귀족들의 이와 같은 오만 방자한 태도를 참지 못한 천자가 수隋나라 문제文帝(재위 581~604)였다. 그는 지방정부에 대한 귀족의 세습적인 우선권을 일절 인정하지 않았으며, 지방관아의 고급 관리는 모두 중앙정부에서 임명하여 파견하는 식으로 제도를 고쳤다. 그러자면 중앙정부가 항상 다수의 관리 예비군을 장악하고 있어야 하는데, 그 관리 유자격자를 배출하기 위해서 과거제를 수립한 것이다. 즉 매년 중앙정부가 전국에서 희망자들을 모아 시험을 치른 뒤 각종 과목에 급제한 사람에게 각각 수재秀才, 명경明經, 진사進士 등의 직함을 주어 유자격자로 인정하고, 필요에 따라 이들을 지방 각지의 관리로 임용하였다.

중국에서는 관리 등용을 선거選擧라고 일컫는데, 시험에는 여러 종류의 과목이 있었으므로 '과목에 따른 선거', 그것을 줄여 부르는 '과거'라는 단어가 당 대唐代에 성립했다. 그러다가 송 대宋代에 이르러 과목이 진사 하나로 좁혀졌으나 여전히 과거라는 단어를 사용했으며, 이렇게 과거로 통칭하는 풍조가 청조淸朝 말년까지 이어졌다.

이렇듯 과거라는 제도는 원래 천자가 귀족과 싸우기 위한 무기로서 고안되었지만, 그러한 임무는 대략 다음 시대인 당 대唐代 300여 년 (618~907) 동안 거의 완수되었다고 봐도 좋을 것이다. 그 다음 송 대에 이르면 이미 세상에는 천자에 맞설 정도의 강력한 귀족은 사라지고 과거제의 전성시대로 접어든다. 천자는 자신이 뜻한 바대로 자유롭게 부릴 수 있는 관리를 과거를 통해 충분히 조달할 수 있었다. 송나라 한 시대를 통해 과거 출신의 정치가가 자유롭게 수완을 발휘할 수 있게 됨으로써 중국 역사상 완성된 형태의 문치주의 정치가 이때 처음으로 나타났다.

그러나 그와 동시에 이 무렵부터 관리 등용을 과연 과거와 같은 시험 제도에만 의지해도 되는가에 대한 반성이 나타났다. 북송北宋 중기의 유명한 정치가 왕안석王安石은 과거 출신이지만 매우 진보된 사상을 내놓았는데, 관리를 시험으로만 채용하지 말고 학교제도를 통해 미리 학교에서 교육시켜야 한다고 생각했다. 지금 생각해보면 과거제도는 그 시대에 학교제도에게 그 지위를 양보했어야 했다.

송을 멸망시킨 몽골족의 원元 왕조는 초기에는 무력으로 일관하여 학교나 과거에 전혀 흥미를 보이지 않았다. 그러나 피정복민인 중국인들은 과거에 대한 향수를 억누를 수 없었다. 그러는 사이에 원 왕조도 조금씩 중국화가 진행되고, 또한 중국인들의 절실한 요구도 있었기에 40여 년간 중단되었던 과거는 소규모나마 다시 부활되어 원 멸망 직전까지 계속 이어졌다.

몽골족을 북쪽으로 쫓아내고 중국인에 의한 중국을 다시 되찾은 명明 태조太祖(재위 : 1368~1398)는 학교제도와 과거제도를 병용하는 정책을 세웠다. 전국에 학교를 세우고 교관을 임명하여 그곳에서 충분히 교육을 실시한 다음, 학생들 가운데 우수한 사람을 과거 시험으로 발탁하려 했다. 그런데 불행히도 이 정책은 시간이 흐르면서 본래의 취지를 잃어버렸다. 돈이 드는 학교교육이 유명무실해지고 학교에서 치르는 시험이 점차 과거 시험의 발판처럼 활용되자, 처음부터 끝까지 시험의 연속이라는 지극히 바람직하지 못한 제도로 변형되어버린 것이다.

청조는 명 대明代의 과거제도를 그대로 답습했다. 다만 예로부터 긴 역사를 지닌 과거의 폐해가 점차 누적되었기 때문에 청조는 가능한 한 그 폐단을 시정하는 데 힘썼다. 하지만 단순히 시험에서 부정을 없애고 공정성을 도모하는 것만을 목표로 삼았던 탓에 그 결과는 시험에 또 시험을 거듭함으로써 점점 더 시험 부담만 늘렸을 뿐 그다지 효과를 거두지 못했다. 게다가 청조도 말년에 이르자 폐해만 더 쌓이고 결국에는 세간에서마저 외면당하게 되었다.

바로 이때 밀어닥친 것이 유럽 신문명의 물결이다. 유럽 문명은 학교가 아니면 도저히 교육이 불가능한 자연과학, 실험, 공작의 요소를 포함하고 있었다. 마침내 청조 정부도 어쩔 수 없이 두 손을 들고 1904년을 마지막으로 이후에는 과거를 시행하지 않기로 결정했다.

다만 과거를 통과한 사람에게 내리는 칭호인 진사라는 명칭은 계속해서 사용하기로 하여, 대학 졸업자 혹은 해외 유학에서 돌아온 이에 대해서는 그 학력에 맞게 부여하기로 했다. 재미있는 사실은 일본의 핫토리 우노키치服部宇之吉중국 철학을 전공했으며, 도쿄대학의 교수이자 경성제국대학의 초대 총장 박사가 청조의 초청을 받아 경사대학당京師大學堂1898년에 설립된 중국 최초의 대학 기구. 1912년에 국립 베이징대학이 되었다. 사범교습師範教習으로 일하다가 1909년에 일본으로 귀국할 때 청으로부터 진사 칭호를 부여받았다는 점이다. 한국에서는 중국에 가서 실제로 과거를 치르고 진사가 된 사람이 있었으나, 일본에서는 당대唐代에 아베 나카마로阿倍仲麻呂가 과연 진사가 되었는지 의문인 점을 제외하면 오로지 핫토리 박사만이 과거제 붕괴 직후에 진사가 되었을 뿐이다. 어디까지나 이는 여담이다.

이상은 주로 천자 쪽에서 과거제를 바라본 내용이고, 이를 백성 쪽에서, 즉 받아들이는 사람의 처지에서 바라보면 또 다른 뉘앙스가 풍긴다. 과거는 천자가 모처럼 널리 일반 백성에게 문호를 열고 인재를 구하는 일이기 때문에, 이에 응하여 마음껏 재능을 펼쳐보는 것은 남자 일생일 대의 거사라 할 만했다. 그러나 이는 멋지게 포장해서 말하자면 그렇다 는 것이고, 실제로는 무엇보다 편하게 취직하기 위한 것이었다. 옛날 중 국에서 무엇으로 돈을 벌 수 있을지 따져봤을 때 관리가 되는 일만큼 남 는 장사가 없다. 게다가 이 방법으로 명예와 함께 실익까지 챙길 수 있으 니 얼마나 좋은가?

과거가 시작된 6~7세기 무렵부터 수백 년간은 관리가 되는 방법 외 에 재물을 늘릴 수 있는 방법이 적었다. 시간이 흘러서 명 대 무렵에는 상업에 뛰어들면 편하게 살 수 있는 세상이 되었지만, 그래도 상인으로 살기에는 입지가 좁았다. 장사를 크게 할라치면 어쩔 수 없이 굽실거리 며 관리들과 좋은 관계를 맺어 둬야 유리했기 때문에, 그런 굴욕을 참아 가면서 돈을 벌기보다는 아예 관리가 되어 당당하고 팔자 좋게 사는 쪽 이 훨씬 현명한 방법이었다.

그리하여 세상 사람들이 경쟁적으로 과거를 보기 위해 몰려들었고, 그 때문에 넓었던 문호도 점차 좁아져갔다. 경쟁이 심해질수록 승부의 판가름에는 단순한 개인의 능력보다 개인을 둘러싼 환경이 더 크게 작용 하는 법이다. 만약 동일한 수준의 재능을 타고났다고 치면, 가난한 자보 다는 부자가 유리했고, 무학력의 부모를 가진 자보다는 지식계급의 집안 에서 태어난 쪽이 유리했으며, 변두리 시골보다는 문화적으로 앞선 대도 시에서 자란 쪽이 유리했다. 그 결과 문화가 지역적으로 점점 편중되고 부富의 분배 역시 점차 불공평해졌다.

중국은 땅도 넓고 인구도 많다. 그 가운데 가장 좋은 환경에서 태어나고 재능도 풍부한 사람들이 모여서 필사적으로 경쟁을 펼치니 과거는 점점 더 어려운 시험이 되었다. 시험지옥이 생겨나지 않는 것이 오히려 더 이상한 일일 터다.

시험공부

과거科擧를 치르는 과정에서 벌이는 경쟁은 조금 과장해서 말하자면 아이가 태어나기 전부터 이미 시작된다. 어머니들이 사용하는 구리거울의 뒷면에는 흔히 '오자등과五子登科'라는 글자가 새겨져 있었다. 이는 자식을 다섯 낳고 이들 모두 과거에 합격하기를 기원하는 모친의 간절한 염원이 담겨 있다. 여기서 말하는 자식이란 아들을 가리키며, 딸은 자식 숫자에 포함되지 않는다. 만약 아들이 없으면 딸은 몇 명을 낳든 소용이 없으며, '저 사람한테는 자식이 없다'는 소리까지 들었다. 딸아이는 과거를 볼 수 없고 관리도 될 수 없으며 그저 시집을 보낼 때 혼수 비용만 많이 들 뿐이라, 있으면 오히려 손해인 애물단지였다.

도둑들 사이에서는 딸이 다섯 있는 집에는 절대 들어가서는 안 된다는 말이 나돌 정도였다고 한다. 틀림없이 훔칠 물건이 아무것도 없을 거

'오자등과五子登科'가 새겨진 구리거울

청나라 화가 심경란沈慶蘭의 그림, 〈오자등과五子登科〉

라는 뜻이다. 비슷한 글자이지만 오자五子(다섯 아들)와 오녀五女(다섯 딸)는 이렇게나 큰 차이가 있다. 이 때문에 어쩌다 딸만 태어나서 낭패감을 느낀 부모가 하다못해 손자 대에서라도 이를 만회하기 위해 딸에게 '오자등과'가 새겨진 거울을 주어 시집보낸 것이리라.

아내가 임신을 하면 곧바로 태교가 시작된다. 아기를 가진 부인의 행동은 태아에게 그대로 영향을 미친다는 것이 그 이유였는데, 특별히 몸가짐을 바르게 할 것이 요구되었다. 앉을 때도 좌석이나 방석을 똑바로 정돈한 뒤에 단정히 앉고, 잠을 잘 때도 본인의 팔뚝을 베고 자는 등의 흐트러진 자세는 금물이었으며, 불결한 음식을 먹어서는 안 되고, 불쾌한 색을 보지 않도록 주의하며, 틈날

'장원급제壯元及第'라고 새겨진 동전 '오자등과五子登科'와 마찬가지
로 자식이 과거에 수석으로 합격하기를 바라는 마음이 담겨 있다.
동전의 앞면에는 장원급제, 뒷면에는 '복福' 자가 새겨져 있다.

때마다 옆에서 읽어주는 『시경詩經』을 들었다. 그러면 남들보다 재능이
뛰어난 아이가 태어난다고 한다.

드디어 출산할 때가 되어 아들이 태어나면 집안 전체가 기뻐했으나,
만약 딸이면 실망이 이만저만이 아니었다. 옛날에는 딸이 태어나면 3일
째 되는 날에 침대 아래의 흙바닥에 내려놓고 기와나 돌멩이를 쥐게 하
는 풍습이 있었다. 여자란 성장한 후에도 항상 타인에게 자신을 낮추고
복종하며 고생을 마다하지 않는 습관을 기르게 한다는 의미라고 한다.

아들이 태어났을 때는 잡신을 쫓고 액땜하기 위해 천지와 동서남북
의 여섯 방향에 대고 활을 쏘았다. 그러나 후세에는 무武보다 문文을 더
중히 여기는 풍조가 만연하여 이런 의식은 어느덧 자취를 감추었다. 그
대신 하인들에게 축하금을 지급했는데, 주문呪文이 적힌 동전을 뿌려서
그들에게 줍도록 했다. 그러한 동전으로는 '장원급제壯元及第'라고 새긴 것
이 흔히 사용되었다. 이는 과거의 마지막 시험에서 일등, 즉 장원으로 급
제할 것을 미리 축하한다는 의미가 담겨 있다. 이 장원급제야말로 아들

을 가진 부모뿐만 아니라 가문 전체의 최대 희망이었다.

학문은 가급적 일찍 시작하는 편이 좋다는 게 상식이었다. 학문이라고는 하지만 고전古典 공부가 거의 대부분이다. 자연과학이나 기술에 관한 것은 노동자나 배우는 것이며, 수학은 장사꾼이 배우는 것으로 인식했다. 당당한 사대부가 배워야 할 학문이란 고대 성인의 가르침을 적은 사서四書·오경五經 등의 유교 경전이고, 중국 문화의 정수라 할 수 있는 시와 문장을 만드는 능력이 중시되었다. 과거의 시험문제도 요컨대 그 범위에서 벗어나지 않았다.

그래서 남자아이에게는 다섯 살 무렵부터 슬슬 가정교육을 시작했다. 중국에서는 나이를 따질 때 태어나면 바로 한 살로 치기 때문에 다섯 살이라고 하면 겨우 만 세 살 남짓에 해당한다.

아이의 가정교육을 담당하는 사람은 주로 어머니였는데, 혹여 다른 누가 됐든 여유가 생기는 사람이 맡았기 때문에 여기서부터 일찌감치 환경에 따른 손실과 이득이 나타났다. 지식계급은 이른바 서향書香 가문으로, 책 향기가 벽에까지 스며들어 있는 집안이라 가족 전체가 책을 읽을 수 있기 때문에 아이를 봐주면서 글자도 가르쳤다.

맨 처음에 익히는 글자는 되도록 글자 획수가 적고 간단한 것이다.

上	大	人
孔	乙	己
化	三	千
七	十	士

(글자를 깨끗이 써서) 아버지께 보여드리자

옛날 공자는 혼자서

교화시킨 사람이 삼천 명인데

(그 가운데서도 뛰어난 이들이) 일흔 명의 선비

尔	小	生		너희 어린
八	九	子		여덟아홉 살의 아이들아
佳	作	仁		아름답게 인을 행하고
可	知	禮	也	예를 가히 알지라

위와 같은 25글자를 먼저 가르쳤다. 처음에는 종이 한 장에 한 글자씩 붉은색으로 윤곽을 그려준 뒤 그 안을 묵필로 채우게 했고, 다음에는 스스로 글씨를 쓰게 했다. 특별히 그 글의 의미를 따질 필요는 없다. 붓 쥐는 법과 글씨 쓰는 법을 깨우치면 그 다음에는 천자문을 배우는 것이 정석이었다. 천자문은 다음과 같이 시작하며, 이하 네 글자씩 이루어진 250개의 구절, 즉 천 개의 글자로 구성된 운문이다.

天地玄黃   하늘은 검고 땅은 누르스름하다

宇宙洪荒   우주는 넓고 끝이 없다

천자문에는 중복되는 글자가 한 자도 없기 때문에 전부 외우면 학문의 기초가 완성되었다고 할 수 있다.

가끔씩 뭐든 잘 외우는 아이가 있기 마련이라, 가르치는 대로 금방 다 깨우쳐 천자문이 끝나면 『몽구蒙求』당나라 때 이한李瀚이 지은 아동용 교재. 중국 역대의 뛰어난 인물과 행적을 4자 1구로 하여 두 구를 합쳐서 여덟 지 한 문장으로 운을 붙인 형식라는 역사책을 가르치기 시작하고, 그 책이 끝난 다음에는 학교에 들어가서 배울 사서오경까지 쭉 진도를 나간다. 그중에서도 더욱 특출함을 보이면 그 아이는 꼥

장한 천재가 나타났다는 평판을 얻고 점점 소문이 퍼져서 천자의 귀에 까지 들어가기도 했다. 그러면 천자는 특별히 동과童科, 즉 아이들을 위한 과거를 열어 시험을 치르고, 여기서 급제한 아이에게는 동자출신童子出身 이라는 칭호를 내리기도 했다.

하지만 동자출신자는 그저 조숙한 데 불과할 뿐 그 이후 좀처럼 대성한 사람이 없다. 결국 어른들의 노리개로 끝나는 경우가 많았다. 동과는 송 대에 크게 유행했으나 후세에 점차 그 폐해가 알려지면서 폐지되기에 이르렀다.

여덟 살(만 여섯 살)이 정식으로 학문을 시작하는 나이로 인식되어 이때부터 이른바 초등교육이 시작되었다. 물론 이는 돈이 드는 일이기 때문에 가난한 사람에게는 그럴 만한 여유가 없었다. 중류 이상의 가정에서만 서당, 보통 여학閭學·사학社學·학관學館 등으로 불리는 곳에 아이를 입학시켰다. 선생님은 대체로 실직 관리, 혹은 수차례 과거에 응시했으나 낙방하여 어느새 나이가 들어버린 노학老學으로서, 한 반에 8~9명의 학생을 맡는 것이 일반적이었다.

가장 중요한 학과목은 사서로, 대부분 그 가운데 『논어論語』부터 시작한다. 공부 방식은 책을 펼친 다음 처음부터 끝까지 통째로 암기시켰다. 암기가 학문의 거의 전부이다. 선생님이 먼저 이렇게 읽는다.

學而時習之　배우고 때로 그것을 익히면

그러면 학생들은 그 뒤를 따라 학學·이而·시時·습習·지之라고 큰 소리로 따라 읽는다. 다음에 선생님이 또 이렇게 읽는다.

不亦說乎   또한 즐겁지 아니한가

그러면 학생들도 불不·역亦·열說·호乎라고 읽기를 수없이 반복한다. 하지만 사실 학생은 하나도 재미가 없으니 무심코 한눈을 팔거나 소매 속에서 장난감을 가지고 놀기도 한다. 그러다가 발각되면 선생님으로부터 인정사정없이 꾸지람을 듣거나 맞기도 했다. 선생님은 계척戒尺이라고 불리는, 부채와 비슷한 모양의 도구를 갖고 있다가 그것으로 학생의 손바닥이나 허벅다리를 때릴 수 있는 권한이 있었다.

教不嚴   가르침에 엄하지 않는 것은
師之惰   스승의 게으름이다

이와 같은 말이 바로 그것이며, 엄한 교사일수록 좋은 스승으로 평가받았다.

일단 한 차례 읽기를 배운 학생은 선생님으로부터 조금 떨어진 자리로 돌아와 방금 배운 내용을 복습한다. 책을 보면서 소리 내어 읽기를 50번, 그런 다음 책을 덮고 암송하기를 50번, 이렇게 다 합쳐 100번을 읽고 나면 어지간히 머리가 나쁜 학생이 아닌 다음에야 암송해버린다.

처음에는 하루에 20~30자밖에 외우지 못하지만 점점 익숙해지면 100자, 200자, 혹은 수백 자를 외울 수 있게 된다. 그러나 교육의 비결은 학생들의 기력을 너무 소진시키지 않는 데 있다고 한다. 즉 400자를 외울 수 있는 학생에게는 200자 정도만 외우도록 시킨 것이다. 그렇게 하지 않으면 학생은 점점 외우는 일을 고되게 느낄 수 있으므로 결국에는 학문을 싫어하게 될 가능성이 있기 때문이라고 한다.

엄청난 부자나 지방에서 나는 새도 떨어뜨릴 만한 권세를 가진 관원의 집안은 넓은 저택을 갖고 있었으므로 방 한 칸을 비우고 그곳에 가정교사를 고용했다. 수목이 우거진 안뜰 깊숙한 곳의 별채에 마련된 멋지고 세련된 공간에서 조용한 환경 가운데 문관선생^{門館先生}이라 불리는 전담 가정교사에게 직접 가르침을 받다보면 학습 능률도 오르기 마련이다.

중국에서 학문은 동시에 실천이기도 하다. 실천이라는 단어의 의미는 가정 내에서, 또한 사회에 진출하여 어른으로서 행동할 때 부끄럽지 않은 예의범절을 몸에 익히는 것이 가장 크게 요구된다. 그래서 윗사람과 동년배에 대한 인사법이나 경어 사용 등을 초등교육을 받는 과정에서 선생님으로부터 철저히 익힌다. 단지 오늘날의 관점에서 볼 때 부족한 부분은 집단생활에서 사회적인 신사로서 행동하는 훈련이 소홀했다는 점일 것이다. 그로 인해, 청조 말년에 당당한 외교관으로서 유럽으로 건너간 것까지는 좋았으나 공식 석상에서 손으로 코를 풀어 서양인을 놀라게 했다는 일화의 주인공도 나타났다.

여덟 살에 입학해서 열다섯 살이 될 때까지는 고전 교육을 웬만큼 마치는 게 보통인데, 그렇다면 대체 그 사이에 어느 정도 분량의 공부를 해야 하는 걸까? 학문의 중심은 어디까지나 사서오경으로서 책 본문의 글자 수를 세어보면 다음과 같다.

『논어論語』 —— 11,705자

『맹자孟子』 —— 34,685자

『역경易經』 —— 24,107자

『서경書經』 —— 25,700자

『시경詩經』 —— 39,234자

『예기禮記』 —— 99,010자

『좌전左傳』 —— 196,845자

합계 ——— 431,286자*

　　사서 가운데 『대학大學』과 『중용中庸』은 『예기』와 중복되기 때문에 뺐지만 전부 합해 43만여 자에 달하는, 정신이 혼미해질 정도의 숫자다.

　　보통 이 경전들의 본문은 암송해야 하는 것이 원칙이라 하니, 엄청난 양이다. 하루에 200자씩 외운다면 딱 6년쯤 걸린다. 지금 일본의 대학 교수들 중에서도 이렇게 공부를 한 사람은 없을 듯싶다. 일단 암송이 끝나면 거기에다 그 몇 배에 이르는 주석을 읽고, 본문의 일부가 시험문제로 나왔을 때를 대비하여 해답 작성법을 배운다.

　　그 외에도 반드시 읽어 두어야만 하는 경전, 역사서, 문학서들이 있다. 문학서는 단순히 읽기만 해서는 소용이 없고, 그것을 교본 삼아 스스

---

* 사서는 『논어』, 『맹자』, 『중용』, 『대학』이고, 오경은 『시경』, 『서경』, 『주역』(『역경』), 『예기』, 『춘추』이다. 하지만 『중용』과 『대학』은 『예기』의 두 편을 독립시켜 각각의 별책으로 만든 것이다. 또한 『춘추』가 원래 오경에 속하지만 경문의 내용이 지극히 간략하기 때문에 그 주석서인 『좌전』(『춘추좌씨전春秋左氏傳』)으로 공부했다. 저자는 바로 이런 점을 감안한 듯하다. —— 편집부 주

로 시나 문장을 짓는 훈련을 해야 한다. 이 때문에 진지하게 이런 공부를 하고자 한다면 머리가 웬만큼 좋지 않으면 안 된다. 그렇지 않다면 도중에 질려버릴 것이다.

지금으로 치면 초등학교나 중학교에 다닐 나이이기 때문에 한창 놀고 싶을 때다. 그런 아이들을 하루 종일 교실에 가두고 연금 상태로 두는 꼴이므로 학생들로서는 고통스럽기 짝이 없다. 그래서 부모나 선생님은 아이들 곁에서 훌륭한 사람이 되라고 격려한다. 예로부터 권학가勤學歌, 즉 학문을 권하는 노래라는 게 있는데, 어릴 때 공부해 두면 나중에 나이들어 좋은 일이 있을 거라며 들려주는 것이다. 그 가운데 하나가 송宋의 진종眞宗 황제(재위 : 997~1022)가 지은 작품으로, 『고문진보古文眞寶』 전집前集의 첫머리에 실려 있다.

富家不用買良田	부자가 되기 위해 좋은 땅을 살 필요 없다
書中自有千種粟	책 속에서 자연히 천석의 쌀이 나온다
安居不用架高堂	안락한 생활을 위해 호사스러운 집을 지을 필요 없다
書中自有黃金屋	책 속에서 자연히 황금 가옥이 나온다
出門莫恨無人隨	외출할 때 따르는 사람이 없다고 한탄하지 말라
書中車馬多如簇	책 속에서 수레와 말이 속속 나온다
娶妻莫恨無良媒	아내를 얻으려 함에 좋은 중매가 없음을 한탄하지 말라
書中有女顏如玉	책 속에서 옥과 같은 얼굴의 미인이 나온다
男兒欲遂平生志	남아로 태어나 뛰어난 인물이 되고 싶다면
六經勤向窗前讀	육경을 창문 앞에서 부지런히 읽으라

이 노래는 공부를 권장하기 위해 미인이나 재산을 미끼로 유혹하는 것이나 진배없다며 예로부터 비난의 표적이 되었다. 그러나, 그럼에도 불구하고 사실 그만큼 그런 것들이 권학의 유효한 수단이 되었음은 틀림없다.

공부 방법은 다른 어느 세계에서도 그렇듯 정공법이 있으면 편법도 존재한다. 역대 정부나 민간 학자들이 사서오경과 정면으로 맞부딪혀가며 공부해야 한다고 입이 마르고 닳도록 설교를 했음에도 불구하고 오로지 수험만을 목적으로 한 속성 학습법이 있었다. 경전의 본문에서 시험 문제를 낸다고는 하지만 실제로 출제에 적당한 부분은 그다지 많지 않다. 그래서 비슷한 문제가 자주 반복해서 출제되었다. 그것을 노리고 항간의 책방들이 문제 해답집을 편찬하여 팔기 시작한 것이다. 그 해답집을 충분히 익혀 두면, 운이 좋아 예상이 적중한 문제가 나올 경우에 힘들게 고생할 필요도 없이 좋은 성적을 거둘 수 있었다.

하지만 제대로 된 방법으로 공부를 하지 않을 경우에는 낭패를 보기도 했다. 예상과 다른 문제가 나올 때는 속수무책으로 어찌할 방법도 없기에 시험관이 고개를 절레절레 흔들 정도의 형편없는 답안지를 낼 수밖에 없다. 그래서 정부는 시험이 끝난 뒤에 담당관의 보고에 따라 모범 해답집과 같은 책은 올바른 공부법을 방해하여 해롭다는 이유에서 절대 출판해서는 안 된다며 엄한 금지령을 자주 내렸지만, 한편에서는 영리를 꾀할 수 있는 장사일뿐더러 세간의 수요도 있었기 때문에 불법 출판으로라도 몰래 펴내는 방법을 강구해냈다. 그러면 금지령은 어느새 유명무실해지는 과정이 몇 번이고 거듭되었다.

현시縣試

학교시學校試 1

중국의 과거제도는 어찌 됐든 거의 1,400년 전부터 시작된 것으로 그 뒤 여러 차례 변천 과정을 거쳐 왔다. 이 때문에 시간을 거슬러 올라가 최초의 과거제도와 청조의 과거제도를 비교하면 엄청난 간극이 나타난다. 그간의 역사를 전부 서술하는 것은 쉽지 않은 일이기 때문에 여기서는 과거제도가 형식상 가장 완비되는 청조 말기, 즉 지금으로부터 약 100년 전이 책을 쓴 시점인 1963년으로부터 '100년 전'을 가리킨다. 연대로 따지면 19세기 후반의 상태를 일단 기준으로 삼아 이야기를 풀어 나가고자 한다. 과거는 수많은 어려운 시험의 연속이라 할 수 있는데, 이를 크게 나눠 보면 학교시學校試와 과거시科擧試의 두 단계로 구별할 수 있다.

학교시는 사실 본래의 의미로 따지면 과거 안에는 들어가지 않는 시험이지만, 명 대부터 과거에 앞서 치르는 예비시험과도 같은 성격으로 새롭게 추가되었다. 명 대부터 과거를 보려는 사람은 반드시 국립학교의 학생, 즉 생원生員이어야 한다는 자격 요건이 생겨났기 때문이다. 따라서 과거를 보려는 이는 먼저 국립학교의 입학시험부터 치러야 했다. 이 입학시험이 바로 학교시다. 청조는 명의 제도를 그대로 계승했고, 그 전대와 차이가 있다면 단지 시험이 한층 더 어려워졌다는 점뿐이었다.

당시 대표적인 국립학교로는 중앙에 태학太學이 있고, 지방에는 부학府學, 주학州學, 현학縣學이 있었다. 부府는 일본의 부府와 달리 현縣을 관할하는 상급 관청이지만, 일본의 행정 체계는 1도都 1도道 2부府 43현縣으로 나뉘며, 부府는 오사카 부와 교토 부, 이렇게 두 개가 존재한다. 다시 말해 일본의 부는 현을 관할하는 상급 관청이 아니다. 학교의 경우에 한해 부학은 현학의 상급 학교가 아니라 단순히 교관에 대한 대우가 달랐을 뿐이었다. 주는 부와 현의 중간적 위치로서, 결국 부학이나 주학, 현학 모두 그곳에 소속된 학생인 생원에게는 전혀 차별이 없는 평등한 학교였다.

이들 학교에 들어가기 위한 입학시험이 학교시로, 보통 동시童試라고 불렸으며 3년에 2회씩의 비율로 실시되었다. 학교시는 3단계로 나눠져 있는데, 첫 번째 단계가 현에서 치러진 현시縣試, 두 번째 단계가 부에서 치러진 부시府試, 세 번째 단계가 본시험이라고도 할 수 있는 원시院試다. 동시에 응시하는 수험생은 연령에 상관없이 모두 동생童生이라 불렸다.

응시 자격에는 다소 제한이 있었다. 즉 부계 조상 3대 안에 천한 직업, 이를테면 창관唱館·기루妓樓 창가나 기녀를 두고 영업하는 집 등의 경영에 종사한 적이 없어야만 한다. 이에 따라 원서를 제출할 때는 보증인을 세워 3대의 신분이 깨끗하다는 사실을 증명해야 했다. 그 밖의 부분에서는 농農·

공工·상商을 따지지 않았다. 또 조부가 사士, 즉 관리라 하더라도 수험생에게 별다른 특전은 없었다. 요컨대 모두에게 사민평등四民平等의 기회를 주었다.

이외에 다른 제한으로는 본인이 부모, 조부모의 사후 1년 또는 3년간의 상중喪中이어서는 안 된다는 규정이 있다. 이는 일본처럼 부정한 것을 꺼린다는 의미가 아니라 오로지 부모에 대해 효를 다하는 마음을 존중하는 데서 비롯한 것이다. 즉 상중에는 근신하며 공적인 장소에 나서는 일을 모두 삼가야 했기 때문에 시험과 같은 국가적인 행사에는 당연히 참가할 수 없었다. 세간에서도 또한 이를 허락하지 않았다.

입시 원서에는 이상의 어느 항목에도 해당되지 않는다는 점을 명기하는 것 외에 연령과 신체·용모의 특징을 기록하는 난이 있었다. 아직 사진이라는 것이 없던 시절이기 때문에 키가 큰지 작은지, 얼굴색이 검은지 하얀지, 수염이 있는지 없는지를 적도록 했다. 수염의 유무는 연령과 관계되므로 나이가 어린 수험생이 만약 수염이 없음을 분명히 기록해두지 않으면 앞뒤가 맞지 않는다는 이유로 원서 접수가 거부되는 일도 있었다.

그렇지만 아직 호적이라는 제도가 없던 때였으므로 연령을 거짓으로 기재하는 일이 잦았다. 비록 수험 자격에 연령 제한은 없었지만 열다섯 살을 경계로 하여 열네 살 이하는 미관未冠, 즉 관례冠禮 이전, 열다섯 살 이상은 이관已冠, 즉 관례 이후라 하여 취급에 차별을 두었기 때문이다. 예로부터 열네 살까지는 동자童子로서 어린아이 취급을 받았지만, 열다섯 살이 되면 원복元服을 입고 관례라는 의식을 올려 성인이 되었음을 조상의 묘에 보고한 뒤 이후로는 머리에 관을 씀으로써 어엿한 성인 취급을 받았던 것이다.

학교시는 동시童試라는 명칭으로 불려진 데서도 알 수 있듯이 원래는 동자, 즉 열네 살 이전의 아이를 대상으로 실시했던 시험이기 때문에 이들에게는 쉬운 문제를 출제하고 또 채점 때도 감안해주었다.

그런데 여기에 이미 성인이 된 노동생老童生이 끼어들면, 이들에 대해서는 더 어려운 문제를 출제하여 당황하게 만들거나 점수를 짜게 주는 방법으로 차별 대우를 했다. 이런 까닭에 그런 일은 도저히 참을 수 없다면서 시험을 치르는 동생 측에서는 나이를 속여 어리게 적었다. 심한 경우에는 마흔 살, 쉰 살이 되어서도 여전히 관례 전의 열네 살이라 주장하면서 시험을 치렀다. 이때 거뭇거뭇한 수염이 있으면 들통나기 때문에 깨끗이 면도를 하고 아이로 가장했다. 거의 모든 사람이 하나같이 나이를 속였기 때문에 원서 접수를 하는 쪽에서도 어디를 경계로 하여 법규를 적용해야 좋을지 판단을 세우지 못했다. 결국 수염만 없으면 아무리 얼굴에 주름살이 가득해도 눈감아주었다. 이리하여 40~50세의 노동생까지 14세 이하의 동자로 통과되었다.

한 노동생이 수염을 깨끗하게 밀고 시험을 치른 뒤 집에 돌아왔는데 늙은 마누라가 그를 알아보지 못하고 '너는 어느 집안의 자식이냐?'라며 집 밖으로 쫓아내려 했다는 등의 우스갯소리가 전해 내려온다. 그렇다고는 해도 사실 이런 비상식적인 나이 속이기 행태는 그때그때마다 당국자들의 재량에 달려 있었으므로 언제 어디서든 통했던 것은 아니다.

현시의 시험장은 아문衙門, 즉 각 현의 현청에 부설된 고붕考棚이라고 불리는 넓은 건물 안이었다. 시험의 책임자는 지현知縣, 즉 현의 장관이며, 시험이 시작되기 전날부터 시험장에 들어가서 시험이 전부 종료될 때까지 외부와 연락을 일체 끊고 오로지 시험 사무에만 몰두했다. 이렇게 함으로써 이런저런 청탁 시도를 차단하고, 그와 동시에 그런 혐의를 받는 일도 피하는 것이다.

시험 당일이 되면 아직 어두컴컴한 새벽 3~4시 무렵에 한 발의 대포 소리가 우렁차게 굉음을 내며 울려 퍼진다. 이는 현성縣城의 각지에 흩어져 묵고 있는 동생들에게 일어나서 준비를 하라는 신호이다.

한 시간에서 한 시간 반 뒤에 두 번째 대포 소리가 울린다. 그러면 동생들은 숙소를 나와 시험장으로 향한다. 그들은 수험에 필요한 도구 한 벌, 즉 되도록 넓적하고 가벼운 소재로 만들어진 벼루, 상등품의 먹과 붓, 도시락 등을 바구니에 챙겨 시험장 문 앞에 모인다.

이윽고 세 번째 대포 소리가 울림과 동시에 커다란 문이 좌우로 열리고 동생들은 같이 온 학부형이나 친구들과 함께 시험장으로 우르르 쏟아져 들어간다. 책상 위에는 번호표가 붙어 있으므로 자기 번호를 찾아가 앉는다. 전원 좌석이 정해질 무렵 신호가 울리고 함께 따라온 사람들이 모두 퇴장 명령을 받으면, 이후 동생들만 남아 좌석에 앉아서

시험장에 갖고 들어간 바구니 수험생은 벼루, 먹과 붓, 도시락 등만 바구니에 간단히 챙겨 시험장에 들어간다.

장내는 잠잠해지고 일순 숨 막힐 듯한 공기가 지배한다.

　그때 시험관인 지현이 예복을 착용하고 현학의 교관과 그의 제자인 생원들을 이끌고 조용히 나타난다. 담당자가 수험생의 이름을 한 사람씩 호명하면, 이름이 불린 사람은 지현 앞으로 나아가 인사를 하고 보증인인 선배 생원이 수험 당사자가 틀림없음을 확인한다. 그 뒤 동생은 답안 용지를 받아 좌석으로 돌아간다. 답안 용지는 시권試券이라 일컫는데 두꺼운 백지의 접책에 붉은색 괘선이 인쇄되어 있다.

　답안 용지의 배포가 끝나면 현학의 생원들은 전부 퇴장하고 이후에는 시험관인 지현과 그의 부하 담당관만 남아서 동생들과 마주한다. 지현은 직접 입구의 문으로 가서 자물쇠를 채우고 봉인을 한 뒤 자기의 좌석으로 돌아가 문제를 발표한다. 이래저래 시간은 7시를 넘는다. 첫 문제는 사서四書에서 출제된다. 큰 종이에 적은 문제를 방榜이라 불리는 플래카드에 붙여 장내를 누비며 다닌다. 예를 들어 『논어』의 본문에 있는, '군자에게는 세 가지 두려움이 있다(君子有三畏)'라는 문제가 나왔다고 가정해보자. 그러면 시험을 치르는 동생은 그 답안으로 '천명天命을 두려워하고, 대인大人을 두려워하며, 성인聖人의 말을 두려워한다(畏天命, 畏大人, 畏聖人之言)'라는 뒷 내용을 인용한 다음, 거기에 주자朱子의 해석이나 자신의 견해를 보태어 하나의 문장을 완성해야 한다.

　사서 문제는 미관, 즉 열네 살 이하와 이관, 즉 열다섯 살 이상에 대해 서로 다르게 출제되었는데, 미관에게는 일부러 쉽게 문제를 냈지만 이관에게는 되도록 어렵게 출제했다. 출제자에게는 출제자 특유의 심리가 작용해서 수험생들의 예상대로 출제하기 싫다는 생각에 때로는 손도 못 댈 만큼 엄청나게 꼬인 문제가 나올 때도 있었다. 어떤 때는 『논어』 등의 '子曰자왈' 위에 붙어 있는 ○가 문제로 나온 적도 있고 ○는 경서 등에서 문단이 나뉘었음을 표시한 기호이다, 또 어떤 때는 『논어』에서 딱 한 차례 등장하는, 세 개의 조사가 중첩된 '也已矣야이의' 부분이 출제된 일도 있었다. 아무도 제대로 답을 쓰지 못하는 모습을 보고는 수험생들의 예상을 완벽히 비껴 출제했다며 쾌재를 불렀으니, 참으로 고약한 취미가 아닐 수 없다.

문제를 발표한 뒤 한 시간쯤 지나면 담당관이 돌아다니면서 수험생들이 그때까지 작성해 놓은 답안의 끝부분에 도장을 찍는다. 이는 답안 작성의 속도를 알기 위한 목적으로, 보통의 학력을 지닌 사람이라면 한 시간 동안 적어도 몇 줄 정도는 적어 놓았을 터다. 만약 한 글자도 쓰지 못한 채 맨 처음 부분에 도장이 찍히면 그 뒤에 쓴 답안이 아무리 훌륭해도 그것은 누군가 가르쳐준 것이 아니겠냐는 혐의를 받는다. 따라서 심사 때 좋은 점수를 받을 수 없다.

9시에서 10시 사이에 두 번째 문제가 발표된다. 이때는 두 가지 문제가 나오는데, 하나는 역시 사서에서 낸 문제, 또 하나는 오언시五言詩의 시제詩題를 주고 운韻을 지정하여 시를 짓게 하는 문제이다. 앞의 것과 합쳐 총 세 문제에 대한 답안을 저녁까지 작성해서 제출해야 한다. 물론 장내에는 조명 설비가 없으며 동생들에게는 촛불을 켜는 일이 금지되었기 때문에, 주위가 어두워져서 글자를 쓸 수 없게 되면 설령 미완성이라 할지라도 제출하고 퇴장해야 한다.

퇴장할 때는 한 사람씩 개별적으로 나갈 수 없으며 50명이 채워질 때마다 한 무리씩 밖으로 내보냈다. 이는 입구의 문을 열어둔 채로 있을 경우에 아무나 난데없이 들어올 우려가 있으므로 항상 문을 닫고 자물쇠로 걸어 두기 위해서다. 맨 처음 50명이 채워졌을 때는 지현이 직접 문으로 가서 봉인을 뜯고 자물쇠를 열어 모인 이들을 밖으로 내보낸다. 그러고 나서 다시 자물쇠를 걸고 다음 50명이 채워질 때까지 대기시킨다.

이 첫 시험이 끝난 뒤 사나흘 동안 지현은 모든 책임을 지고 밤낮으로 답안 심사를 해야만 했다. 다만 지현 가운데는 군인 출신으로 무공을 세우고 그 상으로 임명된 자도 있었으므로 모든 지현이 직접 심사했던 것은 아니다. 그런 경우에는 사설 비서인 막우幕友, 혹은 서원書院, 즉 근처 사립학교 선생님의 도움을 구하기도 했다. 이들 심사원은 지현과 함께 마지막 시험이 끝날 때까지 한 발짝도 바깥으로 나갈 수 없었다.

제출된 답안지는 그 표지에서 수험생의 이름을 기록한 부분에 풀칠한 종이를 붙여 봉했다. 이를 호명糊名이라고 하는데, 채점할 때 좌석 번호만 보이도록 하기 위해서다.

만약 답안 가운데 다수의 사람이 거의 동일한 문장을 쓴 경우, 이는 조정에서 금지하는 모범 답안집으로 벼락치기 공부를 했음이 틀림없다고 간주되어 뇌동雷同이라 칭하면서 전부 낙제시켰다. 수험생을 바꿔치기하는 대리 시험도 비일비재했는데, 이는 답안지만 보아서는 답안 심사원이 알아차릴 수 없었다. 그러나 뒷날 밀고가 들어오거나, 나중에 시험지와 필적 대조 등을 통해 발각이 될 경우에는 무거운 처벌이 내려졌다.

지현은 현시의 전체 책임자이므로 만약 지현 스스로 수험자들로부터 직접 뇌물을 받거나 특정 수험생을 특별히 봐준 경우에는 가장 무겁게 처벌되어 파면은 물론 유배형에 처해지는 일도 있었다.

현시의 성적 발표 가운데의 '中'자는 합격을 의미한다. 12시 방향에 수석 합격자를 적고, 시계 반대 방향으로 돌아가면서 성적순으로 이름을 적었다.

시험문제의 오류를 알아차린 경우, 시험을 치르는 동생童生은 조용히 그 사실을 알리는 일이 허용되었다. 하지만 오류를 발견한 뒤 여러 사람이 동시에 소란을 피우면서 총퇴장한다면, 이는 파교罷教, 즉 동맹파업이라고 하여 수험자 측의 죄가 된다. 장본인이 처벌됨은 물론이요, 그 현에서 치르는 전체 시험도 중지되었다. 이는 그 지방에 대단히 불명예스러운 일일 뿐만 아니라 향후 시험을 앞둔 사람들에게도 엄청난 민폐가 아닐 수 없었다.

성적 심사가 끝나면 곧바로 급제자 명단을 발표했다. 중국의 시험 발표는 상당한 연출이 수반되는 것이 특징이다. 현시의 경우 합격자 이름을 50명씩 한 장의 큰 종이에 둥그렇게 원을 그려가며 적었는데, 시계 글자판으로 말하자면 12시 방향에 1등의 이름을 적고, 이하 시계 반대 방향으로 돌아가면서 성적순으로 이름을 적었다. 그리고 각 성명의 위에는 점검을 마쳤다는 표시로 붉은색 점을 찍고 한가운데 빈 공간에 크게 '中중(합격)'이라고 적은 뒤, 여러 장을 나란히 현 아문衙門 앞에 붙였다. 이렇게 손이 많이 가는 발표 방식은 그만큼 시험 분위기를 고조하는 효과가 있다. 이를 통해 합격자의 사기를 높이고 그 기쁨을 한층 더 크게 하는 한편, 낙제자는 더욱 의기소침하게 만드는 결과를 가져왔다.

합격자의 이름을 이렇듯 곧바로 당당하게 발표하는 것은 한편으로 시험관에게 자기방어의 한 수단이기도 하다. 왜냐하면 이로써 시험관은 공평한 채점을 했으며 그 결과를 공표하여 자신이 책임을 다했다는 사실을 여론에 호소하는 의미도 있기 때문이다. 일본의 입시 결과 발표도 이와 약간 비슷한 점이 있다. 만약 미국처럼 합격 여부를 본인에게만 통지한다면 아마도 세간에서는 인정하려 들지 않을 것이다. 사실 중국에서는 합격자의 이름이 발표된 직후, 이 성적 심사는 도저히 받아들일 수 없다, 뭔가 잘못된 게 틀림없다면서 낙제자를 중심으로 많은 사람들이 소란을 피우는 경우가 종종 있다. 게시하여 공표해도 이런 일이 있을 정도이니, 조용히 본인에게만 통지하고 만다면 시험관은 얼마나 의심의 눈초리를 받겠는가.

이는 현시의 경우에만 국한되지 않고 모든 시험에 똑같이 해당되는 이야기다. 사람들이 지나치게 시험을 중시해서 유난을 떨면 수험생뿐만 아니라 시험관에게도 크나큰 정신적 스트레스를 주는 결과를 낳는다. 결국 이로 인해 시험을 그저 큰 실수 없이 끝마치면 그것으로 안심이고, 그러기 위해서는 공정성만 의심받지 않으면 그만이라는 소극적인 태도로 시험관을 몰고 가, 끝내는 장래 크게 쓰일 인물을 발탁한다는 시험 본래의 취지마저 잃어버릴 위험성이 커질 수밖에 없다. 수험생 쪽에서도 너무 색다른 답을 적어 내면 오히려 낙제할 위험이 있으므로 되도록 무난한 내용을 적어 그저 형식상 보기 좋은 답안을 만듦으로써 좋은 점수를 얻으려고 노력한다. 시험관도 수험생도 다 같이 처음부터 위축되어버리는 것이다.

그런데 이 성적 발표로 현시가 모두 끝났다고 할 수 없다. 그 뒤로 똑같은 시험이 네 차례나 계속된다. 제1차 발표 다음 날에 제2차 시험이 치러지는데, 이때의 문제는 사서에서 1문제, 오경에서 1문제, 시 짓기 1문제로, 모두 3문제였다. 이때는 더 이상 미관과 이관의 구별을 두지 않는다. 하지만 가장 중시된 시험은 제1차 시험이며, 2차 이후는 몇 사람만 떨어질 뿐이다.

제2차 발표 이튿날에 제3차 시험이 있는데, 이때는 사서 문제 하나, 시 짓기 하나, 그 외에 예스러운 운문 형식인 부賦를 짓는 문제가 하나 더 추가된다. 제3차 성적 발표 이튿날에는 제4차 시험이 있고, 사서 1문제, 시 짓기 1문제 외에 논論을 쓰는 문제가 하나 더 부과되었다. 논이란 산문으로서 주로 역사적 사건이나 정치에 관한 평론을 쓰도록 했다. 이 시험들을 순조롭게 통과하면 현시는 거의 끝난 것이나 다름없다. 왜냐하면 다음의 제5차 시험에는 어지간한 경우가 아니면 낙제자를 배출하지 않는 것이 관례였기 때문이다.

제5차 시험은 이제까지 4회에 걸친 시험이 각각 두장頭場, 이장二場, 삼장三場, 사장四場으로 불리는 데 반해 종장終場이라 일컫는데, 가장 형식적인 시험이었다. 사서에서 1문제가 출제되었으며, 그 성적에는 거의 비중을 두지 않고 다만 쓰고자 생각한 답안의 첫 몇 구절만 써내면 그만이었다. 중요한 것은 그 다음에 청조 제5대 천자인 옹정제雍正帝(재위 : 1722~1735)가 내린, 이른바 교육칙어敎育勅語라 할 만한 「성유광훈聖諭廣訓」 16조 가운데 지정된 한 개 조목을 틀리지 않게 청서淸書하면 그걸로 끝이었다.

중국의 교육칙어라 부를 만한 것의 기원은 명나라 태조太祖까지 거슬러 올라간다. 그는 백성이 지녀야 할 마음가짐으로서 「성유육언聖諭六言」이라는 것을 공포했다.

孝順父母	부모에게 효도하고 순종하라
尊敬長上	웃어른을 공경하라
和睦鄕里	향리에서 화목하라
敎訓子孫	자손을 잘 가르치라
各安生理	각각 생업에 안주하라
毋作非違	그릇된 일을 하지 말라

청조에 들어와 강희제康熙帝(재위 : 1661~1722)는 이를 확장하여 16조로 만들었고, 그 아들인 옹정제가 각 조를 부연 설명하여 「성유광훈」이라 이름 붙이고 1만 자에 이르는 장문으로 만들었다. 이후 학교시에서는 현시縣試, 부시府試, 원시院試 모두 마지막에 치르는 종장 때 16조 가운데 하나를 지정하여 청서시키는 일이 관례가 되었다. 이 「성유광훈」은 일본에는 도쿠가와德川 시대 도쿠가와 이에야스德川家康가 1603년 권력을 장악한 뒤 1867년 도쿠가와 요시노부德

川慶喜가 조정에 정권을 반환할 때까지의 시대. 에도 막부 시대에 전해져서 그대로 암송되었는데, 메이지明治 시대에 들어와 교육칙어를 공포한 것은 이로부터 힌트를 얻은 듯싶다. 하지만 형식으로 따지자면 오히려 「군인칙유軍人勅諭」1882년 메이지 천황이 군인에게 내린 칙유. 정식 명칭은 「육해군 군인에게 하사하는 칙유(陸海軍軍人に賜はりたる敕諭)」 쪽이 「성유광훈」의 형태에 가깝다.

아무튼 「성유광훈」은 천자가 만든 것이므로 시험장에서는 한 글자 한 구절이라도 틀리지 않게 청서하는 일이 중요했다. 만약 틀리게 쓰면 불경하기 짝이 없는 일이 되므로 설사 다른 답안이 아무리 훌륭했어도 낙제를 당하는 게 당연했고, 덤으로 몇 차례 수험 정지를 당하기도 했다.

이와 관련하여 수험생이 반드시 유념해 두어야만 하는 사실은 모든 시험에서 천자의 이름에 들어 있는 글자를 절대로 답안에 써서는 안 된다는 점이다. 단순히 현재의 천자뿐만 아니라 현 왕조의 조상 이름에 있는 글자도 써서는 안 되었다. 따라서 역대 천자의 이름에 들어 있는 글자와 관련해서는 대체 가능한 글자가 이미 철두철미하게 갖춰져 있었다. 건륭제乾隆帝(재위 : 1735~1796)의 이름은 홍력弘曆이기 때문에 건륭제 이후 시험장에서는 홍弘 대신에 굉宏, 력曆 대신에 력歷이라는 글자를 사용했다.

이런 말도 안 되는 관례는 다행히 일본에는 전해지지 않았으나, 다만 천자의 이름을 함부로 입에 담지 않는 관행은 어느새 중국으로부터 전해졌다. 예를 들어 메이지 천황이 반포한 「교육칙어」의 마지막에는 '어명어새御名御璽'라고 적혀 있다. 대부분의 아이들은 소학교 교장이 「교육칙어」를 읽는 것을 들으면서 어명어새란 메이지 천황의 별명일 거라 지레짐작했을 것이다. 그러나 두말할 필요도 없이 칙어의 원본에는 메이지 천황의 이름인 '무쓰히토睦仁'라고 적혀 있고, 거기에 어새, 즉 '천황지새天皇之璽(천황의 옥새)'라고 쓰인 도장이 찍혀 있다. 그런데 이를 베껴 적는 과정에서 천황의 이름을 그대로 적는 것이 너무 황공하다는 이유로 어명어새 천황의 이름과 천황의 옥새라는 뜻라고 바꿔 적어 학교에 배포한 것을 그대로 읽은 데 지나지 않는다.

그건 그렇다 치고 종장에서 써야 하는 「성유광훈」은 상당히 장문이기 때문에 현대인이라면 암송하는 데 몹시 애를 먹겠지만, 사서오경을 통째로 암기할 실력을 지닌 당시의 쟁쟁한 인재들에게 그 정도는 식은 죽 먹기나 다름없었다. 이제 여기까지 온 이상 합격이나 마찬가지라는 기분에 젖어 서둘러 청서를 마치고 답안지를 제출한다.

시험관인 지현 쪽에서도 종장이 되면 수험생과 왠지 모를 친근감 비슷한 것이 자연스럽게 생겨난다. 그리하여 종장이 끝난 저녁에는 수험생 일동을 만찬회에 초대하는 것이 관례가 되었다. 지현이 시험관을 맡는 것은 그 지위로 보자면 당연한 직무일 터이지만, 본디 시험이란 천자를 도울 미래의 유능한 관리를 채용한다는 중대한 의미를 포함하고 있기 때문에, 이날에야 겨우 대부분의 책무를 완수했다는 지현 본인의 기쁨도 자축하고자 하는 의미 또한 내포되어 있다.

만찬회 요리는 한 탁자에 여덟 가지가 나오고, 여덟 명이 그 상에 둘러앉아 향응을 즐겼다. 물론 이 만찬은 시험장 안에서 이루어졌으며, 연회가 끝나면 수험생들은 약간의 봉사료를 장내의 고용인들에게 주고 물러났다.

시험관은 마지막 힘을 다해 제5차 종장의 답안지를 심사한 뒤 이전의 네 차례에 걸친 시험의 성적과 평균을 내어 종합 점수를 매긴 다음, 전과 마찬가지 방법으로 합격자 명단을 발표했다. 이로써 시험에 관한 지현의 임무는 전부 종료되고, 지현은 시험장에 갇혀 지낸 지 20여 일이 지나서야 겨우 해방되어 자기 관사로 돌아가 쉴 수 있었다. 하지만 아직 완전히 안심하기에는 이르다. 왜냐하면 지현은 이번 시험에서 통과시킨 합격자의 학력에 대해 다음 시험이 끝날 때까지 책임을 져야 했기 때문이다.

다음 부시府試에서는 어지간한 일이 아니면 앞선 현시에서 1등으로 합격한 사람을 낙제시키지 않고 통과시키는 것이 관례였다. 이는 현시의 책임자인 지현의 체면을 세워주기 위해서다. 하지만 수석 합격자가 굉장히 큰 실수를 저질렀다든가, 혹은 다른 합격자가 부시에서 너무나 형편없는 답안을 제출하기라도 하면, 그것은 이들을 모두 통과시킨 지현의 책임으로 돌아가 처벌을 받는 일도 있었다.

현시의 경쟁률은 지방에 따라 다르기 때문에 일률적으로 말할 수는 없다. 현시는 오히려 예비시험적인 성격을 가지고 있으므로, 그 목적은 과다한 수험생을 어느 정도 떨어뜨려서 입학 정원에 가까운 숫자까지 추려내는 데 있다. 극히 대체적인 표준으로 말하자면 현시에서는 입학 정원의 약 4배가량을 선발해 놓고, 다음 부시에서 그 숫자의 절반으로 추린 다음, 마지막 원시에서 또다시 절반으로 추려 입학 정원 숫자에 딱 맞아떨어지도록 만드는 것이다. 따라서 정원의 10배 이상이 몰리는 곳이 있는가 하면, 거의 무시험에 가까운 곳조차 생겨났다. 각 현학縣學의 입학 정원은 그 지방의 문화 수준과 인구수를 감안해서 정했는데, 많은 곳은

25명이고, 이후 차례로 줄어 나가 4명, 3명인 학교도 있었다. 문화적으로 앞선 지역에서는 응시자 숫자가 많은 데다 학력 수준이 높기 때문에 경쟁이 치열했던 반면, 시골에서는 비교적 입학 자체는 쉬웠다. 하지만 이후 계속해서 어려운 시험을 앞두고 있으므로 연속되는 시험을 뚫고 앞으로 나아가려면 처음부터 어려운 경쟁을 이겨낸 사람만이 도중에 낙오를 면할 수 있다.

부시府試

학교시學校試 2

현시縣試는 상당히 어려운 시험이다. 그런데 이는 사실 시작에 불과하며, 현시를 통과한 사람에게는 다음의 부시府試를 볼 수 있는 자격이 주어질 뿐이다. 게다가 현시 합격의 효력은 한 번으로만 끝나고 고정된 자격은 아무것도 없다. 따라서 그들은 현시를 치른 뒤 곧바로 이어서 보게 될 다음 시험인 부시에 다시금 용기를 내어 도전해야 한다.

부시는 부의 장관인 지부知府가 책임자로서 현시에 합격한 사람들을 모아 놓고 치르는 시험이며, 이 시험을 통해 대략 절반 정도가 떨어진다. 사실 앞선 현시는 이 부시에 맞춰 일정이 조정되며 그에 따라 모든 현에서 같은 날 일제히 치러진다. 이는 현시의 날짜를 서로 다르게 할 경우 본적지를 위조하여 한 사람이 이중으로 시험을 치르는 부정행위를 할 수 있기에 그런 일을 미리 방지하기 위해서다.

부성府城, 즉 부의 관청이 설치된 곳은 상당히 번화한 대도시로, 그곳에는 시험을 위해 시원試院이라 불리는 대규모 상설 건물이 들어서 있다. 현시에 합격한 동생童生은 각 현에서 증명서를 받아 들고 이곳 부성으로 속속 모여든다.

시험 당일 이른 아침, 동생들은 시원 앞에서 모여 기다리다가 문이 열리면 각 현마다 한 무리를 이루어 현학 교관의 인솔하에 입장한다. 시험 방법은 전부 현시에 준하는 방식으로 이루어진다. 다만 시험은 3회로 끝난다. 마지막 세 번째 종장에서는 「성유광훈」의 한 조목을 청서하고, 그것이 끝나면 지부가 주최하는 초대연이 있다는 점도 현시와 동일하다.

부시는 현시 합격자에 대한 재심사의 의미가 강하다. 바꾸어 말하면 다음의 원시院試에 응시하기에 충분한 학력이 있는지를 더욱 꼼꼼하게 확인하기 위함이다. 시험문제는 공통적으로 똑같이 출제하지 않고 각 현에 따라 다른 문제를 내기도 했으며, 따라서 합격자도 각 현별로 정했다.

합격자 발표는 현마다 다른 종이를 사용하여 현시와 마찬가지로 50명씩 시계 글자판처럼 둥그렇게 써서 내붙였다. 다만 현시의 합격자 발표 때와 다른 점은 시계 방향, 즉 오른쪽으로 돌아가며 성적순으로 이름을 적는다는 점이다.

원시院試

학교시學校試 3

부시의 합격자 발표가 끝나면 곧바로 원시院試 날짜가 다가오는데, 그 날짜는 일정하지 않았다. 이는 오로지 원시의 시험 책임자인 학정學政이 언제 그 부府로 순시를 오느냐에 달려 있기 때문이다.

청 대 중국 본토의 각 성에는 최고 행정관인 총독總督과 순무巡撫가 파견되었는데, 그 외에 학정이 고위 관리로서 임명되었다는 사실을 잊어서는 안 된다. 학정이란 제독학정提督學政의 약칭으로 제학提學이라고도 부른다. 이는 교육행정장관이라는 의미다.

교육이 원칙적으로는 가장 중시되었기에 교육행정은 다른 행정과 따로 분리하여 학정이 맡았다. 학정의 관위는 통상적으로 총독이나 순무보다 낮지만 그 임명을 받은 사람은 결코 총독이나 순무 아래에 속하지 않고, 그들과 대등한 권한을 가졌다. 학정은 3년 임기로 천자가 직접 각 성에 부임시킨 관리로서, 총독이나 순무가 천자의 직속 관리이듯이 학정도 천자 직속이기 때문이다. 만약 총독이나 순무의 행위가 부적절하다고 판단될 경우에 학정은 그 사실을 천자에게 탄핵할 수도 있다.

또한 학정은 천자로부터 직접 파견된 사자使者라는 의미에서 3년의 임기가 끝난 뒤 수도로 복귀하면 곧바로 천자를 알현하여 지방의 실상을 보고해야 한다. 보고 내용은 단순히 교육행정에만 국한하지 않고 민정과 군정 등 모든 방면에 걸쳐 상주해서 의견을 개진할 수 있었다. 이 때문에 지방에서는 나는 새도 떨어뜨릴 정도의 권세를 가진 총독이나 순무도 학정을 동료로서 정중히 대우해야만 했다.

그렇다고 해도 학정은 관리직이 아니다. 성내의 부학府學과 그 교관들의 신분은 지부知府가 관리하고, 현縣의 현학縣學과 그 교관들의 신분은 지현知縣이 관리하기 때문에 학정은 단순히 그 위에서 감독하는 존재에 불과하다. 그러나 실제 학정의 임무는 감독관이라기보다는 오히려 시험관이라고 하는 편이 적당하다. 학정은 임기 3년 동안 반드시 성내의 부를 두 차례 시찰하는데, 한 차례는 세시歲試, 또 한 차례는 과시科試를 실시하고 그때마다 원시를 병행해야 했기 때문이다.

세시란 학정이 각 부를 순시할 때 관할 지역 내 부학과 현학의 학생인 생원들을 모아 놓고 치르는 학력 시험이다. 이 시험을 통해 학정은 생원들이 게으름을 피우지 않고 학업에 열중하고 있는지, 또한 교관들이 과연 교육에 힘쓰고 있는지를 점검한다. 이에 비해 과시는 생원 가운데 과거시를 보고자 하는 희망자만을 모아서 과연 그들이 과거시를 볼 만큼의 학력을 갖추고 있는지를 판단하는 시험이다. 그러나 사실 더욱 중요한 의미를 지닌 시험은 그때 같이 치르는 원시라고 할 수 있다.

원시는 부내의 학교에 입학하여 생원이 되기 위한 최종 시험이라고도 할 수 있는데, 이 성적 결과에 따라 입학 여부가 결정된다. 한 사람의 학정이 하나의 성 안에 보통 10여 개에 이르는 부를 순시하면서 실시하는 시험이므로 날짜를 정확하게 정할 수 없다. 그래서 학정 쪽에서 계획을 세워 미리 부에 도착할 날짜를 알려주면 부에서는 그에 따라 원시를 준비하고, 그에 맞춰 부시를, 부시에 맞춰 현시 날짜를 정하는 것이다.

지부는 학정이 부에 도착하면 마중을 나가 시원試院 옆에 위치한 숙소로 안내한다. 이튿날 학정은 부학의 공자묘를 참배한 뒤 생원들을 모아 놓고 경서를 강의한다. 며칠 뒤 시험이 시작되는데, 그 전날에 학정이 시험장에 들어가서 외부와 연락을 끊고 시험이 끝날 때까지 갇혀 지내는 상황은 다른 시험의 시험관들과 동일하다. 단지 학정은 사설 비서인 막우幕友 외에 소속된 관리를 갖고 있지 않기 때문에 시험 사무는 모두 지부가 위원장으로서 담당한다.

시험 첫째 날 이른 아침이 되면 수험생인 동생 외에도 각 현의 지현, 현학의 교관, 생원 등이 시원의 대문 앞에 모이므로 발 디딜 틈 없이 사람들로 붐빈다. 동생들은 현 담당자의 지휘 아래 현별로 집합하여 세 발째 대포 소리와 동시에 대문이 열리면 줄지어 들어가 의문儀門이라 불리는 두 번째 문 앞에 서서 정렬한다. 이는 신체검사를 받기 위해서인데, 부의 담당자가 두 사람씩 동생의 앞뒤에서 의복을 검사하고, 참고서나 족집게 해설서, 혹은 금은金銀을 몸에 지니고 있는지의 여부를 확인한다. 다량의 금은을 지참하지 못하도록 금한 것은, 그것으로 장내의 담당자를 매수하여 부정행위를 할 우려가 있기 때문이다. 만약 그런 것이 발각된다면, 검사원은 상을 받지만 그 동생은 처벌을 받는다.

그 뒤 대략 20명씩 한 무리를 이루어 의문을 통과하여 시험장으로 들어간 다음 지부 앞에 나아가 절을 한다. 이때 다시 한번 신체검사를 받고, 보증인인 선배로부터 수험자 본인임을 확인받은 뒤 답안 용지를 받아 지정된 자리에 가서 앉는다. 시원은 넓고 큰 건물로, 한번에 1,000명 정도를 수용할 수 있는 규모도 있었다.

답안 용지는 표지에 작은 종이가 붙어 있는데, 표지와 덧붙인 작은 종이 사이에는 큰 계인^{契印}두 종이 위에 걸쳐 찍는, '계契' 자가 새겨진 확인 도장 세 개가 찍혀 있다. 동생은 이 붙어 있는 종이에 자신의 이름을 기입한 뒤 그것을 뜯어 보관한다. 이후 시험이 끝날 때까지 동생의 이름은 일절 드러나지 않으며 좌석 번호로만 처리된다.

동생이 모두 착석할 무렵이면 날이 밝아온다. 첫 번째 문제는 사서에서 출제되는데, 각 현마다 다른 문제를 방^牓에 써 붙인 뒤 장내의 해당 부분을 돌아다닌다. 두 시간쯤 지나면 두 번째 문제가 발표된다. 마찬가지로 사서에서 출제한 문제이며, 그 밖에 시를 짓는 문제 한 개가 제시된다. 동생은 이 세 문제의 답안을 저녁때까지 완성해야만 한다.

원시는 입시 마지막의 본시험이므로 가장 엄격하게 실시하도록 규정되어 있다. 다수의 동생을 한자리에 모아 놓았기 때문에 서로 정숙을 유지시키며, 또한 부정행위를 방지해야만 한다. 이를 위해 학정은 10개의 다른 도장을 준비하여, 동생이 부정한 행위를 저질렀다고 판단한 경우에 곧바로 그 자리로 가서 답안지 위에 부정행위의 내용에 따른 각각의 도장을 찍는다. 10개의 도장은 다음과 같다.

● **이석**移席 : 자신의 자리를 벗어나는 행위. 동생은 1회에 한해 차를 마시거나 화장실에 가기 위해 자리를 벗어나는 일이 허용된다. 그럴 경우에는 답안 용지를 담당관에게 제출하고 용무가 끝난 뒤에 되받아서 계속 작성하도록 규정되어 있다. 그러나 그 절차가 번거로운 데다 시간이 아까워서 동생의 대부분은 요강을 지참하여 좌석 아래에 두고 소변을 봤다고 한다. 만약 무단으로 자리를 이탈할 경우에는 곧바로 담당관이 가서 답안을 쓰는 부분에 이 도장을 찍는다.

● **환권**換卷 : 두 사람이 서로 답안지를 바꾸는 행위. 미리 공모해서 학력이 있는 자에게 대필을 부탁하려 한 것이라는 혐의를 받는다.

● **주지**丟紙 : 답안지 또는 초고 용지를 땅에 떨어뜨리는 행위는 애당초 불경한 행위이며, 그에 더해 항상 환권의 기회를 노릴 가능성이 높다.

● **설화**說話 : 서로 떠드는 행위.

● **고반**顧盼 : 이쪽저쪽 둘러보면서 다른 사람의 답안을 훔쳐보는 행위.

● **참월**攙越 : 다른 사람의 빈자리를 찾아 몰래 앉는 행위.

● **항거**抗拒 : 담당관의 지시에 따르지 않고 반항하는 행위.

● **범규**犯規 : 답안 작성 시 규칙 위반.

● **음아**吟哦 : 입 속으로 중얼거리는 행위. 특히 시를 지을 때 운을 맞추려고 이러는 경우가 많은데, 이는 다른 동생에게 심하게 민폐를 끼치는 행위다.

● **불완**不完 : 해가 진 뒤에도 답안이 미완성인 경우에는 그 마지막 부

분에 이 도장을 찍는다. 몰래 누군가 추가로 적어 넣을 수도 있기 때문이다.

답안지 위에 이런 도장이 하나 찍혀 있다고 해서 반드시 그것이 바로 부정을 저질렀다는 증거가 되지는 않지만 시험관의 의심을 사기에 충분하므로 일단 낙제는 면할 수 없다. 그 외에도 우수한 답안지는 얼마든지 나오기 때문이다.

오후 한두 시 무렵이 되면 담당관이 큰 소리로 '빨리 청서하시오!(快謄眞)'라고 소리친다. 서너 시 무렵이 되면 이번에는 '어서 답안지를 제출하시오!(快交卷)'라고 소리친다. 답안은 반드시 해서체로 써야 하는데, 검은 먹으로 마치 활자 인쇄한 것처럼 필획을 반듯하게 정사각형으로 써야 한다. 문장 내용이 아무리 훌륭하더라도 필적이 흐트러져서 읽기 힘들면 시험관은 제대로 읽어보지도 않고 떨어뜨려버린다. 수험생은 자신의 답안을 점검한 뒤 앞서 답안 용지에서 뜯어냈던 이름이 적힌 종이를 소지하고 있는지 다시 한번 확인을 받은 다음, 답안 작성을 끝낸 사람부터 차례대로 답안지를 제출하고 대신 출문증(出門證)을 받는다.

출문증은 대나무로 만든 패(牌)로서, 수험생은 내문(內門)을 나올 때 옆에 비치된 수거 바구니 안에 이것을 던져 넣는다. 그런 다음 대문이 있는 곳에서 잠시 대기했다가 50명이 채워지면 문이 열리고 시험장을 나서는 것이 허락된다. 맨 처음의 무리가 퇴장할 때는 세 발의 공포가 울려 퍼진다. 한번 출문증을 던지고 나가면 어떤 사정이 있더라도 두 번 다시 장내로 되돌아가는 것이 허용되지 않는다.

맨 처음의 퇴장은 3~4시쯤인데, 그때까지 답안을 다 작성하지 못한 사람은 조금 더 장내에 남아서 답안을 작성할 수 있다. 4시를 지나서 두 번째 퇴장이 있고, 5시 무렵에 마지막 퇴장이 이루어진다. 그때까지도 자리에서 우물쭈물하고 있다가는 담당관이 가서 '불완不完' 도장을 답안지에 찍고 거둬가버린다.

답안지가 다 걷히면 학정은 곧바로 심사에 들어간다. 학정은 직속 부하 관리가 없으므로 사설 비서인 막우의 도움을 빌려 그에게 먼저 걷힌 답안지들을 훑어보도록 시킨다. 답안지량이 많기 때문에 막우도 상당한 인원이 필요하다. 작은 성의 학정이라도 5~6명, 큰 성이라면 10명 이상의 막우를 고용했다. 그들은 학정의 개인적인 성향을 잘 알고 있기 때문에 학정의 마음에 들 만한 문체나 그런 경향에 부합하는 답안을 추천한다. 수험생 쪽에서도 학정이 이전에 쓴 문장 등을 미리 연구해 두었다가 그 경향에 맞춘 답안을 작성한다. 이런 까닭으로, 학정은 임기가 3년에 불과하지만 그 지방의 학문에 큰 영향을 끼칠 수밖에 없다. 학정을 가리켜 '문병文柄(학술 권력)을 쥐고 있다', 즉 문화의 경향을 좌우한다고 일컫는 것은 바로 이 때문이다.

시험이 끝나고 이틀 지난 뒤에 합격자가 발표된다. 이때는 이름을 숨기고 좌석 번호로만 표시된다. 합격자 수는 각 현마다 대략 입학 정원에 30%나 50%를 더해 통과시키는 것이 관례다.

발표 당일의 오후 또는 이튿날 오전 중에 두 번째 시험을 실시한다. 동생을 부르거나 동생에게 지시를 내릴 때도 전부 이름이 아니라 그 전날부터 쓰던 좌석 번호를 사용한다. 동생도 답안지의 표지에 그냥 좌석 번호만 기입한다.

하루를 건너뛰고 나서 성적을 발표하는데, 이때는 입학 정원에 맞춰 뽑기 때문에 이 성적 결과 발표로 합격은 거의 결정된 것이나 마찬가지다. 합격자는 각 현학의 입학 정원 외에 각 현의 동생 가운데 비교적 성적이 양호한 사람을 골라 부학의 정원에 포함시킨다. 그리고 거기에 약간의 예비 인원을 뽑아서 이들에게는 다음 기회에 현시와 부시를 생략하고 곧장 원시를 볼 수 있는 우선권을 부여한다. 이들을 일생^{佾生}, 속된 말로는 반쪽짜리 수재^{秀才}, 곧 수습생이라 부른다.

그러나 이로써 원시가 전부 끝난 것은 아니다. 이어서 세 번째, 네 번째의 형식적인 시험이 치러진다. 세 번째 시험에서는 경서 해석에 대한 답안 외에 첫 번째 시험에서 자신이 제출했던 답안의 맨 처음 몇 구절을 기억해서 적어 내야 한다. 이 세 번째 답안을 학정 앞에 가져가면 학정은 미리 준비해 둔 첫 번째 시험의 답안과 비교하여 필적이 동일한지, 첫 몇 구절의 문장이 일치하는지를 검사한다. 이 과정이 끝나면 동생은 첫 번째 답안 용지의 표지에서 뜯어내 보관하고 있던 종이를 제출하고, 거기에 찍힌 계인이 정확히 맞아떨어지면 비로소 이 수험생이 처음부터 끝까지 동일 인물이며 대리 시험을 보지 않았음을 인정받는다.

이튿날에 성적이 발표되며, 이때는 특별한 사정이 없는 한 낙제는 나오지 않는다. 마지막으로 다시 한번 완벽하게 마무리를 짓기 위해 네 번째 시험을 치르는데, 사서오경 문제와 시 짓기 문제가 출제된다. 그러나 그 성적에는 크게 비중을 두지 않으며, 그저 「성유광훈」 가운데 지정된 한 조목을 틀리지 않게 청서하면 그만이다.

이같이 형식적인 시험을 반복하는 동안 학정은 현과 부에서 현시·부시 때의 답안을 거둬들여 이번에 치른 원시의 답안과 비교하고 그 필적이 동일한지를 심사하여 확인한다. 이런 작업이 끝나면 비로소 원시 합격자의 최종 발표가 이루어진다. 다만 이때의 책임자는 학정이 아니라 지부이다. 학정은 지위가 높다고는 해도 본디 시험관이며 단순히 동생의 학력을 판정하는 관리에 불과하기 때문이다.

마지막 시험의 통과자들은 마침내 각각의 학교에 입학할 수 있는데, 동생을 입학시킬 권리를 가진 사람은 최종 합격자 발표를 책임졌던 지방행정장관인 지부이다. 즉, 이번 합격자 발표는 동시에 입학식이라고도 할 수 있다. 이런 점에서 중국의 관료 조직은 깔끔하게 업무가 구분되고 절차에 따라 일사불란하게 일이 진행된다.

입학식 당일, 예복을 차려입은 지부는 의식에 따라 세 발의 대포 소리가 울리면 가마를 타고 부청府廳을 출발하여 음악을 연주하면서 부학으로 향한다. 부학에는 공자를 모신 문묘가 있는데, 지부가 문 앞에 도착하여 가마에서 내린 다음 문묘 안의 자리에 앉으면 다시 세 발의 대포 소리가 울린다. 그 소리를 신호로 미리 준비해 둔 입학자 명단이 적힌 종이를 대당大堂에 게시한다. 이 발표가 시험장이 아닌 문묘 대당에서 이루어지는 데는 이유가 있다. 원래 국립학교에 입학한다는 것은 입학과 동시에 정식으로 유교를 설파한 공자의 제자가 된다는 뜻이기도 하다. 그러므로 이처럼 지부가 새로운 제자의 입학을 공자에게 보고한다는 의미의 형식을 취했다.

이 의식에는 학정이나 합격자는 참여하지 않고 숙소에 머문다. 합격자는 이제 동생이 아니라 부학 혹은 현학의 학생, 즉 생원生員으로서 관리에 준하는 신분을 취득한 셈이 된다. 새로운 생원은 각각의 학교 교관과 함께 학정의 숙소를 방문하여 합격시켜준 은혜에 감사를 표한다.

생원에게는 정해진 제복이 있다. 감색 바탕에 검은색 테두리가 있는 의복을 입고 작정雀頂이라고 하는 참새 모양이 달린 모자를 쓰는데, 그들에게는 이때가 처음으로 제복을 입는 기회다. 학정은 한 사람씩 새로운 생원을 접견하고 금화金花라고 부르는, 붉은색 종이에 금박을 붙인 모자 장식을 수여한다. 이는 새로 입학했다는 표시로, 생원들은 이것을 감사한 마음으로 받아서 모자에 꽂은 채 의기양양하게 물러난다.

이 무렵, 합격자의 이름은 각 현에 통보된다. 현학에서는 미리 준비한 붉은 바탕에 둘레를 꽃 모양으로 장식한 큰 종이에다 합격자 이름을 한 사람씩 써넣고 본인의 주소지로 보낸다. 이를 첩보捷報라고 한다. 단순한 입학 통지서이지만 한 장의 엽서가 아니라 지현의 이름으로 수행하는, 엄청나게 극적이고 정중하기 그지없는 안내서다. 예를 들자면 다음과 같다.

첩보

본 학교에서 알려드립니다. 연속해서 시험에 합격하여 장차 삼원三元이 될 것입니다.

귀 집안의 사위인 장순화 님은,

흠가동지함이자 현직 강령현 지현으로서 강소성 송강부 소속 상해현

지현의 임시 대리인 육씨의 명에 따라

이번 달 길일을 택해 우리 현학에 입학하여 학업에 정진하십시오.

위 문장 가운데 삼원三元이란 장래 생원으로서 치를 과거의 세 단계, 즉 향시鄕試, 회시會試, 전시殿試의 수석인 해원解元, 회원會元, 장원壯元을 이르는 말이다. 요컨대 세 번 모두 수석으로 통과될 것이 확실하다는, 참으로 대단한 축하 인사이다.

첩보라는 단어는 말 그대로 전투에서 승리했다는 소식을 보고하는 것으로 원래 군대에서 사용하던 말이지만 시험제도가 활성화된 뒤부터는 이 같은 전쟁 용어들이 그대로 시험과 관련하여 쓰였다. 이 외에도 '연전연승連戰連勝', '연전連戰은 불리하다', '분전奮戰하기를 세 차례', '패군지장은 병법을 논하지 않는다', 혹은 비유적으로 쓰이는 '천군만마의 용장勇將' 등과 같은 표현들이 그 예다.

현학의 심부름꾼인 사정使丁이 첩보를 손에 쥐고 합격자의 집으로 찾아가 '합격을 축하합니다'라고 고함을 치면서 첩보를 내밀면, 가족은 아직 본인이 부府에서 돌아오지 않았더라도 크게 기뻐하며 사정에게 팁을 잔뜩 얹어준다. 그것을 노리고 현학의 다른 사정들도 앞다퉈 축하 소식을 알리러 왔다고 한다. 첩보는 임시 표구를 한 족자처럼 만들어졌기 때문에 합격자의 집에서는 그것을 밖에서 잘 보이도록 걸어 두었다. 그러면 이번에는 친척과 친구들이 우르르 몰려와 축하 인사를 전하느라 합격

자의 집 앞은 그야말로 문전성시를 이루었다.

새 생원이 고향의 현으로 돌아오면 현학에서는 독자적인 입학식을 치른다. 지현은 교관을 거느리고 새로운 생원들을 현학의 공자묘로 소집하여 공자상에 절을 하고 다시 한번 제자가 되겠다는 맹세를 시킨다. 식이 끝난 뒤에는 교관이 새로운 생원들을 불러 회식을 하는 것이 관례였다.

새로운 생원들은 친척과 친구를 초대하여 축하연을 열고 때로는 자신이 시험장에서 작성했던 답안을 인쇄해서 배포하기도 했다. 초대된 쪽에서는 응분의 축하 선물을 지참하는 것이 관례다. 또한 새로운 생원은 학교의 교관에게 속수束脩 즉 입학금을, 보증인이 되어준 선배 생원에게는 사례금을 보내는데, 부자일수록 통 크게 성의를 표하는 것이 일반적이었다. 따라서 전후를 통산해보면 원시에 합격하기까지 상당한 비용 지출을 각오해야만 했다. 이런 점에서 보면 가난한 사람이 입학하기란 처음부터 불가능에 가깝다. 사회적으로도 빈부에 따른 계급 구분이 자연스럽게 성립되어 부자는 점점 더 부유해지고 가난한 사람은 언제까지나 밑바닥 생활에 만족해야만 했다.

세시歲試

학교시學校試 4

학교제도와 과거제도는 원래 다른 성질을 갖고 있으므로 이를 혼동하면 안 된다. 학교는 학생을 교육하는 기관이며, 그것을 위해 교관이 배속되어 있다. 본래 학교에 오랫동안 재학하여 몇 차례 학력 시험을 치르면 그 가운데 성적이 우수한 사람은 학교에서 나와 곧바로 관리가 되는 길도 열려 있었다. 과거는 그런 학교에서 양성된 인재를 등용하기 위해 특별한 시험을 치러 관리의 자격을 부여하는 제도였다. 그리고 그 시험관은 임시로 임명된 위원이 맡았다.

그러나 후세에 이 두 가지가 혼합되면서 관리가 되기 위해서는 과거를 치르는 것이 가장 빠른 길이고 또한 과거를 보기 위해서는 학교의 생원이 되어야 했기 때문에, 그저 과거의 전 단계로서 학교에 들어가는 입학시험을 치르는 것으로 변해갔다. 게다가 그 희망자가 많았기 때문에 정부는 이 입학시험을 몇 단계로 나누어 추려낼 수밖에 없었다. 이에 따라 입학시험이 점점 어려워지자 그것은 마치 과거의 예비시험처럼 되어 버렸다.

그러나 원래의 제도는 제도로서 그대로 계속 유지되었다. 학교의 교육적 입장에서 실시하는 세시歲試라는 학력 시험이 있는데, 이것이야말로 학교시의 본체라 할 만했다. 하지만 이것은 선발 시험이 아니라 단순한 학력 시험에 지나지 않은 탓에 점점 그 존재가 무시되기에 이르렀다.

학교의 정원에는 두 가지 의미가 있다. 원래 학교의 정해진 생원 인원은 큰 학교라도 40명을 넘지 않았으며 작은 학교는 15명으로 정해져 있었다. 이 인원수가 본래 정원이고, 그 외에는 학생이 들어갈 여지가 없었다. 생원은 인원이 소수였기 때문에 정부에서는 각 개인에게 식비의 명목으로 학자금을 부여했는데, 이를 받는 생원을 늠생廩生이라고 불렀다. 이 정원이 엄격하게 지켜지면 늠생이 사망하거나 혹은 발탁되어 중앙의 태학太學(국자감國子監)에 진학하여 결원이 생기지 않는 한 새로운 생원을 입학시킬 수 없었다. 지방 인사들 사이에서는 생원 신분이 곧 과거 응시 권리와 직결되기 때문에 정원 증가에 대한 희망이 매우 간절했다. 결국 정부도 이러한 여론을 반영하여 학자금을 지급하지 않는 생원을 조금 더 입학시키기로 했다. 이렇게 입학한 생원을 증생增生이라고 한다. 그 인원수는 앞서 설명한 늠생과 거의 같았다.

한편 학교의 교관은 그 수가 극히 적었고, 자격에 따라 교수敎授, 교유敎諭, 훈도訓導 등의 이름이 붙는 사람이 한 학교에 겨우 두세 명 있을 뿐이었다. 따라서 이들이 정말 지도를 할 수 있는 생원은 대략 앞에 언급한 숫자 정도가 한계였다.

하지만 지방 인사들에게 그들의 자제를 입학시키고자 하는 희망, 바꿔 말하면 과거 수험 자격을 얻게 하고 싶다는 희망은 더욱더 절실해졌으며, 정부도 그에 떠밀려서 단순히 수습생의 의미로 3년에 두 차례씩 새로운 생원을 채용하기로 결정했다. 그리고 그 수습생에 한하여 재학생 인원으로 제한을 두지 않고 3년에 2회 실시하는 원시 때마다 몇 명을 합격시킬 것인지 숫자를 정했다. 그 숫자는 큰 학교일지라도 앞서 설명한 것처럼 25명이 최대치였다.

이 신입 수습생은 부생^{附生}이라고 불렀다. 신입 생원은 처음에는 모두 부생이고, 부생에게는 입학 정원은 있지만 전체 총정원이라는 것은 없었다. 따라서 부생이 증생, 늠생으로 자격이 상승하든지, 혹은 사망하든지 간에 결원을 보충하거나 입학 정원을 늘리는 일은 없다. 다시 말하면 늠생과 증생에는 재적 정원이 있으므로 결원이 생기면 부생에서 승격을 시킬 수 있지만, 부생의 경우에는 재적 정원이 없기 때문에 원시 때마다 정한 수만큼 합격시켜 들어오게 했다.

3년에 2회씩 각각 수십 명의 신입 생원, 즉 부생이 들어오자 점점 사람이 늘어나서 막대한 숫자가 되었다. 그 결과 교육은 두세 명의 교관으로는 도저히 감당할 수 없게 되었다. 교관은 이를 핑계로 스스로 공부하기를 게을리하고 생원에 대한 지도 또한 소홀히 하였다. 생원들도 교관을 상대하지 않고, 공부하고 싶으면 혼자서 마음대로 했다. 사실 학교 교관이라는 사람은 대체로 대우도 나쁘지만 자질 또한 좋지 않아, 생원들은 그들을 그다지 존경하지 않았다.

과거를 우수한 성적으로 통과한 젊은 신진 관리들은 모두 행정관이 된다. 그런데 행정관이 된 사람이라도 무능하고 융통성이 없어 쓸모없다고 간주되면 교관으로 좌천된다. 그 밖에도 고령으로 과거를 통과한 자, 과거 응시 도중에 포기한 자 등, 능력 없는 사람들이 교관으로 발령을 받았다. 이 때문에 교관은 관료 사회에서는 거의 관리 취급을 받지 못했다.

행정관에게는 회피回避라고 하는, 자신의 본적지에서 관리가 되는 것을 금지하는 규칙이 있으나 교관에게는 이 규칙이 적용되지 않았다. 이는 결코 우대의 의미가 아니었다. 교관에게는 어떠한 권력도 주어지지 않으므로, 본적지에 임관하여 친척과 지인들에게 둘러싸여 있어도 그들로부터 청탁을 받아 부정을 저지를 염려가 전혀 없다. 애당초 부정을 저지를 수 있는 어떠한 권력도 부여되지 않기 때문이다. 예를 들어 입학시험의 경우에도 교관은 그저 행정관인 지현 곁에서 잠깐 걸을 뿐 시험의 실질적인 부분에는 전혀 관여하지 못한다. 그리고 일단 교관이 되면 그걸로 끝이라, 평생 비참한 박봉을 감수하며 여생을 보내야만 한다. 다시 행정관으로 복귀할 수 있는 희망은 거의 없고, 시험 때는 자신보다 훨씬 나이 어린 지현 뒤에서 시중이나 들며 그저 어슬렁거릴 뿐이다.

한편 신입 생원 쪽은 인생의 난관 중 제1단계를 돌파했으므로 의기양양해져 있다. 다음에는 드디어 과거 시험의 단계로 접어드는데, 신입 생원은 법제상 어디까지나 학교의 학생이므로 그 신분으로서 마땅히 주어진 시험을 치러야 한다. 그것이 학교 본래의 시험인 세시다.

각 성의 학정은 3년에 두 차례, 관할하는 부를 순회하는데, 이때 세시를 치르기 때문에 부에 속한 생원은 늠생, 증생, 부생에 관계없이 전원 반드시 이 시험을 치러야 한다. 생원은 이 시험 성적에 따라 부생에서 증생으로, 증생에서 늠생으로, 더 나아가 늠생에서 중앙 태학의 국자감생으로 점차 단계가 올라간다. 국자감생은 줄여서 감생監生이라고도 불렀다. 이 세시 때도 시험관은 학정이며, 학교 교관은 시험에 관여할 수 없다. 그럼에도 불구하고 전체 시험 성적이 나쁘면 교관은 학정으로부터 교육에 태만했다는 이유로 질책을 받는다.

세시에서는 사서에서 1문제, 오경에서 1문제, 시 짓기 1문제가 출제되며, 마지막에 「성유광훈」의 한 조목을 청서시킨다. 시험은 하루로 끝나며, 그 성적을 6등급으로 나눠 1·2등급을 우등優等이라 부르고, 3·4등급을 중등中等, 5·6등급을 열등劣等이라 한다. 우등에게는 상으로 승격할 수 있는 기회를 부여한다. 이를테면 부생이 1등을 한 경우에, 마침 이때 늠생에 결원이 있다면 곧바로 늠생으로 올라가지만, 결원이 없다면 2등과 함께 증생으로 승격된다. 그 증생에도 결원이 없다면 한동안 기다려야 한다. 그러나 실제로 그런 기회는 쉽게 찾아오지 않는 게 현실이었다. 중등의 성적을 받은 사람은 그대로 두지만, 열등의 성적을 받은 사람은 벌로써 격을 강등한다. 예컨대 부생이 5등급일 경우는 청의青衣로, 6등급의 경우에는 발사發社로 강등된다. 청의는 이른바 정학이고, 발사는 복학 가능한 일시적 퇴학 처분이다. 다음 세시에서 또 열등 성적을 받는다면 학교에서 쫓겨나고(방교放校) 생원 자격이 박탈되어 일반 평민으로 신분이 낮아진다.

늠생까지 오른 생원이 10년 이상을 경과하면 학정의 추천에 의해 중앙 태학의 감생으로 승격된다. 그러나 실제는 고참부터 순차적으로 추천

되기 때문에 승격까지는 20년 이상이 걸렸다고 한다. 그 밖에 학정은 세시 때 발군의 성적으로 인정받은 생원을 재학 연한이나 늠생·부생의 신분에 상관없이 자신의 임기 만료 뒤 중앙으로 복귀할 때 추천하여 태학으로 보낼 수 있다. 이와 같은 비슷한 추천 기회는 자주 행해졌다. 이렇게 중앙 태학의 감생이 된 이에게는 당연히 과거에 응시할 수 있는 권리가 주어졌으며, 이에 더해 태학의 시험을 치른 뒤 그 성적에 따라 과거 시험을 통하지 않고도 관리가 될 수 있는 길이 열려 있었다.

지금까지 설명한, 지방 학교에서 태학으로, 태학에서 관료계로 진입하는 경로야말로 학교제도의 본래 정신이며, 따라서 지방 학교에서 실시하는 세시는 학교 고유의 본래 시험이라 할 수 있다. 학정 본연의 임무도 이렇게 지방 학교의 교육을 감독하고 우수한 인재를 중앙 태학으로 추천하는 데 있었다.

그러나 태학의 감생이 된 뒤 관리가 되는 길은 현실적으로 매우 좁은 문을 통과해야 하고, 더군다나 희망하는 행정관의 지위를 얻는 것은 지극히 어려운 일이다. 그 때문에 멍하니 순번을 기다리다가는 청춘을 다 허비해버리고 만다. 그래서 지방 학교의 생원이 된 사람이나 생원 지위에서 승격하여 태학의 감생이 된 사람 모두가 하나같이 과거를 위한 공부에만 전념했다. 그리하여 모처럼 존재하는 학교제도가 무시되는 결과를 초래했고, 중앙정부의 방침 또한 학교의 존재를 경시하고 오로지 과거를 통해 인재를 선발하는 데 중점을 두었다. 학정의 임무도 본래 직무인 세시의 감독은 제쳐 두고 단지 입학시험에 불과한 원시에 온 힘을 쏟는 주객전도의 결과를 불러왔다.

한편 생원으로서도 단순한 학력 시험일 뿐 경쟁하는 시험이 아닌 세시는 긴장감도 없고 매력도 느낄 수 없었다. 설령 세시에서 우수한 성적을 거둔들 승격에는 오랫동안 순번을 기다려야 하며, 또 운 좋게 중앙 태학의 감생이 된다고 해도 세간에서 딱히 인정받지도 못할뿐더러 중앙정부로부터 애물단지 취급을 당하기 일쑤였다. 그래서 그들은 되도록이면 세시에 응시하지 않으려고 궁리를 짜냈다. 시험을 보는 일조차 시간 낭비라는 이유였다. 이래서는 안 되겠다며 정부에서는 세시에 연속으로 세 번 결석할 경우 생원 자격을 취소하는 규칙을 만들었다. 그러자 생원들은 이 규칙에 대해 두 번까지는 결석을 해도 된다는 식으로 받아들여, 두 번은 몸이 아프다는 핑계로 결석하고 세 번째에 시험을 치르면 된다고 여겼다. 세시는 3년에 한 번만 치러지므로 결국 9년 동안 한 차례만 시험을 보면 되는 셈이다.

세시를 보이콧하는 것과 마찬가지로, 그들은 생원이 되었으니 그걸로 목표한 바를 이루었다고 여겨서 학교 자체도 무시해버렸다. 실제로 학교에는 과거 낙오자의 표본과도 같은 늙어빠진 선생이 두세 명 있을 뿐이다. 수업이 있는 것도 아니고, 있다 해도 완전히 시대에 뒤떨어진 머리 나쁜 교관이 당시 학문의 새로운 경향에 대해 무엇을 알겠는가? 입학할 때까지는 필요한 학교지만, 입학하고 나면 이제 생원의 눈에 학교는 더 이상 쓸모 있는 곳이 아니다.

사태가 이렇게 된 책임은 대부분 정부에 있다. 원래 교육이란 돈이 드는 일이다. 학교 설립의 본래 취지를 잊어버린 상태에서 학교의 설비는 그대로 방치하고, 교관 숫자나 대우도 그대로 둔 채 오로지 생원 숫자만 늘려 놓았을 뿐이다. 이런 상황에서 교육을 하라고 하니 말도 안 되는 이야기인 것이다.

그러나 정부는 전혀 아쉬울 게 없다. 학교 외에 과거가 있기 때문이다. 시험장을 만들어 놓고 이따금 시험관을 파견하여 시험을 실시하면 응시자들이 구름처럼 몰려든다. 따라서 그 가운데 관리를 채용해도 전혀 문제가 없다. 그뿐만 아니라 관리의 숫자가 너무 많아 실제 직위를 부여하는 데 골머리를 앓을 지경이었다. 그저 시험을 실시하기만 하면 학교를 육성하는 일만큼 돈이 들지 않는다. 이쪽이 훨씬 이득인 셈이다. 실질적인 교육은 민간에서 알아서 해주기 때문이다.

생원은 더 이상 동생童生이 아니라 한 사람의 신사이다. 아직 관리는 아니지만 관리에 준하는 대우를 받는다. 즉 생원으로서 특별 제복을 착용하고 머리에는 고등관의 말석인 구품관九品官 모자를 쓴다. 평민은 그들을 만나면 길을 양보하고, 평민이 모여 있는 곳에 그들이 가면 그곳에 아무리 백발노인이 있더라도 가장 높은 좌석으로 안내를 받아 앉는다. 만약 평민이 그들에게 무례를 범하면 관리모욕죄로 간주된다. 또한, 설사 범죄 혐의를 받더라도 관헌은 학교 교관의 동의 없이는 그들을 체포할 수 없다. 즉 예전 일본 군대의 수습 사관과도 같은 존재로, 어제까지는 그들에게 두려운 존재였던 하사관이나 병사가 이제는 갑자기 다가와 경례를 올리는 꼴이다.

이와 동시에 생원은 그 체면을 구기는 행동을 해서는 안 된다. 그는 관리의 사교계에도 어엿하게 얼굴을 내밀고 출입할 수 있으며 지방관과도 대등하게 교제할 수 있지만, 그런 특권을 이용해서 소송에 관여하며 엉터리 변호사 짓을 한다거나 신체 불구속을 무기로 세금을 체납하는 일은 엄격하게 금지되어 있다. 특히 정치에 대한 평론과 발언은 삼가야 한다. 이는 설령 관리 대우를 받는다 해도 어디까지나 학교의 생원, 즉 수업을 받는 신분이기 때문이다. 농업·공업·상업에 종사하는 사람이라면 비록 평민일지라도 자신의 생업과 관련된 차원에서 정치적인 발언을 할 수 있는 권리가 있다. 그러나 생원은 오로지 학업에 전념해야 하기 때문에 다른 직업을 가져서는 안 된다는 인식이 있으므로 정치에 대해 입을 놀릴 권리가 없다.

그러나 생원도 먹고살아야 한다. 생원이 되었다고 해서 과거 시험에 쉽사리 통과할 수 있는 것은 아니다. 부유한 집안이라면 과거에서 낙방해도 몇 년이고 몇 십 년이고 다음 기회를 노리면서 공부를 계속해 나갈 수 있겠지만, 중류 가정은 그렇게 언제까지나 빈둥거리는 생활이 경제적으로 용납되지 않는다. 다행히 생원쯤 되면 꼭 관리가 아니더라도 관리와 유사한 부업을 가질 수 있다. 바로 관리의 사설 비서인 막우가 되는 것이다.

옛 중국의 아문衙門(관청)에는 토착 서리胥吏, 즉 서기書記가 수백, 수천 명이 근무했는데, 이들은 장관의 눈을 피해 부정을 저지르기 일쑤라 조금도 신용할 수 없었다. 그래서 장관들은 사설 비서라 불리는 막우를 초빙하여 자문으로 삼았다. 중앙과 지방의 대관大官은 물론이고 지방 말단 현의 장관인 지현에 이르기까지 적어도 몇 명, 많을 때는 십여 명에 달하는 막우를 고용했다. 그래서 생원은 연줄을 찾아 가능하면 앞으로 출세할 것 같은 위세 있는 행정장관 밑에서 막우로 일하려 했다. 수당은 장관의 쌈짓돈에서 나오기 때문에 고액 연봉까지는 아니더라도 한 집안의 생계를 책임지기에는 충분하다. 그러다가 이 부업이 본업으로 굳어지면서 더 이상 과거를 볼 의지를 상실하는 사람도 생겨났다. 이처럼 과거에 대한 희망을 버리고 평생 생원 자격으로 만족하는 사람을 일컬어 '진취進取를 포기했다'라고 한다.

과시科試

과거시科擧試 1

과거는 애초부터 선발 시험이며 그 자체에는 교육의 의미를 포함하지 않는다. 그저 학교에서 양성한 인재를 시험을 통해 선발하고 그렇게 뽑은 이들을 관리로 등용하는 것이 그 목적이다.

송 대宋代 이후 과거는 3단계의 형식을 취했는데, 우선 지방에서 향시鄕試(해시解試)를 실시하여 그 합격자를 중앙에 보내고, 중앙정부에서는 회시會試(공거貢擧)를 실시한 다음, 이어서 천자가 직접 주관하는 전시殿試에서 최종적으로 합격자를 결정하는 것이 표면상의 원칙이었다. 하지만 후대로 오면서 점점 이 3단계의 본시험에 딸린 소시험이 추가되어 청 대에 이르면 엄청나게 복잡한 시험이 되어버렸다. 먼저 첫 번째 향시의 예비 시험이라는 의미를 지닌 과시科試가 있다.

각 성의 학정은 3년의 임기 동안 반드시 관할 부를 두 차례 순회하는

데, 첫 번째 순회 때는 학교의 생원을 모아서 평상시의 면학 상태를 조사하기 위한 세시를 실시하고, 두 번째 순회에는 과시를 실시한다. 과시는 다음 기회에 향시를 보려는 생원만을 대상으로 하여, 과연 그들이 향시에 응시할 만한 충분한 학력을 갖추었는지를 시험하고, 동시에 그 응시 숫자를 제한하려는 목적으로 실시한다. 그런데 생원 쪽에서는 세시야 어찌 되든 상관없다고 여겨 경원시하지만 과시는 응시해 두지 않으면 나중에 곤란해질 수 있으므로 장려나 강제를 하지 않는데도 오히려 서로 앞다투어 시험을 보고자 몰려들었다. 참으로 이해타산적이라고 할 수밖에 없다.

과시의 출제는 사서에서 1문제, 책策 1문제, 시 짓기 1문제로 이루어지며, 그 밖에 「성유광훈」의 한 조목을 청서시킨다. 책策이란 정치적인 의견을 논하는 것으로서 향후 과거시에 반드시 출제되기 때문에 미리 시험해 둔다. 「성유광훈」은 이후의 과거시에는 쓰이지 않는다. 원래 「성유광훈」은 초등교육과 평민 교육을 위해 만들어졌으므로, 관리 등용을 의미하는 고등 시험에서 이를 평가하는 것은 불필요하다는 천자 자신의 의향이 반영되었다. 다만 과시를 보는 생원은 어디까지나 학정의 관할 아래 있는 학교의 학생이라는 신분이기 때문에 과연 지금까지 충분히 그 본분을 자각하고 있는지의 여부를 시험하는 것이다.

과시 성적은 세시와 마찬가지로 6등급으로 나뉘는데 1·2등급의 우등생에게는 바로 향시를 볼 수 있는 자격을 부여한다. 이 자격은 단 한 번만 주어진다. 3등급은 상위 5명 또는 10명만 향시에 응시할 수 있는 자격을 부여하고, 그 나머지는 불합격 처리한다. 그러나 향시 직전에 학정이 다시 한번 3등급의 불합격자들을 모아서 보결 시험을 치른 뒤 각 부별로 앞의 합격자와 거의 같은 숫자의 사람을 통과시킨다. 단, 이는 시험장의 수용 가능한 인원을 견주어본 다음에 결정한다.

향시에 응시할 수 있는 자격을 획득한 생원을 거자拳子라고 한다. 거자의 숫자는 향시의 합격 예정 정원 1명당 그 54배 혹은 88배로 정해져 있지만, 만약 시험장에 여유가 있다면 더 늘릴 수도 있다. 이를 두고 '진수성찬을 베푼다'고 칭하기도 했다. 결국 합격자 한 사람을 뽑는 데 대략 그 100배의 거자가 향시에 응시하는 것이 일반적이었다.

향시鄕試

과거시科擧試 2

시험 날짜

향시는 3년에 1회, 자년子年, 묘년卯年, 오년午年, 유년酉年 간지干支에 '자子', '묘卯', '오午', '유酉' 자가 들어간 해. 예컨대 갑자년甲子年, 정묘년丁卯年, 경오년庚午年, 계유년癸酉年 등 마다 실시하도록 법령으로 정해져 있고, 그 날짜도 미리 지정되어 있다. 8월 9일에 첫 번째 시험이 시작되며, 12일에 두 번째, 15일에 세 번째 시험을 치르고, 완전히 끝나는 것은 16일이다. 8월이라지만 음력이다. 양력으로 따지면 9월, 딱 중추절 보름달이 뜨기 전 일주일 정도에 걸쳐 실시된다. 정부에서는 수험생의 고충을 배려하여 1년 가운데 가장 날씨가 좋은 시기를 선택한 것이다.

만약 궁중에 크게 경사스러운 일, 이를테면 천자의 즉위라든지 천자나 황태후의 회갑연이 있는 경우에 과거는 3년에 1회 외에 특별히 한 차례 더 치러질 때가 있다. 이를 은과恩科라고 한다. 원래 과거는 천자가 그 보좌역인 관리를 등용하기 위해 천자의 숭고한 의무 중 하나로서 실시하는 시험이다. 그러나 후대로 오면서 그런 의미는 점점 희미해지고 백성들의 선망 대상인 관리로의 길을 열어주는 천자의 은혜라고 인식되었다. 그래서 과거를 한 차례 늘리는 것을 천자의 특별한 은혜라는 의미로 은과라고 일컫게 되었다. 은과가 통상적인 과거가 치러지는 해의 중간에 실시된다면 문제가 없지만, 만약 같은 해에 겹칠 경우에는 두 시험을 반년씩 시기를 늦추거나 앞당기는 것이 일반적이었다.

시험관의 파견

향시는 각 성의 성도省都에 성내省內 거자들을 모아 실시한다. 하남성河南省이라면 개봉부開封府, 강소성江蘇省이라면 지금의 남경南京인 강녕부江寧府에서 실시하는 식이다. 시험관은 중앙에서 임시로 선발하여 각 성으로 각각 파견한다. 그 인원은 각 성마다 정고관正考官 1명, 부고관副考官 1명이다. 매우 중요한 임무를 띠고 가는 것이기 때문에 조정에서는 미리 파견 가능한 관리들을 모아 시험을 치른 뒤 임명한다. 누구를 어디에 파견할지는 막바지까지 결정하지 않는다. 예기치 못한 부정 사건의 발생을 미연에 방지하기 위해서다.

향시는 시험 날짜가 정식으로 정해져 있으므로 전국에서 동시에 일

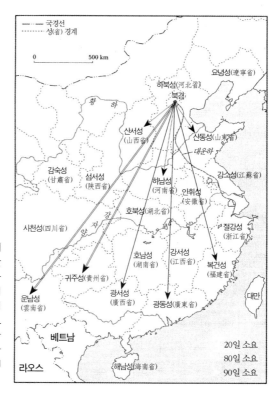

시험관이 각 성에 도착하는 데 소요된 시간 향시 날짜에 맞춰 중앙(북경)에서 시험관을 각 성으로 파견했는데, 당시는 운하와 양자강 수로를 이용하여 움직였기 때문에 오랜 시일이 걸렸다.(북경에서 각 성을 이은 직선은 실제 이동 경로가 아니며, 단지 성도에서 얼마나 떨어져 있는지를 보여주기 위함이다.)

제히 치러지는데, 시험관은 중앙에서 먼 곳으로 파견되기 때문에 목적지에 도착하기까지는 상당한 시일이 걸린다. 그들이 시험 날짜에 제때 도착하지 못해도 문제지만, 너무 빨리 도착해도 그들에게 청탁을 시도하려는 사람이 생길지 모른다. 이런 이유로 중앙에서는 여정을 예측하여 너무 이르지도 너무 늦지도 않게 두 사람의 고관考官을 출발시킨다.

예를 들어 중앙에서 가장 먼 운남성雲南省이나 귀주성貴州省의 성도에 도착하기까지는 북경에서부터 출발하여 약 90일이 소요된다. 그래서 4

월 하순이 되면 중앙정부의 대신은 시험관, 즉 고관이 될 만한 사람의 명부를 천자에게 제출한다. 천자가 그 가운데 누구를 정고관, 누구를 부고관으로 지명할지 정하면, 5월 1일쯤에 정식으로 시험관 명단을 발표하고 임명한다. 임명된 사람은 수도에서 우물쭈물 시간을 보내서는 안 되며, 늦어도 5일 이내에는 출발해야만 한다. 만약 5월 5일에 출발한다면, 가는 데 약 3개월을 소비하여 정확한 시험 날짜인 8월 9일의 며칠 전에 목적지인 운남성이나 귀주성 성도에 도착하는 시스템이다. 광동성廣東省, 광서성廣西省, 복건성福建省에는 약 80일, 좀 더 가까운 곳에 위치한 산동성山東省, 산서성山西省, 하남성河南省으로는 20일의 일정을 예상한다. 가까운 곳일수록 임명이 늦어진다. 당시는 여행하기가 불편한 시대로, 운하나 양자강 수로를 이용했기 때문에 이처럼 수십 일이 걸렸다. 고관은 천자를 대신하는 사람으로서 흠차관欽差官천자의 명령으로 파견되는 관리이기 때문에 배에 '흠차欽差'라고 쓴 깃발을 세우고 당당히 지나가면 다른 배들은 모두 옆으로 비켜나 고관이 탄 배를 우선적으로 통과하게 해주었다. 지방관도 실수가 없도록 무조건 이들을 우대해주었다.

목적지인 성의 성도에 고관이 도착하면 그 지역의 대관大官, 총독總督, 순무巡撫, 포정사布政使성의 행정 사무를 감독하던 장관. 정식 명칭은 승선포정사承宣布政使, 안찰사按察使지방의 풍교를 감독하고 범법을 단속하는 관직, 지부知府 이하 인사들이 모두 마중을 나와 정중히 대우한다. 그리고 미리 정해 둔 답안지 심사 보조관과 시험 사무 담당관을 소개한다.

원래 시험 담당관은 두 계통으로 나뉜다. 하나는 답안지 심사원으로, 중앙에서 파견된 정·부고관만으로는 심사를 전부 감당할 수 없기 때문에 지방관 가운데 학문이 뛰어난 사람을 보조원으로 두었는데, 바로 그들을 동고관^{同考官}이라고 한다. 이들의 숫자는 큰 성에서 18명, 작은 성에서는 8명이었다. 이 일은 총독·순무가 위임하는 업무에 속하기 때문에 대부분 지부와 지현 가운데서 뽑는다. 학교의 교관은 고려의 대상이 되지 않는다. 정고관, 부고관, 동고관 등 고관이라는 이름이 붙는 이들은 직접 답안지 심사를 담당하는 사람들로서 내렴관^{內簾官}이라 칭한다.

이 밖에 시험 사무만을 담당하는 계통이 필요한데, 이들을 외렴관^{外簾官}이라 한다. 그 모든 일을 책임지는 총책임자는 감림관^{監臨官}이라고 하며 총독 또는 순무가 이를 맡는다. 그 아래에 사무국장, 감독관, 또 그 아래에는 답안 접수 담당, 정리 담당, 신체검사 담당, 등사^{謄寫}(필사^{筆寫}) 담당 _{수험생이 제출한 답안지를 등사 담당자가 옮겨 적어 심사관이 수험생의 필체를 알아볼 수 없도록 함으로써 부정을 방지했다.}, 교정 담당 등 여러 가지 특수한 임무를 명 받은 관리가 정연하게 갖춰져 있다. 이들은 서로 다른 영역을 침범하지 못하도록 정해져 있다.

시험장

시험장은 공원^{貢院}이라고 하며 각 성의 성도에 상설 건물이 있다. 앞의 과시 때까지는 수험생들이 대청, 곧 건물 안의 넓은 마루에 늘어놓은 책상 앞에 앉아서 시험을 쳤다. 그러나 공원은 딱 한 사람만 들어갈 수 있는 크기의 독방이 벌집처럼 수천, 수만 개가 모인 곳으로, 그 한 칸 한 칸이 마치 마구간 같은 나가야^{長屋}_{칸을 막아서 여러 가구가 살 수 있도록 길게 만든 일본의 가옥.}

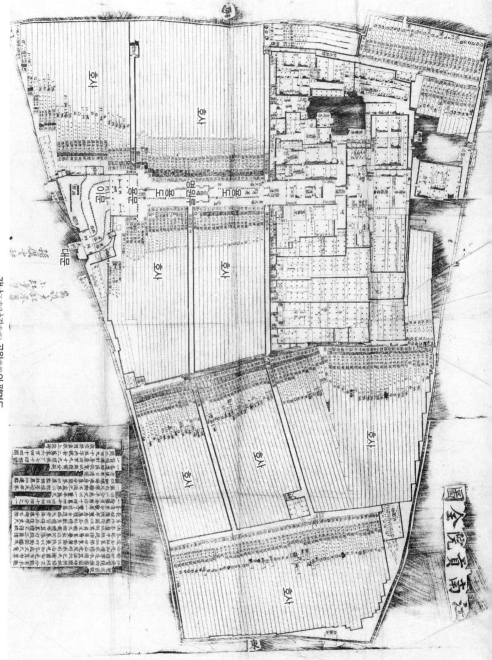

강남 공원의 전경(1917~1919년 무렵) 수험생들 각자가 시험을 치르는 작은 독방인 호사號舍가 칸칸이 나뉘어 무수히 늘어서 있는 모습이다.

연립(공동)주택 형태로 연속해서 늘어서 있기 때문에 전체적으로 엄청나게 넓은 대지를 차지한다.

남경 강녕부의 경우를 예로 들면 일본의 야카타부네屋形船 지붕이 있는 놀잇배 같은 배로 유명한 진회秦淮 운하의 연변 북쪽에 광대한 대지를 차지하고 있는 남경 공원이 자리한다. 운하 쪽으로 큰 석조 출입구가 세 개 있는데, 그 안쪽에 보이는 것이 공원의 입구, 즉 대문大門이다. 대문을 들어서면 약간 넓은 장소가 나타나고 그 북쪽에 이문二門이 보인다. 이문 다음에 있는 용문龍門을 지나면 북쪽을 향해 넓고 큰 길이 뻗어 있는데, 이를 용도甬道라고 부른다. 그 동쪽과 서쪽에 약 2m 간격으로 호통號筒이라 불

공원의 내부 공원에는 수험생들이 시험을 치르는 독방, 곧 호사가 쭉 이어져 있다. 이 호사는 맨흙바닥에 비바람을 막을 문도 없이 수많은 독방으로 잘게 나뉘어 있다. 독방의 모습과 그 안에서 과거를 치르는 거자의 재현된 모습은 88쪽에서 확인할 수 있다.

리는 작은 통로 입구가 늘어서 있다.

시험 삼아 이 호통의 입구를 통해 안으로 들어가면 들머리가 좁은 것 치고는 안쪽으로 굉장히 깊어서 끝이 보이지 않을 정도로 이어져 있다. 그리고 그 옆에는 1m 간격으로 칸이 나눠진 작은 방, 즉 호사號舍라 불리는 독방이 무수히 안쪽으로 쭉 늘어서 있다. 방금 호사를 방이라고 표현했지만, 사실 방이라고 부르기 민망할 정도다. 왜냐하면 문도 없고 가구도 없으며, 단지 삼면을 벽돌로 칸막이하고 기와로 지붕을 얹은 공간에 불과하기 때문이다. 지면은 물론 흙바닥이고, 다만 커다란 판자가 세 장 있다. 이 판자를 벽과 벽 사이에 걸쳐 놓으면 제일 높은 곳이 물건을 올려놓는 선반이 되고, 그 다음 아래 선반이 책상이 되며, 가장 낮은 것은

명원루明遠樓 정면에 보이는 건물이 명원루로, 시험관은 이 건물의 높은 누각에서 수험생들을 감시했다. 그 앞에 뻗어 있는 길이 용도甬道이며, 용도의 양 옆으로 호사가 들어선 호통의 입구가 있다. 시험 기간 동안 거자들이 사용하는 물을 담아 놓았던 물독도 보인다.

의자가 된다. 그 외에는 아무런 설비도 없는, 말 그대로 창살 없는 감옥의 모습이다. 향시 수험생인 거자들은 꼬박 2박 3일을 이 안에서 지내야 한다.

　호사 앞을 지나는 작은 통로는 굉장히 길어서 가도 가도 끝이 없다. 호사의 열께도 무한히 계속된다. 그저 3년에 한 번 정도만 사용하는 건물이기 때문에 평소에는 관리도 허술하여 지붕에는 잡초가 무성하고 처마는 무너지기 일보 직전이며, 벽에는 습기가 차서 곰팡이가 피어 있다. 만약 홀로 밤중에 이런 곳에서 길이라도 잃으면 얼마나 으스스하겠는가. 아마 공포 영화가 따로 없을 듯싶다.

　호사 앞을 지나는 작은 통로는 길게 이어져 뻗어 있을 뿐 그 안쪽은 막다른 골목이라 빠져나갈 구멍이 아무 데도 없다. 언뜻 보기엔 한번 들어가면 출구를 못 찾는 미궁처럼 길을 잃으면 빠져나오지 못할 것 같이 느껴지지만 실제로는 그렇지 않고, 막다른 골목의 일방통행일 뿐이다. 따라서 나가고 싶을 때는 들어온 반대 방향으로 계속 걸어가기만 하면 언젠가는 자연히 대문으로 통하는 큰 길인 용도로 나올 수 있다.

용도의 한가운데쯤에는 명원루明遠樓라 불리는 훌륭한 고층 건축물이 있다. 시험을 치르는 동안에 수험생을 감시하거나 신호를 보내는 곳이다. 이 건물 외에도 감시하기 위한 목적으로 요루瞭樓라는 높은 망루가 몇 군데 세워져 있다. 거자들이 들어가 시험을 치르는 호사는 입구에 문도 없이 뻥 뚫려 있기 때문에, 여기저기에 세워진 요루나 명원루에서 살펴보기만 해도 수험생의 움직임이 손에 잡힐 듯이 보였다고 한다. 하지만 이렇게 넓어서야 제대로 효과가 있었을 것 같지는 않다. 그저 위압감을 주기 위한 시설에 불과할 것이다.

명원루를 통과하여 용도의 북쪽으로 더 나아가면 한층 엄중하게 담장을 친 다른 구조물의 큰 문이 나타난다. 그 내부는 시험 담당관이 한달 넘게 갇혀 지낼 숙소와 사무실이 있는 곳으로, 커다란 운하에 의해 앞부분과 뒷부분으로 나뉘어 있다. 앞부분은 시험 사무 담당관들, 이른바 외렴관의 거처다. 외렴관은 시험 현장을 단속하고 답안지 정리를 담당하기 때문에 시험 현장에는 오갈 수 있으나, 그 안쪽에 위치한 내렴관의 거처에는 들어갈 수 없다. 내렴관은 답안 심사를 담당하는 관리로서 완전히 자신들의 거처에 발이 묶인 채 답안 심사가 끝날 때까지 한 발자국도 밖으로 나갈 수 없으며, 가장 심한 구속을 받는다.

수백 명의 담당관이 한 달여 동안 계속 갇혀 지내려면 다량의 음식이 필요한데, 식량은 미리 이곳의 창고에 저장해 둔다. 이렇게 내부는 겹겹이 나뉘어 있고 그 둘레는 두껍고 높은 벽이 둘러쳐져 세상으로부터 차단되어 있으며, 출입구는 단 하나, 남쪽 대문밖에 없다. 시험 담당관도 거자도 무릇 인간이라는 이름이 붙은 존재는 모두 대문으로만 출입하게끔 되어 있다. 그 외에는 개구멍 하나 없다. 다만 밖으로 나갈 수 있는 예외가 있다면 물과 배설물이다.

시험 중에 거자들이 사용하는 벼루의 물이나 취사용 물은 막대한 양에 달한다. 이 때문에 대문의 좌우 양측에는 외부에서 내부로 깨끗한 물을 들여보내는 장치가 하나씩 있는데, 이를 수대水臺라 부른다. 시험 전에 인부가 여기에서 물을 길어다가 시험장 안의 각 호통, 즉 호사로 통하는 작은 통로 입구에 비치된 커다란 물독 안을 가득 채워 놓고, 시험이 진행되는 중간에도 물이 줄어들 때마다 보충한다. 그 다음부터는 거자들의 일로서 각자 냄비를 들고 여기까지 와서 물을 받아 가는 것이다. 배설물은 호사 앞으로 이어져 지나는 작은 골목의 막다른 곳에 위치한 화장실에다 갖다 버린다. 그러면 그곳에 쌓인 배설물을 시험이 끝난 뒤 인부들이 모아서 동쪽에 단 한 군데 있는 출분처出糞處에서 퍼낸다. 출분처는 북쪽에도 하나 더 있지만 이곳은 시험 담당관의 배설물을 퍼내는 장소다.

이들 몇 군데 출입구를 제외하면 주위의 높은 담장에는 개미 한 마리 파고들 틈도 없다. 따라서 만약 시험 도중에 거자가 급사하기라도 하면 처치가 곤란해진다. 대문은 굳게 자물쇠를 채워서 정해진 시간이 될 때까지 절대로 열지 않는다. 그래서 하는 수 없이 시체를 거적에 말아 담장

위에서 밖으로 내던졌다.

밤을 새며 작성하는 답안

8월 5일, 먼저 시험 사무 담당관이 시험장에 들어가는데, 이때 이들에 대한 신체검사를 실시하여 꼭 필요한 의복과 필수품 외에 다른 물건을 가지고 들어가는 것을 금지한다.

이튿날 6일에 답안 심사원인 정·부고관은 그 지역의 총독과 순무 등 대관의 초대를 받아 조촐한 연회에 참가한 뒤 시험의 총책임자라고도 할 수 있는 감림관을 맡은 총독이나 순무 중의 한 사람, 사무 담당관인 제조관提調官, 심사 보조관인 동고관들과 함께 시험장으로 들어간다. 정고관과 감림관, 이 두 사람은 특히 밖에서도 바라보이도록 가마의 창을 활짝 열어젖히고 거리를 누비며 지나간다. 이들이 시험장에 도착하면 명원루에서 기세 좋게 대포 세 발을 쏘고, 무거운 대문이 좌우로 열린다. 고관은 그대로 안쪽 건물로 들어가 모습을 감추지만, 감림관은 부하를 거느리고 시험장을 구석구석 둘러보면서 제대로 정비되어 있는지를 점검한다. 이렇게 일단 시험장 안으로 들어간 담당관은 그대로 시험이 끝나는 날까지 구내에 숙박하며 외부와 소식을 끊는다.

한편 거자는 성내의 각지에서 속속 성도로 모여드는데, 이때 배를 이용하여 들어올 경우 뱃머리에 '奉旨某省鄕試봉지모성향시', 즉 칙명으로 실시되는 무슨 성省의 향시 응시자라는 깃발을 세우고 지나가면 내지의 세관에서도 그 짐에는 손을 대지 않았다고 한다.

성도에 도착하면 거자는 관설 접수처에 가서 답안 용지를 받는다. 답안 용지는 두꺼운 백지로 접책되어 있으며 14쪽과 16쪽짜리 두 종류가 있다. 둘 다 한 쪽마다 세로로 25글자씩 12행을 쓸 수 있도록 붉은 괘선이 인쇄되어 있다. 이 답안 용지는 모두 합하여 3통 외에 초고 용지가 필요하다. 그 표지에는 이름, 연령, 용모의 특징 등을 적는 칸이 있어 각자가 기입해서 담당관에게 맡기면 보관증 3통을 건네받는데, 이를 잘 보관해 두어야 한다. 이는 시험 당일 시험장 안에서 담당관에게 보여주고 답안 용지와 교환하기 위해서다.

시험이 시작되기 전날인 8월 8일은 거자가 입장하는 날이다. 한밤중 오전 0시(자정) 무렵에 첫 번째 대포 소리가 한 발 울려 퍼지고, 30분쯤 있다가 두 번째 대포 두 발, 그리고 다시 30분 정도 뒤에 세 번째 대포가 세 발 울리면, 그것을 신호로 시험장의 대문이 열리고 거자들이 속속 문 앞으로 모여든다. 문 앞에서 먼저 인원 점호를 하는데, 성내의 수십에서 백여 개에 이르는 각 현 출신의 동생들은 자신의 출신지에 따라 10여 개의 기起(조組)로 나뉜다. 각 기의 표식은 등롱과 깃발이며, 제1기에 속한 거자는 '제1기第一起'라고 적힌 한 개의 등롱 아래 집합한다. 제2기는 등롱수가 두 개이며 쌍둥이처럼 양쪽으로 매달고, 제10기가 넘어가면 마치 일본의 축제 때 쓰이는 마쓰리야타이祭屋台작은 집 모양으로 지붕을 달고 이동할 수 있게 만든 수레에 늘어뜨린 제등처럼 5열로 만들어서 매달았다. 그 덕분에 거자들은 깃발의 글자가 보이지 않아도 자신이 모여야 할 장소를 알 수 있었다. 날이 밝으면 깃발을 보고 모였다.

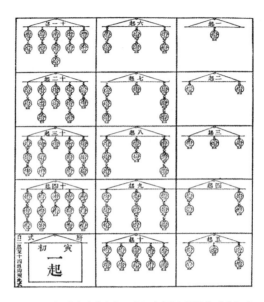

입장의 표식 성내 각지에서 모여든 거자들은 등롱과 깃발을 표
식으로 삼아 각 현마다 무리를 이루어 공원 안으로 입장했다.

점호 때는 각 학교 교관의 입회하에 본인이 틀림없음을 확인한다. 점
호가 끝나면 담당관의 인솔에 따라 한 기씩 대문을 통과하여 입장한다.
함께 온 사람들은 대문 안으로 들어갈 수 없다. 거자는 제각각 커다란 보
따리를 들고 있는데, 그도 그럴 것이 시험장에서 2박 3일을 지내야 하기
때문에 벼루, 먹, 붓, 연적 등 문방구 외에 냄비, 식료품, 얇은 이불, 입구
에 걸어 두는 커튼까지 챙겨야 한다. 그래서 점호가 끝나면 거자는 배웅
나온 사람과 헤어져 혼자 그 무거운 짐을 어깨에 메고 장내로 들어간다.

대문에 들어서면 신체검사가 실시되는데, 네 명의 병졸이 동시에 거
자 한 사람의 옷을 위에서 아래까지 손으로 훑어가며 조사하고 보따리를

부정행위에 사용된 소책자 쉽게 휴대할 수 있도록 아주 작게 만들어졌다. 엄중한 검사를 뚫고 수험생들은 이렇게 부정행위에 쓸 참고서를 시험장에 갖고 들어가기도 하고, 심지어 속옷에도 사서오경을 빽빽이 적어 입장하기도 했다.

풀어서 내용물을 확인한다. 책은 두말할 필요도 없고 글자를 적어 놓은 종잇조각도 지니고 들어가는 것이 엄하게 금지되었다. 그런 것을 발견한 병졸에게는 은 3냥을 상으로 주었기 때문에 조사는 매우 철저하게 이루어졌다. 심지어 만두를 갈라 그 안의 만두소까지 조사했다고 한다. 그러나 웬일인지 부정행위용 참고서 등이 걸핏하면 엄중한 담당관의 눈을 피해 장내로 반입되곤 했다. 심할 때는 책방 하나를 차릴 만큼의 많은 책이 반입되었을 정도라고 한다.

　이 검사가 끝나면 거자는 입장증을 받는다. 그러나 두 번째 문(이문)에서 다시 한번 소지품 검사가 이루어지고, 여기서 부정이 발각되면 본인뿐만 아니라 최초 검사원까지 처벌을 받는다. 이곳을 통과하면 세 번째

호사 맨 위 그림은 호사를 묘사한 것이며, 아래 왼쪽 사진은 복원해 놓은 호사의 내부이고, 아래 오른쪽은 호사 안에서 시험을 치르는 거자의 모습을 재현해 놓은 것이다.

문인 용문이 있고, 그 앞으로는 용도라 불리는 큰 길이 이어진다. 용도의 좌우에는 각 호통, 즉 작은 골목의 입구가 있으며, 그 입구에는 천자문 순서로 한 자씩 커다란 글자가 적혀 있으므로 이를 통해 거자는 자신의 호사로 들어가는 통로 입구를 찾아낸다. 골목 안으로 들어간 다음에는 숫자 번호로 자기가 시험 치를 곳인 호사를 찾아간다.

거자는 자신의 호사, 즉 독방에 들어가면 제일 먼저 소지품을 정돈한다. 정돈이라고는 하지만 세 장의 판자를 벽과 벽 사이에 걸쳐서 위의 판자는 선반, 아래 판자는 의자, 그 가운데 판자를 책상으로 삼아 문방구를 꺼내 늘어놓고, 당장 필요하지 않은 물건은 선반 위에 올려놓으면 끝이다. 아무래도 1만 명, 때로는 2만 명의 거자가 신체검사를 받고 입장하기 때문에 이 과정에만 새벽부터 저녁까지 꼬박 하루가 걸린다. 그래서 이른 아침에 입장한 사람은 의자 위에서 잠시 선잠을 잔다. 아무튼 정신없는 시간이다.

대략 거자 20명마다 1명의 잡역부, 즉 호군號軍이라 불리는 병졸이 배속된다. 보통 사회의 최하층에서 밑바닥 생활을 하던 그들은 평소의 울분을 풀 수 있는 건 이때뿐이라 여겨서 큰소리를 쳐가며 거자의 간담을 서늘하게 만든다. 그들의 처지에서 보면 여기 모인 거자들은 장차 시험을 통과하고 난 뒤에는 어엿한 한 사람의 관원으로서 우쭐대며 자신들을 먼지 티끌만도 못하게 무시할 것이 뻔하기 때문이다.

꼬박 하루가 걸린 입장 소동이 끝나고 거자들이 전부 각자 자신의 호사에 자리를 잡으면 총감독관인 감림관은 대문에 자물쇠를 채우고 봉인한다. 이때 이후로는 무슨 일이 발생한다고 해도 시험이 끝날 때까지 대문은 열리지 않는다. 거자들은 각자의 독방에서 할 일도 없이 하룻밤을 지내야 한다. 중추절의 한가을 좋은 날씨라고는 하지만 입구에 문도 없는 독방에는 냉기를 머금은 밤바람이 짧은 커튼을 뚫고 사정없이 들어온다. 딱딱한 판자 위에 깔아 놓은 얇은 이불로는 밤의 냉기를 막기에 충분치 않다. 무엇보다 독방이 좁은 탓에 발을 충분히 뻗을 수 없다. 새우처럼 몸을 구부려 웅크리고 잠시 눈을 붙일 뿐이다. 그 선잠의 꿈도 결코 평온하지 않다. 특히 성도로부터 멀리 떨어진 시골에서 먼 길을 힘겹게 올라온 거자들은 고향에서 자신의 안부를 걱정하는 부모님, 형제, 친구들의 모습이 눈앞에 생생하게 어른거렸을 것이다.

게다가 그날 밤 편히 잠들 수 없는 까닭은 이튿날 9일이 되면 아침 일찍 날이 밝기도 전에 시험이 개시되기 때문이다. 호군이 외치는 큰 목소리를 신호로 담당관이 돌아다니면서 전에 맡겨 두었던 답안 용지를 보관증과 교환하며 배포한다. 답안 용지의 표지에 적은 이름, 연령, 용모의 특징 등을 본인과 대조하여 틀림없음이 확인되면 담당관은 '대^對', 즉 일치한다는 도장을 답안 용지 위에 찍는다. 이 도장이 찍혀 있지 않으면 답안을 제출할 때 접수가 거부된다. 이날 시험은 사서에서 3문제, 시 짓기 1문제가 출제되며, 시에는 운^韻이 지정된다. 시험문제는 그 분량에 걸맞지 않을 정도의 큰 종이에 인쇄해서 한 사람당 한 장씩 배포한다. 이 문제지에는 책임자가 몇 사람이나 점검해서 틀림없음을 확인했다는 표시로 도장이 몇 개나 찍혀 있다.

문제지를 받은 거자는 그때부터 머리를 싸매고 필생의 지혜를 짜내어 답안 작성에 돌입한다. 시간은 이튿날(10일) 저녁때까지 넉넉히 주어진다. 우선 초고지 위에 충분히 계획을 짜서 답안을 가다듬은 뒤 드디어 자신이 생겼을 때 비로소 청서하기 시작한다. 불안과 초조, 흥분이 교차하는 사이에 시간은 쏜살같이 흘러간다. 배가 고프면 갖고 들어온 만두를 먹고, 시간적으로 여유가 있는 사람은 냄비에 밥을 짓는다. 이틀이라는 긴 시간이니, 비가 내릴 때도 있다. 문이랄 것조차 없는 독방 안에는 바람에 휩쓸려 비가 들이치기도 한다. 그럴 때는 목숨보다 소중한 답안 용지가 젖지 않도록, 설사 본인은 비에 젖더라도 필사적으로 답안 용지를 감싸 안는 눈물겨운 노력을 해야 한다. 밤에는 촛불을 밝히는 것이 허용되지만, 그랬다가 불이 켜진 채로 넘어져서 답안 용지에 불똥이 튀고 이 때문에 불탄 자국이라도 생기면 큰일이다. 행여 거친 바람이라도 맞을세라 귀하게 자란 양갓집 도련님도 이때만큼은 모든 일을 혼자 처리해야 한다. 이른바 일본 구식 군대의 신병과 같은 신세다.

밤이 되어 피곤해지면 또 얇은 이불을 꺼내서 잠시 쉴 수 있다. 하지만 옆의 독방에 불이 환하게 켜져 있으면 나 혼자 뒤처질 수 없다는 생각에 다시 벌떡 일어나서 답안 용지를 작성한다. 피로와 흥분이 겹쳐 대부분의 사람들은 약간 정신이 나가기 때문에 평소 실력을 제대로 발휘하지 못하는 경우가 많은데, 심할 때는 병이 나거나 미쳐버리기도 한다.

공원貢院에는 귀신이 나온다

시험장에서 병이 나거나 뜻밖의 사고가 발생하는 경우, 이는 상당히 불명예스러운 일로 치부된다. 평소의 행동거지가 나빴음이 틀림없는 사실로 간주되기 때문이다. 중국에서는 도교 사상이 사회 전반에 퍼져 있어, 남들 몰래 선행을 하면 비록 세상 사람들은 모를지라도 언젠가는 신이 복을 내려주고, 만약 나쁜 짓을 하면 반드시 응분의 대가를 치른다고 믿었다. 그 인과응보가 가장 잘 드러나는 곳이 다름 아닌 시험장이다.

독서인이 가장 삼가야 할 악덕은 음淫, 바로 여색이다. 음이란 기생을 밝히는 따위를 가리키는 게 아니라 여염집 여자의 명예를 손상시키는 짓이다. 지난날 그런 나쁜 짓을 저지른 적이 있는 거자는 평소에 아무리 머리가 좋아도 정작 중요한 때 반드시 실패한다. 어떤 거자는 시험장에서 갑자기 발광하여 끊임없이 '용서해줘, 용서해줘'라고 말하며 난동을 피웠다. 그 사람의 답안지를 살펴보니 글자는 하나도 적혀 있지 않고 여인의 신발 그림만 그려져 있었다. 예전에 이 거자가 정조를 유린한 탓에 자살한 젊은 하녀의 망령이 나타나서 그를 괴롭히고 미치게 만든 것이었다.

이와 비슷한 이야기는 수없이 전해진다. 그런데 귀신이 등장하는 이야기가 주로 향시의 경우에 한하는 것도 불가사의한 일이다. 아마도 향시가 공원이라는 으스스하고 왠지 기분 나쁜 장소에서 거행되기 때문일 듯하다. 거자가 공원에 입장한 뒤 일단 대문이 닫히면 시험이 종료될 때까지는 절대로 두 번 다시 열리지 않고, 안팎이 완전히 차단되어 그 내부는 외부 세계로부터 완벽하게 고립되어버린다. 공원 안은 말하자면 사바세계를 떠나 지방관의 통치권도 경찰권도 미치지 않는 별세계다. 그리고 그 안에서만 원수를 갚는 일이 허락되는 장소이기 때문에 그것을 노리고 유령이나 귀신이 출몰한다고 여겨진 것이다. 청조 말년에 출판된 『권계

록선勸戒錄選』이라는 책에는 이런 괴담이 많이 실려 있다.

어느 해 남경 향시를 앞두고 시골에서 올라온 거자가 여관에 묵기 위해 주인과 숙박비를 흥정하고 있었다. 거자는 혼자 묵을 거라 말하지만 주인은 두 사람이라고 한다.

"거, 당신 뒤에 부인이 계시지 않습니까?"

거자는 그 소리에 뒤를 돌아보았으나 아무도 없다.

"저 안색 나쁘신 분이 당신의 부인이 아닙니까?"

그 말에 거자는 갑자기 새파랗게 질려서 허둥댔다.

"이번 시험은 아무래도 재수가 텄나보군. 다 틀렸어."

거자는 이렇게 말하고 뒤도 돌아보지 않은 채 줄행랑을 놓았다. 뒤에 남은 여인이 여관 주인을 향해 말했다.

"어찌 이리 몰인정하십니까? 겨우 원수를 찾아 분을 풀고자 했거늘, 당신이 쓸데없는 말을 늘어놓는 바람에 도망쳐버리지 않았습니까."

여인이 따지고 들자 여관 주인은 난처해하며 말했다.

"지금 방금 떠났으니 얼른 쫓아가 잡으면 되지 않습니까. 저는 아무 것도 몰랐습니다."

"당신은 모르십니까? 죽은 사람은 공원 안에서만 원수를 갚을 수 있습니다. 겨우 기회를 잡았는데 당신 때문에 전부 다 망쳤습니다. 당신, 어떻게 보상해줄 겁니까? 이렇게 된 이상 당신이라도 대신 끌고 갈 테니 그렇게 아세요."

여인이 그리 말하고 달려드니 주인이 깜짝 놀라 말했다.

"잠깐만 기다려주십시오. 제가 정말 잘못했습니다. 부디 용서해주십시오. 하지만 또 기회가 있을 테니 그때까지만 기다려주십시오. 저승길 노잣돈은 얼마든지 드릴 테니."

그러자 여인은 약간 마음이 풀린 듯, 그렇다면 그날 밤 지전을 태우고 경을 읽어줄 것을 조건으로 내걸고 약속을 받아낸 뒤 히쭉 웃더니 그대로 사라져버렸다고 한다.

또 다음 이야기는 건륭乾隆 연간(1736~1795)에 과거에 합격해 진사가 된 뒤 훗날 예부상서禮部尙書오늘날 한국의 관직으로 치면 문화와 교육을 담당하는 교육부장관에 해당까지 오른 황월黃鉞이라는 인물의 실제 경험담이다. 그가 향시를 치르기 위해 입장하여 호사에 앉아 있는데 젊은 여인이 그 앞을 어른거리며 걸어다니는 모습이 보였다. 차림새는 초라하고 머리는 산발했지만 얼굴이나 자태는 빼어나게 아름다웠다. 황월은 문득 기이함을 느끼면서 이런 곳에 여인이 들어올 리가 없다고 생각했다. 이는 필시 요괴가 틀림없다고 생각하여, 앞을 지나는 그 여인을 불러 세워 놓고 말했다.

"이봐, 여자 요괴, 무슨 짓을 하려고 그러느냐?"

고함을 내지르며 야단을 치자 여인이 돌아보며 말했다.

"대신大臣님이십니까? 제가 찾아온 사람은 대신님이 아닙니다. 그냥 못 본 척해주십시오."

대신님이라는 말에 황월은 몹시 기분이 좋아졌다. 요괴라는 것은 앞으로의 일을 잘 꿰뚫어 보는 신통력을 갖고 있는 법이다. 이렇게 생각하자 한결 담력이 생겼기에 침착하게 조용히 대화를 시작했다.

"그러면 누구를 찾고 있는 것인가?"

"실은 어디 어디에 사는 아무개란 자입니다."

"그는 내 고향 친구다. 확실히 이 안에 있기는 한데, 무슨 볼일인가?"

"수치스러운 이야기이긴 하나 들어보시면 연유를 아실 겁니다. 부디 들어주십시오. 저는 어느 사람의 땅을 빌려서 먹고사는 소작인의 딸이었습니다. 그는 어쩌다 우연히 저를 보고 반하여 어떻게든 후처로 삼고 싶다고 말했습니다. 저는 처음에는 아예 상대를 하지 않았습니다만 너무나도 열성적으로 제의를 하는지라 무심코 정에 이끌려 교제를 시작했고, 어느새 아이를 갖게 되었습니다. 그러자 갑자기 그의 태도가 돌변하여 저를 모른 체하더니 결국 그토록 굳게 약속한 것을 헌신짝처럼 저버리고 다른 곳에서 후처를 들여버렸습니다. 제 아비도 저를 걱정한 나머지 여러 차례 담판을 지으러 갔지만, 그는 전혀 상대해주지 않았습니다. 도리어 저를 질책하기까지 하는 겁니다. 그래서 이번에는 제가 직접 갔습니다. 하지만 문지기가 들여보내주지 않았습니다. 몸을 의지할 데가 없어진 저는 끝내 목을 매 자살했습니다. 그 짐승 같은 놈이 진짜 증오스럽습니다. 저는 이제부터 그를 죽이러 갈 작정입니다. 제발 상관하시지 말고 모른 척해주십시오."

"정말 사연을 듣자 하니 충분히 이해가 가는 일이오. 이야기만 들은 나조차 화가 치미는구려. 하지만 무엇을 감추겠소, 그는 나의 친구라오. 그래서 하는 말인데, 부디 그를 봐줄 수는 없겠소? 그대가 말하는 것은 내가 그를 대신하여 뭐든 약속해주겠소. 우선 그대를 그의 본부인으로 삼도록 해보겠소. 정식 결혼을 한 것으로 해서 결혼 사례금은 그대의 아버지 쪽으로 넉넉히 보내도록 하겠소. 그리고 지금의 후처가 만약 아들을 낳으면 그를 그대의 아들로 삼읍시다. 만일 내 친구, 또는 그의 아들이 출세한다면 그대는 작위를 받을 수도 있소. 생각을 바꿔서 이제부터는 그의 출세를 빌도록 하여 내 체면도 세워줄 수는 없겠소?'

황월이 필사적으로 설득하자 여인은 잠시 고개를 숙이고 있다가 말했다.

"이것도 전생으로부터 비롯된 인연이겠지요. 그러면 대신님께 맡기겠습니다."

여인이 받아들이자 황월은 근처에 있던 그 아무개를 불러왔다. 아무개는 여인을 보고 낯빛이 변해서 황월의 무릎 아래로 쭈그리고 앉아 머리를 감추려 했다. 황월이 아무개를 힐문하자 그저 용서해달라는 말만 반복할 뿐이었다. 황월이 여인과 약속한 조건을 설명해주자 아무개는 이빨을 달그락달그락 맞부딪치면서 그렇게 하겠노라고 답했다. 여인이 드디어 화를 풀고 말했다.

"이것으로 충분합니다. 대신님을 만나지 않았다면 일이 어디까지 커졌을지 모릅니다. 덕분에 저도 성불할 수 있게 됐습니다."

여인은 이 말을 남기고 사라졌다. 이후 황월도 아무개도 그 시험에서 보란 듯이 합격했고, 그 다음 시험도 모두 통과하여 나란히 함께 진사, 또 대관이 되었다. 그리하여 망령이 되었던 여인도 작위를 받는 영광을 누렸다고 한다.

이런 일은 부잣집 거자에게서 흔히 있을 수 있는 죄악으로 보이는데, 이것이 바로 음陰이며, 음은 특히 거자가 삼가야 할 것으로 인식되었다. 공원 안에서 망령과 만나 원한을 조정하는 재판이 이루어진다는 스토리는 너무나도 중국적인 이야기지만, 이는 그만큼 공원의 분위기가 이만저

만한 것이 아니었다는 사실을 말해준다.

이 이야기는 황월이 대신이 되고 난 뒤 노후에 직접 말한 내용을 어떤 사람이 들은 것이라 하는데, 아마도 그 사연에 살을 붙인 것일지도 모른다. 어쩌면 황월이 그 친구의 평상시 행동거지를 걱정하다가, 함께 공원에 들어간 것을 기회로 삼아 망령 이야기를 꺼내며 호되게 충고함으로써 그로 하여금 뉘우치게 했을지도 모른다. 그러나 실제로 그런 망령에게 살해당했다거나, 혹은 시험에 실패했다는 이야기는 수없이 전해지고 있다.

다음 이야기도 어떤 사람의 경험담이다. 그는 향시를 보려고 입장한 다음 날 밤에 촛불을 켜고 열심히 답안 구상을 하고 있었다. 그런데 갑자기 찬바람이 불어오면서 불이 꺼질 듯하기를 수차례 반복했다. 그러던 중 갑자기 파리한 안색의 한 젊은 비구니가 불쑥 나타났다. 깜짝 놀라 그가 자기도 모르게 비명을 지르려는데 비구니가 말했다.

"아, 여기가 아니구나. 잘못 찾아왔습니다. 죄송합니다."

비구니는 이렇게 말하며 모습을 감춘 듯했다. 그런데 이번에는 옆 호사의 수험생이 갑자기 비명을 지르기 시작했다. 책망하는 목소리가 들리고 욕을 퍼붓는 소리가 들려오는가 싶더니 흐느껴 우는 소리가 들리다가 잘못을 비는 목소리도 들렸다. 그러고서 그 소리가 딱 멈추자 그 뒤부터 정적이 계속되며 아무 소리도 들리지 않았다. 이에 근처의 수험생들을 불러 모아 옆의 호사를 들여다보니 그 수험생은 차갑게 죽어 있었다.

답안지를 더럽히거나 훼손한 경우, 또한 정신이 불안정해져서 답안지에 낙서를 한 경우에는 처벌로 이후 몇 차례의 수험 금지 처분을 받는다. 이 역시 사바세계에서 나쁜 짓을 했기 때문에 공원이라는 치외법권 구역, 염마왕이 지배하는 장소에서 인과응보가 이루어진 일이라 여겼다. 어떤 거자가 옛날에 저지른 죗값으로 답안지를 더럽혀버린 뒤 풀이 죽어서 퇴장할 때, 명원루를 지나가다가 후배들에게 교훈으로 자신의 감회를 벽에 적어 남겼다.

千里來觀上國光	천 리나 떨어진 지방으로부터 멀리 성도로 나왔으나
卷中暗被火油傷	답안지는 나도 모르는 새 등불 기름으로 더러워졌구나
半生只爲淫三婦	반생 동안 단지 세 명의 부인과 간음했을 뿐인데
七屆誰憐貼五場	일곱째 시험에서 다섯 번의 출장 정지를 당한 걸 누구를 탓하랴
始信韶顔爲鬼蜮	비로소 깨달았으니 아름다운 얼굴은 참으로 요물이로다
悔從蓆地結鴛鴦	그런 줄도 모르고 앞뒤 가리지 않고 연을 맺었으니 어리석구나
寄聲有志靑雲士	잘 들어라. 청운의 뜻을 품은 천하의 선비들이여
莫道閒花艶且香	몰래 피어 있는 꽃의 색과 향기에 도취되지 말라

이 시를 보면 아무래도 어떤 과부와 벌였던 정사情事가 말썽이 된 듯하다.

선행에는 보답이 따른다

악행에 대한 처벌이 공원 안에서 이루어진다고 한다면 선행에 대한 포상도 필연적으로 같은 장소에서 이루어져야 한다.

소주蘇州의 아무개는 평소부터 노인을 공경하는 마음이 깊었다. 그는 향시를 치르기 위해 공원에 들어왔을 때 바로 옆 호사에 비칠거리는 노인이 있음을 발견했다. 노인을 가엾게 생각한 그는 이것저것 잔심부름을 해주었다. 그러는 사이에 지병이 도졌는지 노인이 신음을 내뱉기 시작했다. 그는 마침 갖고 있던 인삼으로 탕을 끓여 노인에게 마시게 하고 간호를 해주었다. 그 바람에 자신의 답안을 작성할 시간을 빼앗겨 그는 몹시 갈팡질팡하면서 허둥댔다. 그러자 노인이 말했다.

"내 답안은 이미 대충 초안을 완성했네. 내 생각엔 상당히 명문이라 자부하네만 더 이상 청서할 기력이 없네그려. 이것을 그대로 자네한테 줄까 하니, 참고로 해주시게나. 내 이름이 아니더라도 내가 쓴 답안이 우수한 성적으로 합격하는 것을 보고서 죽고 싶네."

그래서 그 답안을 받아 보자 과연 훌륭한 문장이었다. 이제 시간이 없으니 어쩔 수 없었다. 서둘러 그대로 내용을 베껴서 제출하고 보니, 웬걸 턱 하니 1등으로 합격했다. 소주 부근은 중국에서도 가장 문화가 발달했으며 학력도 다른 곳에 비해 월등히 높은 곳으로, 경쟁이 치열해서 항상 누가 1등이 될지 발표 전부터 하마평이 무성했다. 그런데 이때 전혀 알려지지 않은 무명의 거자가 1등 성적을 거뒀기 때문에 세간을 깜짝 놀라게 했다.

이렇게 평소 남몰래 선업을 많이 쌓은 거자는 시험장에 들어가면 마치 다른 사람이 된 것처럼 머리가 좋아지고 신이라도 내린 듯 답안을 술술 써내려간다. 또 그것이 심사원의 손에 들어가면 심사원은 낙제점을 매기려고 아무리 마음먹어도 결국엔 우수한 점수를 줄 수밖에 없는 심리적 상태에 빠져들게 된다고 한다.

시험 종료

8월 9일 밤이 지나 10일 아침이 되면 6시 무렵에 대포 소리가 울리고 음악이 연주된다. 이는 시험 종료, 즉 답안을 제출하라는 신호다. 하지만 아직 완성하지 못한 사람은 그날 저녁까지는 남아서 끈질기게 버틸 수 있다. 이 점에서는 느긋하고 관대하기도 하다.

답안을 다 쓴 사람은 각 현마다 정해져 있는 접수처로 가서 제출한다. 접수 담당자는 상세히 답안을 점검하여 형식상 규칙 위반이 없는지를 조사한다. 잘못 쓴 부분을 잘라내고 별지를 붙였거나, 도중에 빠진 글자를 남겨둔 채 채우지 않았거나, 한 페이지를 건너뛰어 여백으로 남겨두었거나, 완전히 백지 상태로 아무것도 쓰지 못했거나, 혹은 답안지를 더럽혔거나 훼손한 것 등은 전부 규칙 위반이라 하여 그 이름을 장외에 내걸고 이후의 수험 자격을 취소해버린다.

무사히 답안지가 접수된 사람은 출문허가증을 받은 뒤 짐을 싸서 기다렸다가, 어느 정도 인원이 차면 그때마다 열리는 대문을 통해 밖으로 나갈 수 있다. 그날 밤은 이틀 만에 숙소로 돌아온 셈이지만 마음 편히 잠들지는 못한다. 한밤중에 일어나서 두 번째 시험의 입장에 맞춰 나가야 하기 때문이다.

8월 11일, 지난번처럼 아침 일찍부터 깜깜한 어둠 속에서 시험장 문 앞에 모여 인원 점호를 거친 뒤 무거운 보따리를 메고 장내로 들어간다. 이튿날 새벽에 두 번째 출제가 이루어지는데, 오경에서 5문제가 제시된다. 이에 대한 답안을 청서한 뒤, 전날 자신이 제출했던 사서 문제 답안의 첫머리 몇 구절, 혹은 시 짓기 문제에서 자신이 썼던 시를 추가로 적어 낼 필요가 있다. 이것은 지난번과 이번의 답안 작성자가 동일 인물이 틀림없다는 사실을 증명하기 위해서다. 그러나 종이를 들고 들어가거나 들고 나오는 것이 금지되어 있기 때문에 이는 순전히 본인의 기억에 의지할 수밖에 없다. 이 점을 고려하여 대략 10자까지의 불일치는 눈감아주지만, 그 이상이 되면 동일인이 아니라고 판단하여 향후 시험을 칠 수 없게 한다.

두 번째 시험은 8월 13일 저녁에 끝나지만 이어서 14일 새벽에 세 번째 시험을 위한 입장이 있고, 15일 아침 일찍부터 시험이 개시된다. 이때는 책策 문제가 출제되며, 고금의 정치 득실을 여러 방면에서 평론해야 한다. 시험관인 정고관은 출제 책임자로, 애써 멀리 수도에서 칙령을 받들고 내려온 사람이다. 그러다 보니, 사서나 오경 문제는 경전 본문 가운데서 출제하기 때문에 누가 문제를 내더라도 마찬가지겠지만, 책제策題의 경우에는 그야말로 자신의 실력을 보여줄 기회라며 머리를 싸매고 출제한다. 하지만 너무 어려워서 누구도 답안을 쓸 수 없는 상황이 벌어지면 곤란하므로, 출제하면서 그 안에 해답을 넌지시 암시하는 장문長文의 문제를 내기도 한다. 때로는 출제된 문제에서 의문부호를 대신하는 조사를 빼버리면 그대로 답안이 되는 등의 웃긴 일화조차 있다.

그런 이유로 조정에서도 고관들에게 책에 관한 문제는 300자를 넘어서는 안 되며 답안도 300자 이하여서는 안 된다는 묘한 금령을 내린 일이 있다. 고금의 정치 득실을 논하는 문제라고는 해도, 청조는 만주에서 흥기한 이민족이 세운 왕조이며 중국 민중의 양이攘夷 사상을 경계하는 의심이 강했기 때문에, 고관은 필화 사건이 일어나는 것을 두려워하여 결코 현실 정치에 대한 의견을 묻는 문제를 내지 않았다. 거자 쪽에서도 되도록 무난한 답안을 작성하는 것이 일반적이었다.

세 번째 시험의 답안지는 8월 15일 이튿날인 16일 저녁까지 제출하면 되는데, 책제에 대한 답안은 어떻게든 쓸 수 있다. 15일은 중추절 보름달이 뜨는 날이라 거자는 대개 그날 안으로 답안을 작성하여 제출하고 나간다. 이로써 1주일 정도 계속된 큰 시험이 끝난 것이다. 그제서야 겨우 긴장으로 뭉친 어깨에서 부담을 내려놓고 마음껏 달을 안주 삼아 술잔치를 여는 것이 관례였다.

복잡다단한 채점 방식

답안을 제출한 거자는 이렇게 편안히 쉴 수 있지만, 답안을 접수한 시험 담당관 쪽에서는 바로 이때부터 큰일이 시작된다. 종래 학교시學校試에서는 시험이 1회씩 끝날 때마다 성적을 채점하여 합격 여부를 결정했지만, 이번 시험은 세 차례 시험이 모두 끝난 뒤에 종합해서 한 번에 심사해야 한다. 한 차례씩 시험이 끝날 때마다 1만~2만 통의 답안지가 제출되기 때문에 전부 합하면 산더미 같은 양이 쌓인다. 게다가 그것을 채점하는 데 까다로운 절차를 거쳐야 한다.

거자가 제출한 답안은 검은 붓글씨로 적혀 있기 때문에 묵권墨卷이라 불린다. 시험장에서 거자가 사용하는 먹은 반드시 검은색으로 정해져 있으며 그 이외의 색은 절대로 사용해서는 안 된다. 그런데 이 답안지는 그대로 심사원에게 보여주지 않는다. 필적 등으로 판단해 특정 인물을 알아낸 뒤 그를 합격시키려고 유리하게 채점하면 곤란하기 때문이다. 그래서 답안을 전부 일일이 옮겨 적은 뒤 그 옮겨 적은 것을 심사원에게 보내는 것이다.

수험생의 묵권은 우선 표지에 쓰인 이름, 연령 등의 부분을 풀로 봉하고 좌석 번호만 남겨 둔다. 다음으로는 글을 옮겨 적는 담당관에게 보내서 다른 종이에 옮겨 적는다. 이때는 반드시 붉은 먹을 묻힌 주필朱筆을 사용한다. 이는 글씨를 옮겨 적는 사람이 마음대로 답안을 정정하지 못하게 하기 위함이다. 수만 통에 달하는 답안지를 하나하나 모조리 옮겨 적기 때문에 엄청난 공력이 요구되는데, 이 일을 위해 수천 명의 필사 인원이 고용된다.

이렇게 붉은 글자로 필사된 주권硃卷은 다음 과정으로 원본인 묵권과 함께 교정 담당에게 넘겨진다. 이 과정에도 수백 명의 담당관이 배치되어 두 개를 같이 대조하면서 읽는다. 여기서는 반드시 황색 붓을 사용하여 잘못 필사된 부분을 발견하면 교정한다. 이때 필사 담당관도 교정 담당관도 모두 자신의 이름을 기록해 두어 책임을 명확히 한다. 만약 나중에 부정이 발각되면 처벌되는 것은 두말할 나위도 없다.

교정이 끝나면 두 개를 합쳐 보관 담당에게 보내며, 보관 담당관은 그 가운데 원본인 묵권을 따로 보관하고 필사본인 주권만 심사원인 고관에게 보낸다. 보관 담당관까지가 이른바 외렴관이고 심사원인 고관은 내렴관이다. 그들 사이에 소통이 가능한 곳은 단 한 군데의 좁은 문이 전부이며, 엄중한 감독하에 주권이 건네진다.

주권은 먼저 동고관들이 분담해서 심사하는데, 그때 동고관은 반드시 정해진 위치에서 채점해야 하며 제멋대로 주권을 다른 곳에 들고 나가는 것이 금지되어 있다. 그들은 하나하나 주권을 정독하면서 감색 붓을 사용하여 대략 그 당락을 결정한다. 평범함을 의미하는 '평타平妥', 별다른 장점이 없음을 의미하는 '소정의少精義' 등의 평어評語가 붙은 것은 낙권落卷, 즉 낙제점이다. 문장도 내용도 매우 훌륭함을 의미하는 '필의정잠筆意精湛' 등으로 채점된 답안에는 추천을 뜻하는 '천薦'이라는 글자를 기록하여 정·부고관에게 보낸다.

정고관과 부고관, 즉 주임과 부주임인 고관은 일반적으로 이렇게 추천을 받은 천권薦卷만 공동으로 채점한다. 하지만 이들 두 사람은 특별히 모든 책임을 부여받아서 파견된 사람이므로, 동고관이 일단 낙제점을 매긴 낙권이라도 가져오게 해서 다시 채점하는 것도 자유다. 그러나 동고관의 체면도 고려해야 했기 때문에 낙권을 다시금 심사하여 급제시킬 때는 50등 이상으로 올릴 수 없는 것이 관례였다고 한다. 또한 정·부고관 두 사람은 반드시 검은색 붓을 사용하고 다른 색은 사용할 수 없게 되어 있었다.

인과응보

거자의 노고도 이만저만이 아니지만 답안을 심사하는 고관들의 고생도 엄청났다. 이들은 산더미처럼 쌓인 붉은 글씨의 답안지를 앞에 두고 그 가운데서 우수한 답안지를 골라내야만 한다. 매일매일 비슷한 답안 무더기를 파헤치며 계속 읽어 나가기 때문에 담당관들도 약간 정신이 나간다. 그 답안지에는 수험생의 온 정성이 담겨 있기 때문에 그것이 가끔은 신비한 힘을 발휘하여 고관의 심리를 교란시킨다고 한다. 다만 이렇게 신비한 힘을 발휘하려면 역시 인간의 행동을 늘 감독하고 있는 신이 조력해주어야만 한다.

어느 정고관이 한 장의 답안을 보고 있는데 쓸 만해 보이는 부분이 아무 데도 없었다. 낙제점을 매기려고 붓을 들자 어디선가 목소리가 들려왔다.

"안 된다!(不可)"

그래서 다시 답안을 읽어보았지만 역시 잘 쓴 곳을 발견할 수 없었다. 다시 붓을 들어 낙제점을 매기려 하자 또 똑같은 목소리로 외치는 소리가 들려왔다.

"안 된다! 안 된다!"

아무래도 이상해서 자신이 노이로제에 걸린 게 아닌지 의심했지만 그럴 리는 없다고 생각했다. 이번에야말로 정말 낙제점을 주려고 붓을 들자 또다시 목소리가 들려왔다.

"안 된다! 안 된다!"

더욱 또렷한 목소리였다. 이는 반드시 뭔가 사정이 있는 것이 틀림없다 생각하고 마음을 바꾸어 급제점을 매기려고 붓을 들자 이번에는 아무일도 일어나지 않았다. 합격자 발표가 끝난 뒤 그 수험생을 불러내 만나보니, 그는 의사 일을 부업으로 하는 학생이었다. 채점 때의 일을 말해주고 뭔가 짐작 가는 일이 없냐고 묻자, 그는 잠시 생각하다가 갑자기 무릎을 치며 다음과 같은 이야기를 털어놓기 시작했다.

일전에 그가 어떤 가난한 학생의 병을 돌보아주었는데, 그 가난함을 보고 동정심이 일어 약값을 받지 않고 거마비도 자기가 부담하면서 정성껏 치료해주었다. 그 덕분인지 그 학생은 목숨을 건졌다. 어느 날 그 학생의 집에 묵고 있을 때 한밤중에 그 학생의 부인이 방으로 들어왔다. 그 부인은 남편의 치료에 대한 답례를 하고 싶지만 아무것도 가진 것이 없어서 하다못해 오늘 하룻밤만이라도 함께 해드리고 싶다고 말했다. 의사는 깜짝 놀라서 그런 소리를 할 거면 시어머님께 고하겠다고 말하자, 그 부인은 사실 시어머니가 시키신 일이라고 답했다. 그렇다면 부군께 고하겠다고 말하자, 그녀는 남편의 목숨은 당신 덕분에 구한 것이며 남편도 알고 있는 일이라고 답했다. 그렇게까지 말을 하니 그도 목석이 아닌지라 약간 마음이 흔들렸으나, 결국 그리해서는 안 된다고 정신을 차리고 소리쳤다.

"안 된다! 안 된다!"

하지만 그 부인은 이대로 물러나면 시어머니께 꾸중을 들을 거라며 자리를 잡고 앉아서 나가려 하지 않았다. 밤이 깊어지면서 의사는 점점 유혹에 넘어갈 것 같아, 이러면 안 된다며 마음을 다잡았다.

"안 된다! 안 된다!"

책상 위의 종이에다 붓을 들고 '안 된다'는 글자를 계속 쓰면서 자신을 질책하여 겨우 아침까지 참아냈다는 이야기였다.

또 다음과 같은 어떤 고관의 이야기도 있다. 답안을 확인하느라 피곤해져 어느새 그대로 책상 위에 엎드려 잠시 졸고 있을 때 꿈에 한 노파가 나타나서 말했다.

"지금 당신이 보고 있는 답안은 제 손자의 것입니다. 염마왕께서는 제 손자가 선근善根을 쌓은 것을 칭찬하시고 제게 답안을 보호해주라고 잠시 시간을 주셨습니다. 모쪼록 좋은 성적을 내려주십시오."

그 말이 신경 쓰인 탓에 보고 있던 해당 답안의 채점을 잠시 나중으로 미뤄 두었으나, 곧 다시 마음속으로 한낱 꿈은 믿을 게 못 된다며 낙제시키기로 결심했다. 그러자 그날 밤 꿈에 노파가 다시 나타나서 절절하게 호소했다.

"그 아이의 아비는 세상에 더 없을 선근을 베풀었습니다. 그는 사형을 당할 위기에 처한 죄수에게 죄가 없음을 밝혀내 무죄방면케 해주었습니다. 그런 아버지를 둔 아이가 낙제를 받는다면 염마왕의 위신도 떨어질 겁니다."

이런 노파의 읍소에 고관은 혹시나 해서 그가 작성한 다른 두 통의 답안을 가져오게 하여 살펴보니 매우 뛰어난 글이었다. 그래서 결국 마음을 고쳐먹고 전부 합격점을 매겼다. 마침내 합격자 발표를 마치고 나서 다시 그 답안들을 꺼내어 읽어보았는데 3통 모두 별 대수로울 것 없는, 평범하기 짝이 없는 밋밋한 답안에 불과했다.

또 어떤 동고관은 자신이 심사한 답안 가운데 훌륭한 명문을 발견하고는 그것을 1등으로 추천해서 정고관에게 제출했다. 정고관도 그것을 읽어본 뒤 좋은 문장이라면서 감탄했다. 그런데 밤에 꿈속에서 염마왕이 나타나 말했다.

"그 답안은 채택해서는 안 된다. 이것을 보라. 이러하다."

염마왕이 손바닥을 펼쳐 보이자 거기에는 음淫이라는 글자가 쓰여 있었다. 그러나 정고관이 이튿날 다시 답안을 심사할 때는 꿈속의 일을 까맣게 잊고 있었다. 가장 우수한 답안만 모아서 최종 결정할 때 그가 문득 답안을 살펴보니 이전의 그 답안지에서 한 군데 양식이 위반된 곳이 눈에 띄었다. 잊어버리기 전에 체크해야겠다고 생각하여 붓을 들고 그곳에 × 표시를 해 두었다. 그러자 앞서의 동고관이 그것을 보고 말했다.

"그것은 양식 위반이라고 할 정도는 아닙니다. 만약 그게 양식 위반이라면 그 답안 말고 이 가운데서도 비슷한 예가 무지 많습니다."

동고관은 이렇게 말하면서 곧바로 비슷한 형식의 답안을 보여주었다. 정고관은 실수를 했다고 여겨 자신이 써넣은 × 표시를 지우기 위해 물을 묻혀 제거하려 했는데, 보통은 바로 지워지던 것이 이번엔 지우려 하면 할수록 선명하게 드러났다. 결국 단념하고 낙제시켜버렸다. 그런데 나중에 들어보니, 그 거자는 학문은 뛰어나지만 품행이 단정치 못하다는 평판이 자자한 남자였다.

또 어떤 고관은 한 통의 답안지를 보다가 아무리 살펴보아도 별로라는 생각에 ×를 표시했다. 그때 갑자기 비릿한 바람이 불어오더니 등불이 꺼졌다. 이미 밤도 깊고 몸도 피곤한지라 그대로 잠이 들었다. 이튿날

아침에 일어나 앞서 매긴 답안을 보았는데, 지난밤 분명히 표시해 두었던 ×가 사라지고 없다. 아무리 비춰 봐도 전혀 흔적이 없었다. 이상하게 여기며 그것을 가장 낮은 점수로 합격시켰다. 과연 그 수험생은 훌륭한 인물로 훗날 유명한 정치가가 되었다고 한다.

이렇게 한바탕 채점이 끝나고 나면 이제는 세 차례 시험의 평균점을 내어 최종적으로 급제 여부를 결정한다. 급제자 숫자는 각 성마다 정해져 있는데, 큰 성은 90여 명, 작은 성은 40명에 지나지 않는다. 다만 노력상의 의미로 합격자 5명당 1명씩을 부방副榜, 즉 차점자로 발표하여 약간의 특전을 부여했다.

고관은 답안 필사본을 보고 심사할 뿐이기에 당사자의 이름을 알 수 없다. 따라서 좌석 번호만으로 급제자의 일람표를 작성한 다음 사무 담당의 외렴관과 만나서 그 입회하에 답안 원본과 필사본을 대조한다. 그리하여 두 개가 합치되면 원래 답안 표지의 봉인을 뜯고 이름을 공개한다. 부고관이 먼저 주권 위에 '취取'라는 글자를 묵필로 쓰고 정고관이 그 아래에 '중中'이라고 쓴다. '취중取中'은 합격이라는 뜻이다. 다음으로 부고관이 주권 위에 순차적으로 이름을 써내려간다. 두 종류의 답안은 조심스럽게 보관되었다가 원본 묵권은 얼마 뒤 북경 중앙정부의 예부禮部오늘날 한국의 정부 조직으로 보면 교육부에 해당로 보내져 그곳에서 다시 점검을 받는다.

합격자의 이름은 담당관이 커다란 플래카드, 즉 방榜을 가지고 나와 백성이 보는 앞에서 성적순으로 써가며 공표한다. 구경꾼의 시선으로 볼 때 오른쪽 끝에 용, 왼쪽 끝에 호랑이가 그려진 백지에서 오른쪽 끝의 첫 부분에 약간 공백을 남겨 놓고 6등의 이름부터 적기 시작하여 마지막 이

〈강남공원장원방江南貢院狀元榜〉 3회에 걸친 향시가 끝나면 백성이 지켜보는 가운데 합격자 명단이
발표되었다. 커다란 방榜에 적힌 합격자 이름을 보려고 사람들이 구름같이 모여들었다.

름까지 다 적으면 잠시 휴식을 위해 담당관이 퇴장한다. 이름이 적힌 거
자는 뛸 듯이 기뻐하지만 명단에 이름이 빠진 사람은 거의 낙제가 틀림
없다. 하지만 아직 한 가닥 실낱같은 희망이 남아 있다. 아직 발표되지
않은 처음 다섯 명 가운데 자신의 이름이 들어 있지 말란 법도 없기 때
문이다. 이윽고 담당관이 다시 나타나서 1등부터 5등까지 이름을 적으면
군중은 우레와 같은 갈채를 보낸다. 감림관이 다 살펴본 뒤에 커다란 도
장을 찍으면 그것으로 모든 과정이 끝난다. 발표는 대체로 9월 5일부터
25일 사이에 이루어진다.

합격자는 이제 거자舉子가 아니라 새롭게 거인舉人 자격을 평생토록
획득한다. 유럽인들은 이를 'master'라고 번역하지만 사실 그 지위는 마
스터보다 훨씬 높다. 거인은 이듬해 3월 및 그 이후 3년마다 북경에서

치러지는 회시會試에 응시할 수 있는 자격이 생기며, 그 외에 특정 관직에 임명될 수도 있다. 1등 합격자를 해원解元이라고 하는데, 대단한 명예로 여겨졌다.

신입 거인 중에는 고향으로 돌아가 휴식을 취하는 이도 있으므로, 성의 총독은 합격자 명단을 출신지의 각 부에 알리고, 지부로부터 지현으로, 다시 지현에서 본인에게 통지한다. 이 통지서도 앞서 원시院試 때와 비슷한 붉은색의 큰 종이에 씌어 있으며, 역시 첩보라고 칭한다. 통지를 받은 거인은 다시 성도에 모여 시험관인 고관에게 감사를 표한다.

한편 시험 담당관은 합격자 발표와 동시에 기나긴 감금 생활에서 해방되어 오랜만에 무거운 짐을 내려놓고 쉴 수 있다. 특히 중앙에서 파견된 정·부고관에게 임무가 끝났다는 기쁨이 얼마나 클지는 능히 짐작할 수 있다. 정·부고관은 다른 동고관들과 함께 신입 거인을 초대하여 축하연을 여는데, 이를 '녹명연鹿鳴之宴'이라 부른다. 만약 그 지역에서 60년 전의 향시에 합격한 노인이 있으면 함께 연회에 초대하여 중부녹명연重赴鹿鳴宴, 즉 두 번째 녹명연이라 칭하고 학계의 성대한 행사로 기린다. 특히 그 노인의 자손이 신입 거인 가운데 있다면 금상첨화로서 더욱 경사스러운 일로 인식되었다. 굉장히 이른 나이에 향시에 합격하고 게다가 장수까지 해야만 비로소 두 번째 녹명연에 참석할 수 있기 때문이다.

모인 사람들 일동은 우선 북경을 향해 천자의 은혜에 감사를 표하고 음악이 연주되는 가운데 연회를 시작한다. 이때 음악은 『시경』「소아편小雅篇」 가운데 '유유녹명呦呦鹿鳴(사슴이 '우우'하고 운다)'으로, 천자가 군신이나 빈객을 대접하는 모습을 노래한 시다. 그 이후부터 신입 거인은 평생 고관을 스승으로서 존경하고, 이들 사이에는 굳은 사제 관계가 맺어진다. 정·부고관을 좌사座師, 동고관을 방사房師라 칭하고, 스스로는 문생門生이라 부르며 그들 간에는 서로 동년同年이라 부른다.

사제 관계란 예전에는 직접 학문을 가르치고 그 가르침을 받는 사람들 사이의 관계를 일컫는 말이었지만, 과거가 유행하고부터 오로지 시험관만을 스승으로 모시는 것으로 변하였다. 반면에, 학문을 손수 가르쳐 준 선생은 단순히 수업을 해주는 스승이라고 해서 그다지 중시하지 않게 되었다. 수업을 해주는 스승에게는 꼬박꼬박 수업료를 납부하기 때문에 이미 금전으로 거래가 끝났다고 보는, 지극히 냉정한 구분 방식이다. 그러나 시험관은 조정으로부터 임명되어 누구를 합격시키든 자유이지만 특별히 자신의 재능과 학문을 알아주어 수많은 사람 가운데서 뽑아주었기 때문에, 이에 대해 특히 지기知己의 은혜를 느끼는 것이다. 시험관은 그저 한 번 답안을 심사해주었을 뿐이지만, 평생 은혜를 잊지 않고 서로 도와가며 관료 사회의 험난한 파도를 헤쳐 나가자고 맹세하는 것이다. 이는 천자 쪽에서 보면 매우 바람직하지 못한 경향, 즉 당파를 만드는 한 요인이 되기 때문에 몇 번이고 금지령을 내렸으나 전혀 효과가 없었다.

거자擧子의 일곱 차례 변화

향시에 합격하여 거인이 되면 사회적 지위가 매우 높아지지만 시험장에서 거자에 대한 대우는 지극히 나쁘다. 단속이 몹시 엄격한 것은 그렇다 치더라도 전혀 신사적으로 대해주지 않으며, 마치 무뢰한을 감시하는 것처럼 심하게 대한다. 그래서 마치 이것은 학력 시험이 아니라 마력馬力 시험이라고 혹평하는 목소리도 나왔다. 향시에 합격하기 위해서는 준마駿馬와 같은 정신력, 당나귀 같은 신체, 쥐며느리 같은 무신경함, 낙타 같은 기력이 필요하다고 일컬어졌다. 『요재지이聊齋志異』라는 유명한 소설의 저자인 포송령蒲松齡은 몇 차례나 향시에 실패하여 결국 거인도 되지 못한 문인이었는데, 그는 향시를 치르는 거자는 일곱 차례나 그 모습이 변한다고 비웃는다.

맨 처음 시험장에 들어갈 때는 큰 짐을 메고 헐떡대며 걸음을 옮기는 모습이 마치 거지가 구걸하는 듯하다. 다음으로 한 사람 한 사람 신체검사를 받을 때는 담당관들에게 혼이 나고 병졸들의 고함 소리를 듣는 모습이 마치 죄인과 같다. 드디어 호사 안에 들어가면 한 사람씩 목을 길게 빼고 바깥을 살피는 모습이 마치 꿀벌 애벌레 같다. 겨우 시험이 끝나고 바깥으로 나오면 정신이 멍해져서 휘청거리며 걷는 모습이 마치 새장 속에서 꺼낸 병든 새와도 같다. 언제 합격자 발표가 있을지, 성공할지 실패할지 기다리는 동안에는 초목이 흔들리는 소리에도 움찔움찔 놀라면서 안절부절못하는 모습이 묶여 있는 원숭이와도 같다. 드디어 발표가 나서 낙제가 결정되면 기력을 잃고 시체처럼 누워 미동도 없는 모습은 독에 당한 파리와 같다. 그러다가 정신을 차리고 일어나면 보는 것이나 듣는 것이 모두 신경에 거슬려 손 닿는 대로 모조리 물건을 잡아 던지고 시험관이 멍청이라면서 화풀이하는데, 제정신이 돌아오면 실내 기물은 이미 전부 부서진 뒤다. 이때는 애써 낳은 알을 스스로 밟아 깨버린 비둘기 같다. 이것이 거자의 일곱 가지 변화라는 것이다.

합격과 불합격의 갈림길

시험이라는 것은 현재의 이른바 객관적인 방법을 사용한다고 해도 절대적으로 공평하기가 어렵다. 하물며 청조淸朝까지의 시험제도에서는 긴 문장을 짓게 하고 그것을 아주 급하게 채점하기 때문에 그때의 시험관 기분에 따라 어떻게 채점이 이루어질지 모를 일이다. 그래서 시험의 합격 여부는 학력이나 문장 실력으로 결정되는 것이 아니라 운에 따라 좌우된다는 속담이 있다. 이러하니 합격했다고 해서 특별히 그것으로 학력이 뛰어나다는 증명은 되지 않으며, 또한 불합격했다고 해서 단지 그것만으로 문장 실력이 나쁘다는 증명이 되지 않는다. 이렇게 말하면서 낙제한 사람을 위로했던 것이다.

청조 중기에 쓰여진 『유림외사儒林外史』는 학자들의 이야기를 기록한 소설로, 이 책의 저자인 오경재吳敬梓는 대단한 풍자가다. 그는 범진范進이라는 주인공의 경력을 재미있으면서도 우스꽝스럽게 그리고 있다. 다음 이야기는 범진이 생원이 되기 위해 원시를 치를 때의 이야기다.

광동성廣東省의 학정學政인 주진周進이 성도의 시원試院에서 원시를 시행하고 있을 때 얼굴이 노랗고 볼이 쑥 들어갔으며 반백의 머리를 한 동생童生이 좌석에 앉아 있는 모습이 눈에 띄었다. 이 동생이 이윽고 답안을 제출하러 왔기에 가까이서 보니 의복이 너덜너덜한 것이 딱 봐도 몹시 가난한 듯했다. 답안을 받고서 명부를 대조해보니 30세라고 적혀 있다.

"그대가 범진이라는 사람인가?"

"말씀하신 범진이 맞습니다."

"나이는 몇인가?"

"명부에는 서른 살이라고 적혀 있겠지만 사실은 쉰네 살입니다."

"몇 번이나 시험을 봤는가?"

"스무 살 때 처음 시험을 보기 시작했으니 이번까지 스물 몇 번쯤 됩니다."

"어찌하여 그렇게 오랫동안 합격을 하지 못했나?"

"아무래도 문장 실력이 별로이다 보니 항상 낙제만 하고 있습니다."

"그럴 리가 있겠는가? 그럼 나가보게. 본관이 확실히 봐주도록 함세."

범진이 퇴장한 뒤 한참을 기다려도 답안을 제출하는 사람이 나오지 않았다. 할 일이 없어진 학정 주진은 범진의 답안을 들고 훑어보고는 내심 생각했다.

"딱하긴 하지만 이건 역시 안 되겠군. 이래가지고서야 계속 낙제하는 것도 무리는 아니야."

주진은 또 한참을 기다렸으나 역시 아무도 답안을 제출하러 오지 않았다. 그래서 다시 범진의 답안을 들고 만지작거리면서 어딘가 좋은 점이 없는지를 두 번 세 번 거듭 읽어보는 사이에 점차 상당히 곱씹는 맛이 있는 문장이란 생각이 들기 시작했다. 그리고 마지막에는 자신도 모르게 탄식하며 말했다.

"이건 아주 훌륭한 명문이군. 한두 번 읽은 때는 그 묘미를 미처 깨닫지 못했는데, 세 번째 읽어보니 비로소 이것이야말로 세상에 둘도 없는 명문임을 알아차리겠군. 안타깝게도 세상의 돌대가리 시험관들이 지금까지 이런 진정한 영재들을 얼마나 울려왔을꼬."

학정 주진은 그 자리에서 붓을 들어 이 답안에 만점을 매기고 1등의 성적으로 합격을 결정해버렸다.

이 이야기는 원시의 경우로서 수험생의 불과 절반 정도만 떨어뜨리는 시험이지만, 그럼에도 이런 일이 일어난다. 하물며 향시는 100명 중에 99명을 떨어뜨리고 1명만 뽑는 시험이다. 아니, 100명 가운데 1명이라면 차라리 낫다. 설사 비율로는 같더라도 1만 명 중에서 100명을 뽑는 일이 되면 실제로는 시험이 훨씬 어려워진다. 이 때문에 포송령 같은 명문장가도 끝내 마지막까지 합격하지 못했던 것이다.

거인舉人의 위상

일단 거인이 되면 세간에서 바라보는 눈도 하루아침에 완전히 달라진다. 대단한 출세다. 이번에는 『유림외사』의 주인공 범진이 향시에 합격했을 때의 이야기다.

범진은 겨우 어찌어찌해서 원시에 합격하여 생원이 되었지만 생활은 여전히 곤궁했다. 외출할 때도 옷자락이 해져 누더기나 다름없는 옷을 항상 걸쳐 입었기 때문에 세간에서도 그다지 존경을 받지 못했다. 범진이 특히 두려워한 상대는 장인인 푸줏간의 호씨胡氏 노인으로서 백정 호씨로 이름이 통하는 옹고집 늙은이였다. 범진은 평소 처자식의 궁핍함은 돌보지 않고 공부에만 몰두했기 때문에 장인인 백정 호씨로부터 늘 욕을 먹거나 꾸중을 들었다. 향시 날짜가 가까워오자 범진은 꼭 성도로 가서 시험을 쳐보고 싶은 마음에 창피를 무릅쓰고 백정 호씨에게 여비를 빌리러 갔다. 그러나 돈을 빌리기는커녕 된통 면박만 당한 채 혼비백산 도망쳐 나오기 바빴다. 다행히 돈을 빌려주겠다는 친구가 있어서 겨우 성도로 나가 향시를 보고 돌아왔다. 집에 돌아와 보니 식량이 떨어져서 어머니와 처자식 모두 이삼일 동안 밥을 먹지 못하여 굶어 죽기 일보 직전의 상태였다. 백정 호씨는 그 소식을 듣고 또 혼내러 왔다. 범진은 겨우 한 마리 남아 있던 닭을 마을에 갖고 나가 팔아 그 돈으로 쌀을 사오려고 집을 나섰다.

그가 집을 비운 사이, 현에서 세 명의 심부름꾼이 말을 타고 와서 범진의 향시 합격 통지서인 첩보를 전해 주었다. 그 뒤로도 몇 사람이나 되는 심부름꾼들이 번갈아가며 말을 타고 와서는 팁을 받을 요량으로 축하 인사를 전하러 왔다. 하지만 한 푼의 팁도 받지 못한 그들은 그대로 눌러 앉은 채 움직이지 않았다. 그 소식을 전해 들은 인근의 사람들도 이때가 잘 보일 기회라면서 축하 인사를 전하러 몰려드는 통에 범진의 대문 앞은 불난 집처럼 큰 혼잡을 이루었다.

한편 범진은 닭을 팔러 마을로 나갔지만, 그 닭도 모이를 많이 먹지 못하여 말라비틀어진 탓에 아무도 사려는 사람이 없었다. 이에 비관하며 다시 닭을 안고 터벅터벅 돌아오자, 그를 발견한 근처 사람들이 합격이라면서 호들갑을 떨었다. 범진은 이를 전혀 진담으로 받아들이지 않았는

데, 대문 앞에 도착하니 정말로 커다란 진홍색
종이가 걸려 있다.

첩보

장래에도 관보를 통해 발군의 성적으로 합격하
심이 알려지기를.
귀댁 어르신 범진은 광동 향시에서
제7등이라는 좋은 성적으로 합격하셨습니다.

捷報

貴府老爺范 諱 進 高中廣東鄕試
第七名亞元
京報連登黃甲

이를 본 범진은 그 자리에서 '합격이다!'라는
외마디를 내지르고 기절해버렸다. 모친이 당황
하여 물동이에 물을 길어와 그의 머리에 들이붓자 정신을 차리기는 했으
나 합격이라고 소리치면서 사방을 뛰어다녔다. 완전히 정신이 나간 것이
다.

현에서 말을 타고 온 심부름꾼 가운데 눈치 빠른 한 사내가 근처 사
람들을 향해 이렇게 가르쳐주었다.

"새 거인님은 너무도 기쁜 나머지 약간 정신이 이상해졌습니다. 이는
흔히 있는 일로, 이럴 때는 평소 제일 무서워하던 사람에게 한 차례 혼이
나면 가라앉을 겁니다."

다들 그게 좋겠다며 백정 호씨를 부르러 사람을 보냈다. 백정 호씨
는 여느 때처럼 마을에서 고기를 팔고 있다가 그 소식을 듣자 반신반의
하며 눈을 비비면서 왔다. 그러나 사위의 머리를 세게 때리라는 주변 사

람들의 말을 듣자 손이 굳어버렸다. 평상시라면 아무렇지도 않게 할 수 있을 테지만 오늘은 다르다. 무엇보다 상대는 이제 거인님이기 때문이다.

"안 돼. 이건 못하겠어. 사위는 사위지만 오늘부터는 거인님이야. 거인은 위로는 하늘의 별과 같은 존재라고 하지 않나. 하늘의 별을 때리기라도 하면 염마왕에게 끌려가 곤장 100대를 맞고 18층 지하의 지옥으로 떨어져서 죽은 뒤에도 성불할 수 없다잖아."

이 말에 근처에 있던 사람들이 입을 모아 설득했다.

"이보게 호씨. 자네가 하는 일은 매일매일 아침부터 밤까지 날선 식칼을 벌겋게 물들이면서 개, 돼지를 죽여 고기를 발라내 파는 일이지 않나. 이미 염마왕의 장부에 떡하니 적혀 있어서 죽으면 지옥에 떨어질 게 뻔해. 하지만 여기서 조금만 분발하여 사위의 병을 고쳐준다면, 그 공덕으로 17층 아래의 지옥 근처까지는 올라올 수 있을 거야."

백정 호씨는 하는 수 없이 용기를 내기 위해 술을 가져오게 한 다음 벌컥벌컥 두 대접을 마셨다. 약간 취기가 올랐을 때 기세를 몰아 팔을 쳐들자 과연 평소에 돼지를 다룰 때의 감각이 나온 모양이다. 그러자 이번에는 범진의 모친이 걱정스럽게 말했다.

"저기, 너무 세게 때리지는 마세요. 다치지 않게 잘 부탁합니다. 단지 조금 놀라게 하는 정도면 충분합니다."

백정 호씨는 사방으로 날뛰고 있는 범진의 뒤를 쫓아 합격이라고 소리치는 그를 꽉 잡고 사나운 기세로 일격을 가했다.

"이런 빌어먹을, 합격은 무슨 놈의 합격이냐!"

일단 한 대 후려치기는 했으나 그 다음에는 손이 떨려 계속할 용기가 나지 않았다. 다행히 범진은 한 방에 나가떨어져서 잠시 정신을 잃었지만 다시 깨어났을 때는 마침내 제정신으로 돌아와 있었다.

시험관 부정 사건

향시 답안 가운데 합격한 것은 정본인 묵권과 필사본인 주권을 합쳐 수도인 북경으로 보낸다. 중앙정부의 예부에서는 40명의 관리를 임명하여 전국에서 올라온 답안을 재점검한다. 단순히 답안의 수준이 합격하기에 마땅한지를 살펴볼 뿐만 아니라 당연히 실격시켜야 했던 형식상의 오류는 없었는지를 조사한다. 이때 만일 오류가 발견되면 애써 얻은 거인의 지위도 박탈당한다.

이 재검사에는 아울러 답안 심사원인 고관에 대한 감찰의 의미도 내포되어 있다. 특히 형식 오류의 답안 등을 통과시킨 경우에는 명백히 고관의 과실로 치부되기 때문이다. 단순한 과실은 그럴 수 있다 치더라도, 만약 고관이 뇌물을 받고 편의를 봐준 사실이 발각되면 대수롭게 넘기기 어려운 중대 사건으로 발전한다.

과거 시험에 대한 부정 단속의 법규는 실로 면밀히 갖춰져 있어 한 치의 빈틈도 없는 것처럼 보이지만, 그 법을 운용하는 것은 결국 사람이다. 청조 말기에 이르면 점점 기강이 해이해져서 시험 도중에 고관이 거자로부터 뇌물을 받고 유리하게 채점을 해주는 등의 폐해가 발생하여 점점 세간의 입에 오르내리게 되었다. 만약 고관과 거자가 공모한다면 법망을 피할 수 있는 방법이야 얼마든지 생각해낼 수 있다. 예를 들어 답안의 몇째 줄 몇 번째 글자에 특정 글자를 써 두면 그 답안을 합격시켜주기로 하는 사전 모의를 했다고 치자. 그렇다면 고관은 그 사람의 좌석 번호가 몇 번인지 몰라도 태연한 얼굴로 좋은 점수를 줄 수 있다. 만약 좌석 번호를 알고 있다면 더 말할 필요도 없다.

1858년에 시행된 향시에서 대형 스캔들이 발생했다. 당시 천자 함풍제咸豊帝(재위 : 1850~1861)는 약간 신경질적인 인물이었는데, 이 무렵 남방에서는 태평천국 세력이 창궐하는 데다 영불英佛 연합군이 광동을 점령하고 천진天津으로 압박해 들어오는 판국이라, 안 그래도 울화통이 치밀어 오르고 있을 때였다. 이런 때 어느 지역의 향시에서 부정이 발각된 것이다.

조사관이 합격자의 답안을 조사해 나가는 과정에서 아무리 살펴봐도 합격이 불가능한, 형식상 오류가 있는 답안지가 나왔다. 그래서 더욱 면밀히 조사해보니 의심스러운 답안 50장 가운데 12장은 부정이 저질러졌음이 확실하다는 결론에 도달했다. 본인을 불러다가 신문하자 사건이 더욱 커져서 동고관뿐만 아니라 정고관인 백준柏葰까지 부정에 연루되었음이 밝혀졌다.

동고관 가운데 포안浦安이라는 자가 있었는데, 그는 중앙정부의 관리로부터 지인인 나홍역羅鴻繹이라는 거자를 합격시켜달라는 청탁을 받고 서로 약속한 글자를 정한 뒤 시험장에 들어갔다. 그러나 동고관 한 사람의 힘만으로는 일을 성사시키기 힘들었기 때문에 그는 정고관인 백준에게 부탁했고, 백준도 그 일을 수락하여 다른 동고관이 한번 낙제점을 준 나홍역의 답안을 찾아내 다른 사람의 답안과 바꿔치기하여 합격시켰다. 한편 또 다른 동고관 가운데 정정계程炳桂라는 자가 있었는데, 그의 아들이 돈을 벌 수 있는 좋은 기회라 여기고 여기저기서 뇌물을 받은 다음 부친에게 암호 편지를 보냈다. 그러나 정정계는 양심에 찔렸던지 아들로부터 부탁받은 이들을 합격시켜주지 않았다. 그런데 이런 경우에는 자수하도록 규정되어 있었다.

이 같은 배임죄에 대한 판결은 지극히 엄중했다. 정고관인 백준은 사형, 동고관 포안도 사형, 부정 합격한 나홍역과 그를 위해 움직인 지인 관리 역시 사형, 그리고 동고관 정정계의 아들도 사형을 선고받았다. 정정계는 본디 사형을 받아야 하지만 부정을 실행에 옮기지는 않았으므로 사형에서 한 등급 감형되어 3,000리 떨어진 먼 곳으로 유배를 당했다. 부고관은 비록 공모하지는 않았으나 동료의 부정을 적발하는 일을 게을리했다는 이유로 무거운 처벌을 받았다. 양식 오류의 답안을 쓰고도 합격한 거인들은 기존에 성취했던 학력을 모조리 박탈당했고, 또한 이런 부정을 알아채지 못한 시험 사무 담당관들도 일제히 처벌을 받았다. 그뿐 아니라 이 사건이 발각된 뒤 조사를 명 받은 대관 등도 업무 처리 방식이 미적지근했다는 이유로 역시 처벌을 면치 못했으니, 실로 준엄한 판결이 내려졌다고 할 것이다.

사형된 사람 가운데 정고관 백준은 1품 대관, 지금으로 따지면 국무 총리급의 거물이었기 때문에 이 사건은 전국에 엄청난 반향을 불러일으켰다. 그 뒤 과거 관계자들이 숙연하게 몸가짐을 바로 함으로써 한동안 시험을 둘러싼 폐해가 종적을 감추었다고 한다. 이렇게까지 하지 않고서는 시험장의 기강을 바로잡을 수 없다는 사실은 대단히 슬픈 일이다. 이 처럼 큰 희생을 치른 대숙청도 그 기억이 시간과 함께 희미해지자 다시금 기존의 폐해가 반복되어 19세기 말에 이르면 이제는 손도 쓸 수 없을 정도의 부패한 공기가 시험장을 지배하게 되었다. 결국 20세기 초에 과거제도 자체가 폐지되기에 이르렀다.

시험 여담

수만 장에 달하는 향시 답안지 가운데 합격자의 것은 엄중히 포장하여 북경으로 보내지만, 더 많은 다수의 낙제 답안지는 대체 어떻게 될까? 본인이 희망할 경우에 약간의 수수료를 지불하고 시험장에 가서 받아 올 수 있다. 이렇게 하면 일거양득으로, 특히 거자는 필사한 주권에 적힌 고 관의 평가를 보고 자신의 문장에서 어디를 고쳐야 할지 배우는 바가 많았다고 한다.

아무도 가져가지 않는 답안지는 시험장 안에 설치되어 있는 소각장, 즉 석자로惜字爐에서 불에 태운다. 석자란 글자가 적혀 있는 종이를 존중한다는 의미로, 그것을 태우는 아궁이는 시험장 이외에 시내 길목에도

석자로 석자탑惜字塔, 문풍탑文風塔, 문봉탑文峰塔, 경자정敬字亭이라고도 불린다. 위 석자로는 대만 화련현花蓮縣에 남아 있는 경자정이다.

흔히 설치되어 있었다. 적어도 학문에 종사하는 사람이라면 신성한 글자가 적힌 종이를 밟거나 흐트러뜨려서는 안 되고, 백지 이상으로 소중히 다루어야 한다. 글자가 적힌 종이를 소홀히 하면 그 벌로 시험 때마다 낙제하고, 반대로 다른 사람이 버린 종이를 주워 모아 불에 태우면 그 공덕으로 시험에 합격하는 일이 많다고 한다. 그래서 시험 위원 쪽에서도 답안용지는 석자로에 넣어 처분했던 것이다.

합격자의 답안을 북경에 보내기에 앞서 정고관은 성적 1등부터 10등까지 답안의 주권을 특별히 포장해서 보낸다. 이는 천자에게 보이기 위해서다. 그리고 그 가운데 5등까지의 답안은 고관이 인쇄하여 배포하기도 했다. 다만 이때는 결코 자신의 의견을 첨가해서는 안 된다. 그다지 좋은 성적을 받지 못했어도 합격자는 스스로 자신의 답안을 인쇄하여 친척과 친구들에게 배포할 수 있다. 이것을 향시묵권鄕試墨卷이라 한다. 그러나 책방이 영리를 목적으로 이런 종류의 문장을 모범 답안이라 하여 인쇄해서 파는 일은 금지되어 있다.

향시는 어려운 시험이기 때문에 백발의 노생원이 시험을 치는 모습도 자주 볼 수 있다. 정부에서도 이를 감안하여 특별히 노인우대법을 마련하고 처음엔 70세 이상의 노인에게는 답안에 규칙 위반만 없으면 답안의 수준을 불문하고 정원 외로 급제시켰다. 그러나 나중에는 그 숫자가 너무 많아지자 제한의 필요성을 느껴서 80세 이상으로 국한했다. 70세라고 하면 예로부터 관리의 정년으로 정해진 나이였으므로 시험을 치는 거자 본인은 더 이상 관직의 길에 오르는 희망을 갖지 못하며, 또 그 가능성도 없다. 다만 명예 학위를 얻어 그 자손에게 자랑할 수 있을 뿐이었다.

거인복시擧人覆試

과거시科擧試 3

향시가 치러진 이듬해 3월에는 전국의 거인들을 북경으로 모아 회시會試를 치른다. 장소는 북경의 공원貢院으로, 이곳은 전년도의 신입 거인뿐만 아니라 그 이전에 합격했던 거인들도 운집하여 그 수가 1만 몇 천 명에 이르므로 미처 다 수용하지 못할 우려가 있다. 그래서 청 대에는 회시 직전에 거인복시擧人覆試라는 또 한 번의 시험을 마련하여 지원자를 떨궈내고 여기서 합격한 사람에게만 회시를 볼 수 있도록 했다. 날짜는 회시 한 달 전인 2월 15일로 정해져 있다.

각 성의 거인들이 회시를 치르기 위해서는 먼저 그 성의 총독 또는 순무로부터 중앙의 예부 앞으로 보내는 소개장을 겸한 신분증명서를 받아야만 한다. 그들은 본적지를 출발할 때 현에서 약간의 여비를 지급받는다. 이를 공거비公車費라 일컫는데, 그렇게 칭한 이유는 공적인 여비라는 의미를 갖고 있기 때문이다. 원래 회시란 천자가 그의 숭고한 의무 가운데 하나로 실시하는 행사이기 때문에 거인이 이에 임하는 것은 일종의 공무라는 인식에 근거한다. 그래서 응시자가 지방에서 북경으로 상경할 때 타는 배나 수레에는 '奉旨禮部會試봉지예부회시', 즉 천자의 명에 따라 열리는 예부의 회시에 참가하는 사람이라는 뜻의 글자가 적힌 깃발을 단다. 가는 길목에서 관헌이 이를 보면 우선적으로 길을 터주고, 신강성新疆省처럼 먼 지역에서 육로로 상경하는 사람에게는 특별히 공용 역마를 마련해주어 시험 날짜에 맞출 수 있도록 한 역에서 다음 역으로 데려다주는 등 정중히 대우해야만 한다.

거인복시 전날인 2월 14일에 예부에서 천자에게 주청을 올려 시험관 임명을 청하면 천자는 곧바로 몇 명의 열권대신閱卷大臣, 즉 답안을 심사할 대신을 임명한다. 천자로부터 시험문제가 단단히 밀봉된 상태로 내려지면 열권대신은 곧바로 공원에 들어가 문제지를 꺼내 인쇄하고 이튿날까지 만반의 준비를 해 두어야만 한다.

2월 15일은 시험 당일로서, 출제는 사서 1문제, 시 짓기 1문제로 정해져 있다. 시험은 그날 안에 종료되지만, 열권대신은 4일 동안 답안을 심사하도록 명 받는다. 열권대신이 성적을 5등급으로 나누어 명부를 작성한 뒤 천자에게 바치면, 천자는 그것을 다른 조사관에게 교부한다.

조사관은 이 답안과 거인이 향시 때 작성했던 답안을 비교하여 필적이 동일한지를 조사하고, 이와 동시에 열권대신의 채점이 타당한지도 함께 심의하여 의견이 일치하면 성적을 발표한다. 1, 2, 3등급으로 정해진 사람은 그대로 다음 회시를 칠 수 있으며, 4등급은 그 성적 수준에 따라 회시에 응시할 권리가 1~3회까지 정지된다. 5등급은 사실상 열외로서 현저히 성적이 떨어지는 사람이므로 거인 자격을 박탈하여 평민으로 강등시킨다.

시험 날짜에 제때 맞춰 오지 못한 사람에게는 2월 24일 무렵에 추가 시험을 치를 수 있게 했다. 이 시험을 보복補覆이라고 하는데, 만약 이것도 보지 못하면 더 이상 그해의 회시는 치를 수 없다.

거인복시는 응시생이 상당히 많았기 때문에 북경 근방에 사는 응시생의 경우에는 전년도 향시가 실시된 직후인 9월쯤에 이 거인복시를 치르게 하여 다음 해 2월에 실시되는 시험의 혼잡을 완화했다. 또한 이때 결석한 사람은 원래의 거인복시에 결시한 지방 출신 거인과 함께 다음 해 2월 말에 추가 시험을 볼 수 있도록 했다.

회시會試

과거시科擧試 4

    회시는 향시가 치러진 이듬해, 즉 축丑, 진辰, 미未, 술戌 해의 춘삼월에 북경 공원에서 전국의 거인들 가운데 거인복시에 합격한 이들을 모아서 치르는 대규모 시험이다. 회시는 공거貢擧라고도 칭하는데, 역사적으로 봐도 이 시험이야말로 과거의 본체를 이루는 것이다. 앞선 향시는 이른바 예비시험이고, 다음에 치러지는 전시殿試는 재시험의 의미밖에 없다. 당 대唐代에는 이 시험에 합격하면 곧바로 진사進士가 되었다.

    회시는 향시와 마찬가지로 3회 연속 치러지며, 제1회는 3월 9일, 제2회는 12일, 제3회는 15일에 시작하는 것이 규칙으로 정해져 있다. 시험의 책임자는 예부상서禮部尙書로서 특히 이때의 직책을 당 대에 썼던 명칭 그대로 지공거知貢擧, 즉 공거 담당관이라 부른다. 다만 답안 심사원은 향시와 마찬가지로 고관이라 부르고, 정고관 1명, 부고관 1명, 동고관 18

명을 천자가 특별히 임명한다. 이들 고관은 3월 6일에 임명을 받으면 그 길로 즉시 공원으로 들어가 외부와 일체 연락을 끊고 시험이 끝날 때까지 장내에 갇힌 상태로 지내야 한다.

정고관은 천자에게 임명을 받고 어전을 물러날 때 열쇠 한 개를 받는데, 이는 나중에 천자가 내려줄 문제지가 든 상자를 여는 데 사용된다. 회시 제1회의 출제는 천자가 직접 하는 것이 원칙이지만 실제로는 대신의 조언에 따라 작성된다. 그러나 최종 결정권은 천자에게 있다. 이렇게 문제가 정해지면 천자는 그것을 작은 상자에 넣고 자물쇠를 채워서 언제든지 시험장에 보낼 수 있도록 준비해 놓는 것이다.

제1회 시험의 전날인 3월 8일 이른 아침부터 거인의 입장이 시작되는데, 각 성마다 50명씩 한 조가 되어 점검을 받고 공원으로 들어간다. 같은 날 예부상서가 천자를 알현하여 시험문제를 내려줄 것을 청하면, 천자는 문제지가 들어 있는 작은 상자를 내린다. 예부상서는 그것을 받아 들고 직접 공원으로 가서 정고관에게 건넨다. 정고관은 즉시 열쇠로 상자를 열고 문제지를 시험장 안에서 인쇄한다. 9일 이른 아침, 인쇄된 문제지가 수험자에게 배포된다. 이날 출제는 사서 3문제, 시 짓기 1문제로, 수험자는 그날 밤새도록 공원 안의 호사에서 답안을 작성하느라 끙끙대다가 이튿날 10일에 답안을 제출하고 퇴장한다.

제2회 시험은 3월 11일에 입장한다. 12일이 시험 당일이며, 오경에서 5문제가 출제된다. 이때 이후로는 정고관이 천자를 대신하여 문제를 선정한다. 제2회 시험은 이튿날인 13일에 끝난다. 제3회 시험은 14일에 입장하고 15일이 시험 당일이다. 이날은 책론策論 5문제를 시험 보며, 이

북경 공원 향시를 치른 뒤 전국의 거인들은 이듬해에 북경 공원에서 먼저 거인복시를 치렀다. 이 시험에서 합격하면 한 달 뒤에 회시를 본다. 공원의 모습은 각 성의 성도에 있는 그것과 크게 다르지 않다. 사진에서 왼쪽 상단의 나무 뒤에 있는 높은 건물이 명원루이다.

튿날인 16일에 끝난다. 정고관은 자신의 생각으로 출제한 문제, 즉 제2회와 제3회분의 시험문제를 천자가 살펴볼 수 있도록 해야 한다.

고관이 답안을 심사하여 종합 성적의 순위를 정하고 좌석 번호에 따라 명부를 작성하면 지공거인 예부상서는 그것을 천자에게 바쳐 합격 재가를 청한다. 합격자 수는 원래 일정하지 않은데, 청나라 초 순치順治 연간(1644~1661)처럼 일시적으로 다수의 관리가 필요했을 때는 400명 이상을 뽑은 적도 있다. 하지만 그 뒤 관리가 될 수 있는 자격을 지닌 사람의 수가 지나치게 많아졌기 때문에 강희康熙 연간(1662~1722)에는 150명 전후

〈관방도觀榜圖〉 명 대明代 중기의 화가 구영仇英이 그린 〈관방도〉이다. 합격자의 이름이 나열된 방榜에서 자신의 이름을 살펴보는 거인들의 모습이 생생하게 묘사되어 있다.

로 줄었다. 그러나 이 경우에도 처음에는 총합격자 수를 정해 성적순으로 합격시켰기 때문에 문화적으로 뒤처진 시골 성省의 출신자는 합격하기가 어려웠다. 그리하여 강희 말년에는 성의 크기에 따라 각 성에서 합격시킬 사람 수를 안배하여 큰 성은 20여 명, 작은 성은 몇 명, 합계 200명 전후로 뽑았다. 이후 청조 말기에는 다시 숫자를 늘려 매회 300여 명을 통상적으로 합격시켰다.

정고관은 심사 뒤에 가장 우수하다고 인정을 받은 답안 10통을 선정하여 필사한 주권을 천자에게 바치고 순위 결정을 청한다. 천자가 몸소 재심사를 하여 성적 순위를 정하고 동시에 합격자 총수를 결정하면, 예부상서는 그 결과를 가지고 공원으로 가서 고관과 함께 묵권과 주권을 대조한 다음 합격자 명부를 만들어 발표한다. 이때 미리 예부아문禮部衙門 앞에 채정綵亭이라는 아름답게 장식한 대臺를 만들어 놓았다가 그곳에 합격자 이름을 나열해 적은 방榜을 가지고 와서 세워 놓고 일반인이 관람할 수 있도록 했다. 그 날짜는 대략 4월 15일 이전이다. 이로써 공원 안에 틀어박혀 있던 시험 담당관들은 해방된다.

회시는 일본이라면 도쿄東京에 해당하는 직예성直隷省수도에 속하는 지역을 의미하는 성급 행정구의 향시가 치러졌던 곳과 같은 장소인 북경의 공원에서 실시한다. 실시 방식도 향시와 완전히 동일하게 거인들이 2박 3일을 으스스한 독방에서 지내야 하지만, 신기하게도 회시 때는 그다지 기이한 사건이 일어나지 않는다. 아마도 회시에 임하는 거인들은 이미 향시 때 경험을 해본 덕에 신경이 단련되어 있으므로 그만큼 노이로제를 일으키는 사람도 적었기 때문일 것이다. 그러나 인과응보라든지 불가사의한 사건들이 회시 때라고 전혀 없지는 않았다. 그런 일이 회시에서도 이따금 나타났기 때문에 거인들도 방심할 수 없었다.

어떤 거인에게 친구 갑과 을이 있었다. 갑은 을의 아름다운 아내에게 연심을 품어 어떻게 해서든 을과 그 아내를 헤어지게 만든 뒤 자신의 여자로 삼고 싶다고 거인에게 의논을 해왔다. 거인은 거액의 돈을 받고 마음이 흔들려 을의 아내가 부정을 저질렀다는 소문을 내고 다녔다. 아무것도 모르는 을은 몹시 고민하다가, 따로 적당한 사람도 있었을 텐데 어쩌다 이 거인에게 의논을 하러 왔다. 이에 거인은 기다렸다는 듯 계속 을을 부추겨 부인과 헤어질 것을 권했고, 그를 위하는 척하면서 자기 잇속을 차려 그 자리에서 이혼장 초안을 만들어 을에게 베껴 쓰도록 했다. 때

마침 그곳에 붓 장사가 붓을 팔러 왔는데, 거인은 다음 번 회시에서 쓸 요량으로 큰 붓 한 자루를 산 뒤 무심코 이혼장 원고를 둘둘 말아 붓대 안에 쑤셔 넣었다. 그 사실을 까맣게 잊은 채 거인은 그 붓을 가지고 북경 공원에서 치러지는 회시에 입장하러 갔다. 문 앞에서 점호를 받을 때까지는 괜찮았는데 다음 신체검사 때 붓대 속을 조사받다가 이전에 쑤셔 넣어 둔 이혼장 원고가 발각되었다. 아무리 경전 내용이 아니라 해도 글자가 조금이라도 적힌 것은 모조리 공원 안에 갖고 들어가는 일이 규칙상 금지되어 있다. 검사 담당은 글자를 못 읽는 병졸이었기 때문에 이 일이 곧바로 상관에게 보고되었다. 내용을 읽어보니 괘씸하기 짝이 없는 이혼장의 초안이므로 상관은 몹시 언짢아하며 가차 없이 법률대로 처리했다. 거인은 거인 자격을 박탈당했을 뿐 아니라 매를 맞고 문 앞에서 여러 날 동안 구경거리가 되었다. 붓대까지 조사를 받는 일은 매우 흔치 않은 일이지만, 이는 이혼당한 여자의 한이 저주를 내렸다는 것이 대부분의 평가였다.

어떤 회시에서 한 동고관이 자신이 채점한 답안 가운데 매우 훌륭하게 작성된 것을 발견하고 그것을 1등으로 추천하려 했다. 그런데 그날 밤 꿈속에 염마왕이 나타나 말했다.

"그 답안은 올리지 마시오. 그것은 태주台州에 사는 아무개라는 거인의 답안입니다. 그 사람은 고향에서 엉터리 변호사 노릇을 하면서 여러 번 사람들을 소송에 끌어들여 나쁜 짓을 일삼고, 심지어 다른 사람을 무고하여 죽게 만든 일도 있습니다."

그래서 그 답안의 추천을 보류하고 낙제시켰는데, 나중에 좌석 번호와 이름을 대조해보니 염마왕이 말한 이름과 딱 들어맞았다. 같은 고향의 사람에게 물어보니 평판 역시 염마왕에게서 들은 그대로였다. 당사자는 얼마 지나지 않아 북경의 여관방에서 객사했다.

임林이라는 성을 가진 어떤 생원은 마흔 살이 다 되도록 아직 향시에도 급제하지 못하고 있었다. 더 이상 가망이 없는 것 같아 과거를 포기하고 장사라도 해볼까 생각하였는데, 어디선가 소리가 들려왔다.

"낙담하지 마십시오!"

주위를 둘러보았으나 아무도 없었다. 어쩌면 요괴일지도 모른다고 생각하여 소리쳤다.

"대체 누구냐?"

그러자 대답이 돌아왔다.

"망령입니다."

"망령이라면 썩 나오거라."

그렇게 말하자 대답했다.

"나가도 되지만 결코 내 모습에 놀라지 마십시오."

몇 번이고 다짐을 받은 뒤 망령이 드디어 눈앞에 모습을 드러냈다. 망령은 푸르스름한 얼굴에서 피가 뚝뚝 떨어지는, 쳐다보기도 무서운 모습을 하고 있었다.

"사실은 청이 있습니다. 저는 어느 시골의 포목상이었습니다. 그런데 나쁜 놈에게 살해되어 시신이 성문 안의 큰 돌절구 아래에 묻혀 있습니다. 당신은 장차 우리 현의 지현知縣이 되실 중요한 분입니다. 그 때문에 저는 항상 당신의 안위를 염려하여 보호해왔습니다. 그것은 결국 우리

현으로 부임하게 되실 때 제 누명을 벗겨줄 것이라 믿고 있기 때문입니다. 결코 낙담하지 마십시오. 다음 향시에서는 분명 급제하실 것이고, 또 그 다음 회시에서도 반드시 합격해서 진사가 되실 테니까요."

그렇게 말을 마치고 망령은 모습을 감추어버렸다. 이에 임 생원은 용기를 되찾고 다음 향시에 도전했는데, 과연 합격을 해서 거인이 되었다. 그러나 그 다음 회시에서는 보기 좋게 낙방하고 말았다.

성적 발표가 있는 날, 몹시 실망하며 숙소로 돌아와 혼잣말로 중얼거렸다.

"그러면 그렇지. 망령의 말이라 그다지 믿을 게 못 되는군."

그러자 느닷없이 어디선가 이전에 들었던 그 목소리가 들려왔다.

"그건 당신의 잘못입니다. 제가 틀리지 않았습니다. 모월 모일에 있었던 일을 잘 반성해보십시오. 만약 뉘우치신다면 단지 3년 미뤄질 뿐입니다."

생각해보니 그날은 어떤 과부를 유혹하려 했던 날이었다. 임 거인은 그 사실을 깨닫고는 그 뒤로 몸가짐을 바로 하고 일체 음심을 품지 않으려 노력했다. 그 결과 다음 회시에 합격하고 전시도 문제없이 통과한 뒤 진사가 되어 어느 현의 지현으로 부임했다. 지현이 된 임씨가 성안을 순시하던 중 동문 근처에 이르니, 그곳에는 망령이 말했던 대로 과연 커다란 돌절구가 놓여 있었다. 그것을 치우게 하자 썩어가는 시체가 나타났다. 그래서 즉시 망령에게 들었던 이름을 지닌 범인을 잡아들여 신문하니, 그 범인은 숨기지 못하고 죄상을 자백했다. 이 소식을 들은 그 지역 사람들은 놀라워하며 이번 지현은 신통력을 가지신 분이라며 존경하기 시작했고, 이후 그 지방은 잘 다스려졌다고 한다.

다음 이야기도 회시에 참가했던 어느 거인의 실제 경험담이다. 제2회 시험에 입장한 3월 11일 밤, 그는 자신만 들은 착각인 줄 알았는데 주변 사람들 모두 망령이 울부짖는 소리를 들었다고 한다. 이튿날 술시戌時, 지금으로 따지면 오후 8시쯤에 근처에서 누군가 죽었다는 이야기를 들었다. 그 다음 날인 13일 아침에 답안을 제출하러 좁은 통로로 나오자, 마침 담당 관원이 변사체를 담장 위로 넘겨 던져버리는 중이었다.

그는 시험장에서 나온 뒤 변사자의 주변 호사에 있었던 친구를 만나 자세한 이야기를 들을 수 있었다. 그 친구의 말에 따르면 죽은 사람은 감숙성甘肅省에서 온 53세의 거인이었다. 그 거인은 호사에 들어가서도 전혀 안정을 취하지 못하고 때때로 근처에 들릴 정도로 탄식을 내뱉었다.

"왜 이렇게 나를 괴롭히는가? 조금만 기다렸다가 시험이 끝난 뒤에 이야기해도 되지 않는가."

그는 탄식을 하면서 끊임없이 누군가에게 부탁하는 모양이었다.

이튿날 호사 앞의 좁은 통로를 지나가는 그 사람을 보니 금방이라도 쓰러질 것처럼 초췌한 낯빛이었다. 호사에 들어가나 싶었는데, 그가 호군(잡역부) 한 사람을 불러 세우고 말했다.

"난 이제 곧 죽을 것 같소. 담당관을 불러주시오."

그렇게 말하고는 바로 달려 나가더니 좁은 통로 끝에 있는 화장실 안으로 들어가 천장에 박힌 못에 끈을 매달고 목을 매 그대로 숨을 거두었다. 책상 위에 남긴 답안을 보니 그때까지 그가 저질렀던 일로 보이는 갖가지 악행이 조목조목 적혀 있었다. 향시에서는 운 좋게 천벌을 면했으나, 이처럼 회시에서는 복수를 당했다고들 이야기했다.

회시에서 1등의 성적으로 합격한 사람을 회원會元, 2등을 아괴亞魁, 6등을 방원榜元이라 칭한다. 6등을 이렇게 부르는 것은 향시의 경우와 마찬가지로 합격자를 발표하는 방에 6등부터 이름을 적어 나가기 때문이다. '榜元'을 그대로 풀이하면, 합격자를 고지하는 '방榜'에서 '처음(元)'이라는 뜻이다. 또한 1등에서 18등까지를 회괴會魁라 칭한다. 그런데 회시 합격자는 그것으로 새로운 학위가 부여되는 것은 아니고 그저 다음에 치러지는 전시에 응시할 자격이 주어지는 데 불과하다. 왜냐하면 회시와 그 다음에 치러지는 전시 사이의 기간이 매우 짧아 그 자격이 여전히 거인의 상태에 머물러 있기 때문이다. 다만 회시에 합격한 거인을 다른 일반적인 거인과 구별하기 위해 특별히 공사貢士라고 칭하는 경우는 있다. 어쨌든 다행히 회시에 합격하면 이제는 다음 번 전시에도 합격한 것이나 마찬가지다. 전시에서는 원칙적으로 낙제자를 배출하지 않는 것이 관례이기 때문이다.

회시에 합격한 거인의 기쁨은 충분히 짐작이 가고도 남는다. 하지만 그들이 실제로 전시를 치르기까지는 또다시 온갖 번거로운 절차를 거쳐야만 했다.

회시의 답안지는 모두 천자가 별도로 임명한 재조사관인 복감대신覆勘大臣에게 전달된다. 한편 회시 합격자는 예부에 가서 자필 이력서를 제출하는데, 재조사관은 답안지와 이력서를 대조하여 필적이 동일한지를 확인한다. 이상이 없으면 그 내용을 천자에게 보고하며, 이때서야 비로소 회시 성적이 최종적으로 결정된다.

회시에도 향시와 비슷한 노인우대법이 있다. 다만 그 두 시험에 적용되는 노인우대법은 약간 의미가 다르다. 회시의 경우에는 다음에 치를 전시가 천자 앞에서 거행되는 시험이기 때문에 혹여 노인이라 그 자리에서 자칫 실수라도 하게 되면 불경죄에 걸릴 수 있다. 따라서 회시 때는 노인에 대한 우대책을 충분히 마련하여 다음의 전시를 보지 않고도 통과시켜주고자 하는 배려에서 나왔다.

이전 송 대에는 70세 이상의 노인이 가끔 전시를 보는 경우도 있었다. 그러나 청 대에 이르러서는 70세 이상의 노인에 대해 회시 때 특별한 조를 편성하여 모아 놓고 노생老生이라 칭했다. 그들의 답안은 설령 합격시키기에 부족함이 있다고 해도 지공거인 예부상서가 천자에게 보고해서 특별한 은혜를 베풀어 명목상의 관위를 주도록 요청했다. 이때 80세 이상이면 태학太學에 상당하는 국자감의 교관(국자감 학정國子監學正), 95세 이상이면 한림원 편수翰林院編修, 만약 100세 이상이면 국자감 부학장 (국자감 사업國子監司業)의 관위를 내리는 것이 관례였다고 한다. 늙은 거인은 이로써 평생을 공부에 바쳐 유종의 미를 거두었다며 만족해하였다.

예부상서는 새로운 합격자 및 60년 전에 회시에 합격했던 사람을 초대하여 축하연을 베푸는데, 이를 경림연瓊林宴이라고 한다. 옥과 같이 귀한 나무가 모여 이룬 숲처럼 인재가 모였다는 의미다. 먼저 궁성을 향해 향안香案이라 불리는 책상을 설치하여 향을 피우고, 일동이 삼궤구고두 三跪九叩頭, 즉 세 차례 무릎을 꿇고 절을 하면서 그때마다 세 번씩 머리가 땅에 닿도록 조아리는 예를 갖추며 천자를 위해 만세를 연창한다. 그러고 나서 주연이 열리면 하룻밤 마음껏 즐겼다.

합격자는 시험 때 자신이 쓴 답안을 인쇄해서 친척과 친구들에게 배포하는데, 이를 회시묵권會試墨卷이라 한다. 특히 사서에 관한 문제는 천자가 내린 문제이기 때문에 그 답안만 골라서 인쇄하는 경우가 많았다. 앞에는 자신의 가계와 친척 명단을 열거하고 마지막에는 고관으로부터 받은 평가를 덧붙인다. 그런데 이는 전시에 급제한 뒤의 일로서, 회시가 끝난 직후의 거인들에게는 그럴 만한 시간적 여유가 없다. 아직 앞으로 중요한 시험을 남겨 놓고 있기 때문이다.

회시복시會試覆試

과거시科擧試 5

　청 대 초기까지는 회시에 합격한 사람이 곧바로 전시를 볼 수 있었으나 18세기 건륭乾隆 시대(1736~1795)에 들어 또 하나의 작은 시험이 이 사이에 추가되었다. 이를 회시복시會試覆試라고 한다. 이 시험의 취지는, 전시는 천자가 직접 실시하는 중요한 시험인 데다 낙제를 배출하지 않는 것이 관례였기 때문에 전시에 앞서 회시의 복시, 즉 재시험을 실시하여 사실상 전시의 예비시험으로 삼았던 것이다. 이 시험을 치르는 목적은 첫째, 수험자가 전시를 보기에 충분한 학력을 갖추었는지를 확인하고, 둘째, 전시는 궁궐 안에서 치러지므로 이 시험을 미리 같은 장소에서 실시하여 수험자로 하여금 시험장 분위기를 익히도록 함으로써 본시험 때 실수하지 않도록 훈련시키며, 그리고 셋째, 전시에 대리 시험을 치르는 등의 부정행위가 발생하지 않도록 다시 한번 본인임을 확인하는 것이다.

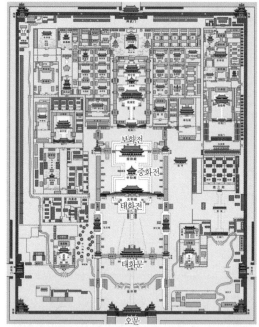

자금성 평면도

보화전 정면에 보이는 건물이 보화전이고, 오른쪽에 살짝 보이는 건물이 중화전이다.

보화전의 내부 중앙의 보좌는 천자가 앉는 자리다. 그 위에 황건유극皇建有極이라 쓰인 편액은 건륭제가 친히 쓴 문구로서 황제가 천하의 최고 준칙을 세운다는 의미다. 회시복시와 전시는 이 전각 안에서 시행되었다.

회시복시는 보통 4월 16일, 궁중 보화전保和殿에서 진행된다. 보화전은 천자가 거주하는 자금성紫禁城 안의 거의 중앙에 위치한다. 성의 정문인 오문午門으로 들어가 북쪽을 향해 태화문太和門을 지나면 광장이 나오고, 그 다음 순서대로 태화전太和殿, 중화전中和殿, 보화전이 일직선 상으로 늘어서 있는데, 가장 안쪽에 위치한 전각이 바로 보화전이다. 전각 내부는 넓은 공간으로 이루어져 있으며, 굵은 원기둥과 원기둥 사이를 한 칸으로 하여 재보면 동서로 뻗은 폭이 아홉 칸, 남북 길이가 다섯 칸의 크기다. 안쪽에는 한 단이 더 높은 보좌寶座가 있는데, 이 자리는 대규모 연회 등이 열릴 때 천자가 앉는 장소이다. 이 공간에 대략 300개 정도의 책상을 늘어놓고 수험생을 앉힌다. 보화전은 장대한 건물로, 지붕이 높긴 하지만 내부가 넓은 탓에 창문으로 들어오는 햇빛이 방 한가운데까지 충분히 닿지 않는다.

이날 수험생은 무위무관無位無官의 신분으로 궁중에 들어가기 때문에 미리 북경에 주재하는 관리 한 사람을 보증인으로 세우고 연대보증서를 만들어 예부에 제출해야만 한다. 시험 당일에 입장할 때는 이 보증인도 출석시켜서 수험생 본인이 틀림없음을 확인하는 책임을 지운다.

시험 답안의 심사원인 열권대신을 천자가 임명하고 문제도 천자가 내는 방식은 회시의 경우와 동일하다. 출제는 사서 1문제, 시 짓기 1문제로 매우 간단하기에 당일 하루로 시험이 끝난다. 성적을 심사할 때는 회시에서 작성했던 묵권을 가져오게 하여 필적을 대조한다. 만약 필적이 확연히 다르다면 회시 때 대리 시험을 치게 했을 가능성이 높기 때문에 본인을 불러 신문해서 실토하게 만든다. 아무래도 전시에 앞서 실시되는 시험이라 대리 시험에 대해서는 특별히 엄하게 단속하는 것이다. 만약 대리 시험이 이루어졌다는 사실이 발각될 경우, 이는 시험장 안의 단속 부실로 여겨지기 때문에 사무 계통의 담당 관원인 예부상서 이하가 처벌을 받는다. 단, 심사원인 고관은 답안을 보는 것만으로는 사정을 알 수 없으므로 책임을 추궁당하지 않는다. 하지만 만일 이때 그 이전의 답안 내용이 형편없었다는 점이 드러나면 고관이 처벌을 받는다.

열권대신은 심사가 끝나면 답안에 점수를 기록하고 명부와 함께 천자에게 올린다. 그리고 또 한 차례 다른 대신이 재검사를 한 다음, 천자의 결재를 거쳐 4월 18일쯤에 성적을 발표한다. 이때는 형식상 천자가 모든 답안을 열람하여 결정한 것이 되기 때문에 성적 발표는 칙어勅語 또는 상유上諭의 형식으로 이루어진다.

1, 2, 3등급의 성적으로 뽑힌 사람은 곧바로 전시에 응시하는 것이 허용된다. 그러나 4등급 이하의 사람은 그 성적의 정도, 혹은 답안 규칙을 어긴 일의 경중에 따라 전시 응시 자격이 1~3회 정지되는 식으로 처벌을 받는다.

1892년 회시복시의 총 수험자는 318명이었는데, 그 가운데 283명은 그해 회시의 합격자이지만, 31명은 그 전 시험, 4명은 그 전전 시험의 합격자였다고 한다. 이들(전 시험과 전전 시험의 합격자 35명)은 아마도 이전에 그같은 처벌을 받았기 때문에 그때까지 응시 자격이 정지되었던 사람일 터다. 그렇다면, 회시 이후에는 원칙적으로 낙제자를 배출하지 않는다고 하더라도 사실상 이 회시복시 때 상당수의 합격자가 떨어지는 꼴이므로 수험자의 입장에서 보면 결코 한순간이라도 방심할 수 없다.

전시殿試

과거시科擧試 6

전시의 기원

당 대唐代에는 회시에 상당하는 공거貢擧가 마지막 시험이었으며, 이를 통과하면 진사 직함을 부여받고 관직의 길로 들어설 수 있는 자격이 생겼다. 이 공거는 예부禮部에서 실시했으므로 일명 예부시禮部試라고도 불렸다. 하지만 이 시험에서 합격은 단순히 관리가 될 수 있는 자격을 받는 데 지나지 않는다. 왜냐하면 실제로 관리의 임면任免을 관장하는 곳은 이부吏部였고, 바로 이부에서 새롭게 관리를 채용하기 위해 독립된 형태의 전시銓試 또는 이부시吏部試라 불리는 시험을 시행했기 때문이다.

이 시험에는 신身·언言·서書·판判이라는 네 과목이 있었다. 신·언은 모두 인물을 평가하는 시험이다. 신이란 관리가 되어 백성을 위압하기에

전시 송나라의 수도인 개봉開封의 궁궐에서 천자가 직접 주관하여 시험을 치르는 광경으로, 명 대明代에 그려진 그림이다.

충분할 정도의 위풍당당한 풍채가 있는지를, 언이란 사투리를 쓰지 않고 근엄한 말로 아래 관료들에게 명령을 하거나 동료들과 대응할 수 있는지를 시험했다. 당시에는 아직 귀족주의가 성행하던 시대였으므로 이러한 점을 중시했다. 서·판은 이른바 기능 학력 시험으로, 서는 글씨를 깨끗하게 쓸 수 있는가를, 판은 법률상 문제에 관해 오류 없이 재판할 수 있는가를 검사했다.

그런데 이러한 제도는 점점 시대에 뒤떨어지게 되었다. 가장 큰 이유는 송 대宋代 이후 천자의 독재 권력이 급속히 강화되었기 때문이다. 당대의 공거는 예부라는 부서에서 실시했고 천자는 직접 관여하지 않았다.

그 때문에 공거를 통해 어찌 됐든 시험관과 시험 합격자 사이에 스승과 제자라는 사적인 관계가 형성되고, 그것이 결국 우두머리와 하수인 같은 관계로 발전했다. 그 결과 정치가 전체의 이익보다는 이런 집단의 사적인 이해관계에 따라 좌우되는 폐해가 발생했으며, 나아가 이른바 붕당 싸움으로 발전하게 되었던 것이다.

일단 이 같은 사적인 당파 결합이 이루어지면 천자의 권력으로도 도저히 해결하지 못하는 사태로까지 치달아버린다. 그래서 송의 초대 천자인 태조太祖(재위 : 960~976)는 공거 뒤에 또 한 차례의 시험을 추가했다. 태조는 스스로 시험관이 되어 시험을 실시하였으며, 은혜를 베푸는 형식으로 합격자들을 모두 자신의 제자로 삼고 직접 그들의 우두머리가 되어 관료의 대단결을 꾀하려 했다. 이 시험이 전시의 기원으로, 역대 천자들에게 대대로 이어져 청조까지 이르렀던 것이다.

한편 이부가 실시하던 관리 채용 시험은 그 뒤에도 계속해서 실시되었지만 전시가 시행됨에 따라 그 성질과 의의가 크게 변하였다. 당 대까지만 해도 이부는 귀족주의의 아성으로 관리 임명에 관한 총책임을 맡고 있었다. 특히 이부상서吏部尚書는 일류 문벌 출신의 귀족이 맡아 매우 편파적으로 인사권을 휘둘렀다. 설령 예부의 시험을 우수한 성적으로 통과하여 관리 유자격자가 된 사람이라 해도 그의 가문이 보잘것없거나 됨됨이가 마음에 들지 않으면 이부는 신·언 시험에서 미련 없이 낙제시켜버렸다. 용모나 풍채, 말투 같은 것은 주관적으로 어떻게든 판단할 수 있는 사항이므로 객관적인 기준을 세우기가 힘들다. 요컨대 이부의 시험은 심하게 불공평한 결과가 나오기 쉽기 때문에 신흥계급으로부터 비난의 목소리가 매우 높았다.

그런데 전시가 실시되자 이제 시험관은 천자 자신이고, 그 합격자인 진사는 천자가 인물 됨됨이에 하자가 없다면서 도장을 찍어 보증한 사람이다. 따라서 이 시험의 결과는 이부로서도 무조건 존중해야만 했다. 게다가 이부도 송 대에 이르러서는 전대의 문벌 귀족들이 거의 대부분 사라진 뒤라 더 이상 그곳에 틀어박혀 귀족주의의 아성으로 삼으려는 실력자도 사라졌고 이제는 그저 인사人事 업무만 취급하는 부서가 되었다. 이부시는 여전히 존재했지만 차츰 형식적으로 변해갔고 마침내 청 대에 이르면 신·언·서·판의 시험도 사실상 실시하지 않게 되었다. 그러다 보니 관리가 장래 입신출세하는 데 가장 도움이 되는 것은 바로 전시의 성적이었다.

문제 작성

전시는 천자가 친히 주관하는 시험이지만 실제로는 조정의 대신 가운데 문필이 뛰어난 사람을 선발하여 시험관으로 삼았다. 이들을 독권대신讀卷大臣이라고 하는데, 회시 때처럼 열권대신閱卷大臣, 즉 답안을 심사하는 대신이라고 하지 않는 이유는 심사는 본래 천자가 직접 해야 하기 때문이다. 다만 천자는 몸소 답안지를 손에 들고 읽는 일은 하지 않고 대신에게 읽게 한 다음 그것을 들은 결과 채점하기 때문에, 그 읽는 역할을 맡은 대신이라는 의미에서 독권대신이라는 이름이 붙여졌다.

독권대신은 총 8명으로, 그 가운데는 내각대학사內閣大學士오늘날 한국의 행정 조직상으로 볼 때 국무총리에 해당도 포함되어 있다. 따라서 이 시험에 관계된 사무는 단순히 일부 부서의 일이 아니라 내각 이하 각 관청의 관리가 필요에 따라 총동원되었다. 예를 들어 시험 감독은 내각과 계통이 다른 오늘날의 검찰청 검사에 해당하는 어사御使가 차출되어 담당하고, 전각 안에서 발생하는 잡무는 궁중 환관이 담당하는 경우도 있었다.

시험 전날인 4월 20일에 독권대신은 시험문제의 원안을 작성하여 천자에게 바치고 천자의 재가가 떨어지면 그것을 내각으로 다시 가져와 인쇄한다. 이때 문제의 누출이나 도난을 방지하기 위해 군대를 파견하여 내각 주위를 철야로 경계하게 한다.

답안 용지는 예부가 책임지고 인쇄한다. 표지 뒷면에는 수험자의 이름, 연령, 가계 등을 기록하는 부분이 있고, 그 뒤로는 한 쪽에 6행씩 붉은 세로선이 인쇄된 16쪽짜리 첩책帖冊의 형식으로 이루어져 있다. 한 행에 세로로 24자를 채우는 것이 일반적인데, 한 글자씩 칸이 구분된 괘선이 그어진 게 아니라서 수험자는 각자 눈대중으로 작성한다. 용지의 제일 바깥쪽 테두리는 굵고 붉은 선으로 구별되어 있으며, 그 인쇄 상태가 아름다울 뿐만 아니라 종이의 질도 매우 훌륭하고 고급스럽다. 이 답안 용지는 시험 보는 날 인원 점호 때 공사貢士, 즉 수험자에게 한 통씩 초안 용지와 함께 배포된다.

한편 예부의 관리는 미리 담당자들과 함께 시험장으로 지정된 보화전으로 가서 공사들이 사용할 책상을 배열하고, 책상 한쪽 구석에는 좌석 번호를 붙여 놓아야 한다.

전시 시험장 입장

4월 21일 시험 당일, 공사들은 이른 아침부터 궁성 정문인 오문을 지나 정면에 위치한 태화문 앞에 집합한다. 태화문은 평상시에는 닫혀 있으므로 그 좌우에 있는 곁문인 소덕문昭德門과 정도문貞度門이 통상적으로 사용된다. 따라서 공사들은 두 무리로 나뉘어 미리 정해진 좌석 번호 가운데 홀수인 사람은 동쪽의 소덕문 밖에서, 짝수인 사람은 서쪽의 정도문 밖에서 각각 예부 관리로부터 점호를 받는다. 점호가 끝나면 답안 용지가 배포되고, 공사들은 각각의 문을 지나 태화전 앞 광장으로 나간다. 이때 공사가 지참한 붓과 벼루 등 소지품은 당번 병졸이 받아 나른다. 공사는 이른바 천자에게도 귀한 손님이므로 그에 걸맞도록 지극히 정중하게 대접하는 것이 원칙이다.

두 무리로 나뉜 공사 가운데 소덕문으로 들어간 사람은 그대로 광장 동쪽을, 정도문으로 들어간 사람은 그대로 서쪽을 지나서 각각 중좌문中左門과 중우문中右門이라는 작은 문을 통과한다. 그러면 안쪽에 우뚝 서 있는 커다란 보화전이 나타나는데, 공사들은 이 전각의 넓은 테라스 위로 올라간다. 테라스는 삼중 난간으로 둘러싸인 높은 대臺이며, 표면에는 포석이 평평하게 죽 깔려 있다. 동서 양쪽으로 나뉜 두 무리는 이 테라스의 중앙, 즉 보화전 정면 입구 앞의 근사한 계단 앞에서 합류한다.

방금 계단이라 말했으나, 사실 그 중앙 부분은 층층이 올라가는 계단이 아니다. 대리석으로 만들어진 비탈이라고 부르는 편이 더 적당할 것이다. 계단이 아닌 비탈이기 때문에 미끄러워서 올라가기 힘들지만 표면

보화전의 용폐 계단의 중앙 부분 비탈에는 용 문양이 웅장하고 화려하게 조각되어 있다. 이 비탈길을 용폐라고 일컫는다.

에 용 문양이 양각으로 조각되어 있어 그것이 미끄럼 방지 역할을 하므로 간신히 오르내릴 수 있다. 본래 이곳은 천자만 지날 수 있는 길로서 용폐龍陛라고 불리며, 다른 신하들은 좌우의 계단으로 오르내려야 한다.

용폐를 다 오르면 보화전의 처마 아래에 다다르는데, 그곳에는 미리 향안香案이라는 탁자가 마련되어 있다. 공생들이 아래 테라스에서 정렬을 마칠 무렵 내각대학사가 시험문제를 인쇄한 종이 꾸러미를 갖고 동쪽 처마 밑에서 나타나면 맞은편에서 예부상서가 나가 그를 맞이한다. 예부상서는 무릎을 꿇고 그 꾸러미를 받아 탁자 위에 놓은 다음 머리가 땅에 닿을 때까지 세 번 절을 한다. 그러면 의식을 관장하는 관리가 독권대신이하 시험 담당관들을 이끌고 탁자 앞에 정렬시킨다. 이후 그의 호령에 맞춰 일동은 삼궤구고두의 예를 행한다. 다음은 공사들의 차례로서, 의식 담당관의 호령에 따라 똑같은 예를 행한다.

삼궤구고두의 예가 끝나면 예부 관리가 탁자 위의 종이 꾸러미를 개봉하여 안에서 문제지를 꺼낸 뒤 그것을 가지고 계단을 내려가 공사들에게 한 장씩 배포한다. 공사는 무릎을 꿇고 세 번 절한 뒤에 공손히 받아든다. 다음으로 공사들은 의식 담당관에게 인솔되어 계단을 올라가 보화전 안으로 들어가서 각각 자신의 좌석 번호가 붙은 책상 앞에 앉는다. 지참품을 맡아 들고 있던 병졸이 그 뒤를 따라 들어가 각각 물건 주인의 책상을 찾아서 그 위에 올려놓고 볼일을 마치면 바로 물러난다. 그러면 곧바로 시험이 시작된다.

답안 작성법

전시는 천자가 친히 시험관이 되어 모든 책임을 지고 실시하는 시험이기 때문에 그 문제인 책책은 이때까지와 달리 칙어의 형식을 취한다. 공사들이 문제지를 펼쳐 보면 엄청나게 긴 문제가 장중한 문체로 적혀 있다. 대체로 문제의 형식은 정해져 있는데, 제일 처음에 '짐이 생각건대'로 시작하며, '그대들 공사는 여러 차례의 시험에 모두 합격한 천하의 인재로서 이제 전시에 임해 짐의 질문에 답하려 하고 있다. 짐은 천자가 되어 천하의 정치에 책임을 지고 밤낮으로 어쩌면 백성들이 편안히 살

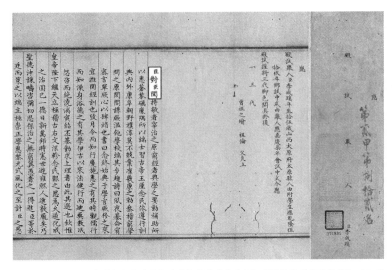

전시의 답안지 1802년 임술년에 실시된 전시의 실제 답안지이다. 상주문의 일반적 형식을 띠고 첫 구절이 '臣對臣聞(소생이 답을 올리겠습니다만 제가 들은 바로는)'으로 시작됨을 확인할 수 있다.

수 있을지에 대해 마음을 쓰고 있다. 다행히 이처럼 그대들 공사에게 질문할 기회를 얻었으니 다음 문제에 대해 평소의 포부를 듣고자 한다.'라는 의미의 내용으로 이어진다. 그 다음에 문제가 나오고 마지막 부분에는 '그대들은 이처럼 좋은 기회에 누구에게도 거리끼는 바 없이 생각했던 것을 솔직히 쓰라. 만약 저어하거나 위축되어서 생각한 바를 충분히 쓰지 못하거나 마음에도 없는 아부의 말로 책임을 회피하려 한다면 오히려 짐의 뜻에 위배될지니.'라는 말로 끝맺는다.

이에 대한 공사들의 답안도 지금까지와는 달리 천자의 질문에 대한 대책, 즉 의견을 아뢰는 글이므로 상주문의 형식을 취한다. 제일 먼저 '臣對臣聞신대신문 — 소생이 답을 올리겠습니다만 제가 들은 바로는'이라는 구문을 쓰고 다음에 서론을 서술한다. 그 대강의 의미는 '천자께서는 나라의 수많은 중요 안건을 해결하느라 쉴 틈 없이 힘을 쏟고 계십니다. 그럼에도 바쁘신 가운데 시간을 쪼개서 신과 같이 미숙한 자에게까지 고금의 정치 득실에 관한 의견을 구하고자 하시니 실로 황송하고 감사한 일이라 사료되옵니다.'와 같은 내용이다. 이러한 내용이 끝나면 비로소 본론으로 들어간다.

답안 용지는 한 행당 24자를 채우는데, 답안을 쓸 때는 위에서부터 두 자가 들어갈 공간을 비워 놓고 세 번째 글자가 시작되는 지점부터 밑으로 글자를 써 내려가야 한다. 이것은 나중에 황제폐하皇帝陛下와 같은 글자를 써야 할 필요가 생길 때 대두擡頭라고 해서 행을 새로 바꾼 다음 두 글자씩 위로 올려 적어야 하기 때문에 미리 공백을 남겨 두는 것이다. 그러나 자신을 신臣이라고 쓸 때 일본에서처럼 '私儀사의 ― 저로 말씀드리자면'을 특별히 아래쪽에 배치하는 것과 같은 서식은 없다. 일본에서는 '私儀'를 겸손의 의미를 담아 행의 가장 아랫부분에 오도록 쓰는 것이 관례이다. 따라서 제일 첫 부분의 '臣對臣聞'도 맨 첫 행의 세 번째 글자가 시작되는 지점부터 써가면 된다. 다만 臣이라는 글자는 약간 작은 글씨에 살짝 오른쪽으로 치우쳐서 쓰는 것이 관례다.

그 외에도 형식상 지켜야 하는 여러 가지 규칙이 있는데, 그 가운데 하나가 대두에 관한 것이다. 대두에는 세 종류가 있다. 그중 하나는 쌍대雙擡라 칭하는 것으로 황제 또는 황제와 직접 관련된 사물을 나타내는 글자, 예를 들어 천안天顔천자의 얼굴, 상유上諭천자의 말씀 등은 두 글자를 끌어올려 쓴다. 그런데 중국식 사고방식으로는 황제보다 더 존귀한 존재가 있다.

그것은 바로 황제의 부모나 조상으로서, 이들에 관한 글자, 예컨대 황태후皇太后라든가 조종祖宗이라는 글자는 다른 글자보다 세 자를 올려 써야 한다. 이 때문에 한 글자는 위의 테두리 바깥으로 나가버리는데, 이를 삼대三擡라고 한다. 이외에도 황제의 부속물, 예를 들어 경사京師궁성이 있는 곳, 곧 도읍, 전정殿庭궁전의 뜰, 국가國家와 같은 글자의 경우에는 그냥 한 글자만 올려 쓴다. 이를 단대單擡라고 한다.

그런데 답안을 작성할 때 위의 두 글자 공간을 계속 비워둔 채로 남겨 놓는다면 외견상 보기 좋지 않기 때문에 군데군데 일부러 대두 글자를 넣어 단조로움을 깨야만 한다. 일반적으로 사용되는 형식은 다섯 번째 행 혹은 아홉 번째 행에 황제폐하라는 글자를 넣어 대두하며, 그로부터 한 행을 건너뛰고 그 다음 행에 대두를 사용할 다른 글자를 쓰는 것이다. 첫 번째로 쓰는 황제폐하라는 글자 앞에는 반드시 '흠유欽惟', 즉 '삼가 생각해보건대'라는 문구를 써야 하는데, 이때 이 두 글자가 앞 행의 맨 아래에 놓이게 하여 그 아래에는 한 글자도 공백이 생기지 않도록 안배해야만 한다.

이런 경우뿐만 아니라 모든 행의 끝에 공백을 남기는 것은 보기 흉하다고 여겨, 대두 때마다 치밀하게 글자 수를 계산하여 행 끝까지 글자를 가득 채워 쓰는 것이 답안 작성의 비결이다. 다행히 한문에는 '也야'라든가 '矣의'와 같은 조사가 있기에 그런 글자를 적당히 활용하면 이 같은 일도 아예 불가능하지는 않다. 행 끝을 공백으로 그냥 두는 것은 딱히 규칙 위반은 아니지만 어쨌든 감점될 게 불 보듯 뻔하다.

천자가 내는 문제는 상당히 긴 문장이기 때문에 이에 대한 답안도 어느 정도 길게 쓸 필요가 있다. 적어도 1,000자는 채워야 하며, 그 이하의 글자 수로 작성한 답안은 급제시키지 않도록 규정되어 있다. 출제 내용을 보면 청조 초기에는 실질적으로 필요한 천하 통치와 관련하여 공사의 포부를 물었으나, 후대로 가면서 차츰 형식화되어 이미 지나간 고대의 역사적 사실에 대해 관념적인 문제만을 다루고 공사에게 그에 대한 의견을 밝히도록 했다. 그러나 공사의 입장에서는 문제의 출전에 대한 자신의 박학다식을 잘 보여줄 수 있는 답안, 이른바 실책實策으로 답을 해야지, 공책空策, 즉 단지 글자를 이리저리 잘 꿰맞춘 알맹이 없는 공허한 문장을 만들어서는 안 되었다.

마지막 맺음말에도 역시 형식이 정해져 있다.

> …… 臣末學新進罔識忌諱干冒宸嚴不勝戰慄隕越之至臣謹對
> …… 신은 말학의 신진으로서 장소를 가리지 않고 제멋대로 말씀을 올려 천자의 존엄을 모독했으니 몸 둘 바를 모를 정도로 황송하기 그지없습니다. 이상으로 삼가 답을 올립니다.

위와 같은 문장으로 끝나며, 이때 그 뒤로 14행의 공백을 남겨 두는 것이 잘 쓴 답안이라는 평을 받았다. 하지만 그런 형식에 구애될 필요는 없다는 명령도 내려졌다.

전시는 명실공히 천자가 몸소 궁중에서 거행하는 시험이다. 따라서 수험자인 공생도 정중하게 대접을 받았고 이전의 시험에서처럼 처음부터 불량 학생 취급을 당하는 것 같은 일은 없었다. 특히 의식 담당관이나 환관 등이 나와서 차를 대접하고 낮에는 식사를 제공하는 등 이전까지의 대우와는 하늘과 땅 차이였다. 또한 시험장인 전각 안의 중앙 쪽은 어두컴컴하고 햇빛이 충분히 들어오지 않기 때문에 굵은 기둥의 그늘진 곳에 앉은 사람이 책상을 가지고 창문 쪽으로 이동해서 시험 보는 것도 눈감아주었다.

답안은 해가 지기 전까지 작성을 끝내야 하며, 만일 완성하지 못했다면 낙제를 당한다. 글을 느리게 쓰는 사람은 어둑어둑해져도 좀처럼 완성하지 못하는 경우가 있다. 그러나 공사 입장에서는 이것이 마지막 관문이라는 생각에 필사적으로 답안에 매달려 붓을 놓지 않는 경우도 자주 있었다.

1889년 광서성廣西省에서 온 장건훈張建勳이라는 공사는 해 질 녘이 되어서도 아직 반 페이지가량을 완성하지 못하고 있었다. 담당관이 가서 보니 완성된 부분까지는 실로 훌륭한 답안이었다. 그를 매우 딱하게 여긴 담당관은 책상을 문 밖으로 갖고 나가 처마 밑에서 답안을 계속 쓰도록 했지만, 장건훈은 시골 출신이라 당황하고 흥분했던 탓인지 가까스로 마무리한 답안의 마지막 부분은 보기에도 처참할 만큼 종잡을 수 없는 필적이었다. 담당관은 이래서는 도저히 가망이 없겠다고 생각했지만 어찌 됐든 일단 완성된 답안이므로 다른 답안과 함께 모아서 심사원에게 보냈다. 그런데 그 답안이 1등으로 급제했다.

앞에서도 서술한 바와 같이 보화전의 안쪽 깊숙한 곳에는 천자가 앉는 보좌가 있다. 이 시험에는 천자가 직접 거동하여 보좌에서 수험자들을 감독해야 했지만, 실제로 이런 원칙을 충실하게 이행했던 천자는 그

다지 많지 않았다. 특히 청 대 말기에 이르면 천자가 전시 장소에 나타나는 일은 거의 없어졌다. 천자가 나타나지 않자 모처럼 궁중에서 치러지는 시험도 분위기가 해이해져 엄숙함을 잃게 되었다. 짐꾼 병졸도 전혀 공사들을 도우려 하지 않았고 공사들이 직접 무거운 짐을 질질 끌면서 고생하는 모습을 그저 방관했을 뿐이라고 한다. 반면 오래전 송 대에는 천자 자신이 상당히 열성을 보이면서 전시 장소에 자주 나타났다.

지금으로부터 약 1천 년쯤 이전에 송나라 태종太宗(재위 : 976~997)이 직접 전시를 주관했을 때 천자의 수행 신하 중 한 사람이었던 왕우칭王禹偁이 당시의 광경을 읊은 시가 있다. 그 일부분을 인용하면 다음과 같다.

日斜猶御金鑾殿	해가 비스듬히 기울 때까지 천자가 그대로 임석하고 계신 금란의 궁전
宮柳低垂三月烟	궁정의 버드나무는 낮게 늘어지고 3월의 아지랑이가 피어오르네
爐香飛入千人硯	화로에서 태우는 향의 향기는 날아드는 천 명의 벼루
麻衣皎皎光如雪	공사의 삼베옷은 희고 깨끗하게 빛나 눈과 같네

공사들은 처음으로 천자의 어전에 들어가는 것이므로 모두 갓 지은 삼베옷을 몸에 걸쳤는데, 그것이 마치 눈처럼 희게 펄럭였으리라. 참으로 편안하고 한가로운 광경이지만, 수험자인 공사의 입장에 서면 결코 한가롭다고만 말할 수 없었다. 실로 뼈를 깎는 심정으로 열과 성을 다하는 시간이었다.

전시 답안의 심사

전시 답안인 대책^{對策}은 공사의 이름을 쓴 부분만 풀로 붙여 봉할 뿐 나머지는 그대로 둔 채 심사원인 독권대신에게 전달된다. 그러면 독권대신들은 궁중의 문화전^{文華殿}에 모여서 심사를 시작한다. 독권대신이 8명이라면 우선 답안지를 한 사람당 30~40통씩 배분한다. 이때는 일본의 가루타^{주로 정월에 실내에서 즐기는 오락용 카드 게임. 가루타라는 명칭은 편지 또는 카드를 뜻하는 포르투갈어 '카르타 Carta'에서 유래}를 나눠 줄 때처럼 한 장씩 순서대로 나누고 다시 원래 순서로 돌아오는 것이 반복된다. 다만 그들 중 나이가 아주 많은 대신에게는 사정을 봐주어 건너뛰고 나눈다. 각각의 심사원은 자신에게 배정된 답안지의 가채점에 들어가는데, 첫 번째 채점이 상당히 중요하다. 왜냐하면 심사원들이 답안지를 돌려가면서 채점할 때 아무리 심사원 각자의 의견이 다르다 해도 첫 번째 채점과 너무 지나치게 차이가 나는 점수를 매겨서는 안 된다는 규칙이 있기 때문이다.

성적은 5등급으로 나누어 ○가 만점, ●가 80점, △가 60점, │가 40점, ×가 20점이다. 매긴 점수 위에는 심사원의 성^姓을 기입하여 책임을 분명히 한다. 다 검토한 답안은 차례로 다른 사람에게 돌려서 8명 전원이 빠짐없이 채점을 한 뒤 최종적으로 합계 점수를 낸다. 이런 과정을 거치는 작업을 하려면 아무래도 사흘 정도의 시간은 걸린다고 한다.

심사원인 독권대신은 어쨌든 천자가 신임하는 고위 관리이기 때문에 청 대 초기에는 매일 일이 끝나면 집에 돌아가 쉬는 것이 허용되었다. 하지만 청 대 후기가 되면 무엇보다 청탁의 폐해를 막아야 한다는 이유로 건륭 연간(1736~1795)부터는 문화전의 양쪽에 있는 작은 방에서 숙식을 해결하도록 했다.

독권대신은 수백 통의 답안 가운데 가장 우수한 10통을 뽑아 임시로 순서를 정하고 이를 천자에게 바쳐서 최종적인 결정을 물어야 한다. 그런데 이때는 늘 옥신각신 분쟁이 생기게 마련이다. 왜냐하면 심사원들은 서로 자신이 제일 먼저 채점한 답안들을 이 순위 안에 올려놓고 싶어 하며, 일단 10등 안에 들면 또 가능한 한 그것을 상위 등수로 만들고 싶어 하기 때문이다. 사소한 일처럼 보이지만 이것이 바로 관료들의 파벌주의가 아닐까? 그렇다고 공평하게 심사원 각자가 제일 처음 배분 받아 채점한 답안 가운데서 한 통씩을 골라 10통을 채운다고 해도 역시 불공정함이 생길 수밖에 없다. 성적이 우수한 여러 개의 답안이 운 나쁘게도 한 심사원에게 몰린다면 10통 안에 선정되지 못할 위험성이 있기 때문이다. 그뿐만 아니라 수석 심사원은 대개 관직이 높은 노인이기 때문에 모두가 그를 배려하여 채점할 답안지의 개수를 줄여주는 것이 관례인데, 이 적은 수의 답안에 속한 것은 10통 안에 선정될 확률이 다른 심사원이 맡은 답안의 경우보다 높아진다는 결론이 나온다. 그런 연유에서 독권대신들끼리 실제로 크게 싸움을 벌인 일도 발생했다.

그러나 잘 생각해보면 원래 작문 형식의 답안이기 때문에 애초부터 공평하게 채점하는 데 무리가 있다. 답안 내용보다는 문장, 또 문장보다는 필체로 판단하기 쉽다. 게다가 필체를 본다고는 하지만 진정한 예술적 가치를 따지지는 않는다. 오히려 네모반듯하고 획이 굵어 활자처럼 개성 없는 글자가 보기에는 좋기 때문에 그런 서체의 답안이 더 좋은 점수를 받는다. 명필가로 유명한 진 대^{晉代}의 왕희지^{王羲之} 같은 사람에게 만약 이 시대의 전시를 치르게 했다면 아마도 단번에 낙제했을 것이라는 이야기도 있다.

그에 따라 청조 말에 이르러서는 독권대신들끼리의 분쟁을 막기 위해 천자에게 올릴 답안 선정에 관한 모든 일을 수석 심사관에게 일임했다. 다만 10통의 최우수 답안에 들기 위해서는 모든 심사원에게 만점인 ○를 받아야만 했다.

4월 24일 아침에 독권대신은 선정된 10통의 답안을 천자에게 올린다. 이 답안을 작성한 당사자들도 천자를 알현하게 되므로 미리 문밖에 대기시킨다. 천자는 10통의 답안을 직접 심사하여 순위를 매긴다. 대개는 독권대신이 배열해 둔 순서에 따라 제일 위에 놓여 있는 것부터 1등, 2등을 매겨 나가지만, 때로는 생각지도 못한 예상외의 결과도 발생한다. 천자에게 답안을 바칠 때는 미리 봉인을 뜯고 이름을 드러나게 한 뒤에 바치는 것이 일반적이지만, 천자가 봉인을 뜯지 말라고 명을 내릴 때도 있다. 수험자 본인의 얼굴을 보고 나서 채점하겠다고 천자가 말하면 당사자를 불러들여 배알시킨다. 그러고서 천자는 그의 행동거지나 용모 등을 찬찬히 관찰한 뒤 결정하기도 한다. 천자 가운데는 독권관^{讀卷官}의 안목이 나쁘다고 불평하면서 자신의 생각대로 채점하는 경우도 있고, 또 실제로 조사하는 것은 귀찮아하면서도 독권대신이 시키는 그대로 하는 것은 배알이 꼴리는지라 적당히 아래쪽에 놓인 답안지를 뽑아내 위에 올린 다음 위에서부터 차례로 순위를 매기는 천자도 있었다. 뭘 하든 천자는 절대적으로 자유로웠고 어떠한 구속도 받지 않는 것이 송 대 이래 근

세 독재 군주의 모습이었다.

천자에게 10통의 답안이 올라간 뒤 가장 중요한 사안은 1등부터 3등을 각각 누가 차지했느냐다. 왜냐하면 3등까지는 제1조組, 즉 제1갑甲이라 불리며 급제의 은전이 엄청났기 때문이다. 그에 비해 4등 이하가 되면 제2조인 제2갑에 포함되어 비교적 상위권 성적에 속한다는 점에 그칠 뿐, 명예로나 실리로 따졌을 때 다른 사람과 비교하여 별다른 특전이랄 게 없다.

문맹의 수석 시험관

전시 답안의 심사원인 독권대신은 대신 가운데서도 특히 학문이 뛰어난 사람으로 선발된다. 따라서 독권대신에 임명되는 것은 매우 명예로운 일로 여긴다. 그러나 그 인선에도 때로는 예외가 있다. 만주족 출신의 장군인 조혜兆惠가 건륭제 때 수석 독권대신으로 임명된 것이 바로 그 경우다.

1760년 장군 조혜는 신강성新疆省에서 창궐하던 오이라트족몽골의 서부에 존재했던 옛 부족으로, 중앙아시아를 지배하면서 크게 번창했다.을 격파하고 천산남로天山南路를 평정하는 무훈을 세워 위풍당당하게 개선했다. 건륭제는 크게 기뻐하며 이듬해 전시에서 조혜를 수석 독권대신으로 임명했다. 조혜는 깜짝 놀라 다음과 같이 말하며 사퇴했다.

"당치도 않으신 분부입니다. 전장이라면 저는 어디든 곧장 달려가겠지만 시험은 도무지 편치 않습니다. 모쪼록 다른 사람에게 맡겨주옵소서."

그러자 건륭제가 말했다.

"그대가 글을 읽지 못한다는 사실은 알고 있다. 하지만 이름은 쓸 수 있지 않나?"

"전황 보고에 필요하기 때문에 이름은 겨우 쓸 수 있습니다."

"그것이면 충분하다. 그대는 답안을 모두 다른 사람에게 먼저 읽히고 제일 나중에 채점을 하라. ○가 많으면 그대도 ○를 주고 △가 많으면 그대도 △로 매겨라. 그런 다음 이름을 적으면 그것으로 끝이다. 나머지 일은 다른 사람이 다 해줄 것이다."

이리하여 문맹인 조혜가 수석 독권대신에 임명되었다. 그해의 공사 가운데는 나중에 역사가로 이름을 날린 명문장가 조익趙翼이 끼어 있었다. 다른 독권대신들은 조익을 1등으로 추천하였고, 그에 따라 순위를 안배해서 천자 앞에 바쳤다. 건륭제는 추천된 사람의 이름을 모두 조사하다가 섬서성陝西省 출신인 왕걸王杰이란 자가 있음을 발견했다. 건륭제는 바로 전해에 치렀던 전쟁에서 섬서성이 군마가 지나는 길목에 해당했으며 바로 그 때문에 백성이 엄청난 희생을 치렀다는 사실을 떠올렸다. 그리하여 3등으로 지목된 왕걸을 1등으로 올리고, 반대로 조익은 3등으로 내렸다. 장원, 즉 1등으로 급제하는 것은 본인의 명예는 물론이고 그를 배출한 지방 사람들에게까지 더할 나위 없는 명예로서 큰 기쁨이었기 때문이다.

한편 이런 사정으로 인해 3등으로 밀려난 조익은 매우 실망하고 낙담했다. 그는 이 시험을 보기 전에 이미 임시 채용된 자격으로 조정에서 일하면서 대관들로부터 총애를 받았고, 그 재능을 인정받아 칭찬이 자자했기에 장래가 촉망되는 인물이었다. 하지만 성적 발표 결과에 완전히 자신감을 잃고 또 인간의 운명이란 믿을 만한 것이 못 된다는 점을 깨달았을 것이다. 그 이후로는 점점 실제 정치에서 멀어져 오로지 면학에만 뜻을 두게 되었다. 특히 역사학에 관심을 가지고 오늘날까지 공전의 명저로 칭송받는 『이십이사차기二十二史箚記』와 그 밖의 여러 저서를 다수 집필하여 후학에게 도움을 주었다. 무릇 중국사학에 뜻을 둔 사람으로 그의 저서에서 도움을 받지 않은 사람은 없을 듯하다. 이는 이른바 황소 뒷걸음치다가 쥐 잡는 격이라고나 할까? 지천으로 널린 흔한 정치가들 중의 한 사람이 되기보다는 독특한 학풍으로 역사학에 공헌해준 편이 후세를 위해서는 얼마나 크나큰 도움이 되었는지 모른다.

청 대 초기에 독권대신은 그 명칭이 나타내는 바와 같이 실제로 답안지를 읽어서 천자에게 들려주었다. 이는 오래된 연원을 갖고 있는데, 송대에도 고관이 전시의 답안 가운데 우수한 것을 골라 천자 앞에서 번갈아가며 읽었다. 송 대 인종仁宗(재위 : 1022~1063)의 긴 치세 중에 왕면王沔이라는 대신이 있었는데 여러 차례 전시 고관으로 뽑혔다. 그는 음성이 청아하여 문장을 읽을 때 억양이 매우 듣기 좋았으므로 왕면이 읽는 답안지는 언제나 천자의 마음에 들어 최고점을 받았다. 그 때문에 공사들은 제발 자신의 답안지가 왕면에게 읽혀지기를 간절히 소망했을 정도라고 한다.

전시 성적 발표식

천자의 결정으로 가장 우수한 10명의 성적 순위가 정해지면 그 이튿날에 이를 포함하여 전체 수험자의 성적 발표가 이루어졌다. 그러나 이번에는 천자가 실시한 시험이기 때문에 단순한 성적 발표가 아니라 말하자면 학위수여식이라 부를 만한 장엄한 의식이 거행되었다. 이 의식을 전려傳臚 또는 창명唱名이라고 하는데, 이는 둘 다 이름을 부른다는 의미로, 한 사람씩 천자 앞에서 이름을 부르고 학위를 주는 것에서 붙여진 명칭이다. 영국이나 미국에서 졸업식을 커멘스먼트commencement 영미권 사람들은 졸업에 대해 학생들이 성인의 삶을 새롭게 시작하는 발판이라고 여겼다.라고 부르듯, 이 의식은 기나긴 서생 생활의 졸업식인 동시에 독립된 관리의 자격을 얻는 사람으로서 첫발을 내딛는 성인식이기도 하다.

4월 25일 전려 의식은 태화전에서 거행된다. 태화전은 궁중에서 가장 크고 또 가장 중요한 어전인데, 정식으로 치러지는 큰 의식은 모두 이 전각 앞에서 거행된다. 이날 북경에 주재하는 고관은 예복을 차려입고 참석하여 태화전 전면의 테라스 위에 모인다. 그중에서도 왕공王公은 계단을 올라가 전각의 처마 아래에 위치한다. 백관이 예법에 맞는 몸가짐을 가다듬고 서 있는 뒷줄에는 제복을 입고 모자에 삼지구엽정三枝九葉頂이라는 장식을 꽂은 합격자가 인솔을 받아 한 줄로 늘어선다.

태화전 앞에서 준비가 되었을 무렵 천자는 의종儀從황실의 행렬을 따르던 의례군을 거느리고 황궁을 출발하는데, 이때 궁성 정문인 오문 위에서 종과 큰북을 친다. 천자가 태화전 안으로 들어갈 때 음악이 연주되고 보좌에 앉

태화전 자금성에서 가장 크고 중요한 전각인 태화전은 천자가 문무 관원의 아침 문안을 받고 왕족과 대신들을 위해 연회를 열기도 했던 장소이다. 전시에 합격한 이들은 이 궁전 앞에서 천자로부터 학위를 받는 전려 의식을 치른다.

으면 딱 멈춘다. 의식 담당관이 긴 가죽끈이 달린 채찍을 세 번 휘두르면 다시 음악이 시작되고 독권대신이 앞으로 나와 삼궤구고두의 예를 행한다. 의례가 끝나면 음악도 그친다.

내각대학사가 합격자 명단을 붙인 방榜을 가지고 동쪽 처마 아래에서 나타나 전각의 정면에서 예부상서에게 건네준다. 합격자 명단이 적힌 종이에는 천자의 도장이 찍혀 있기 때문에 이를 금방金榜 또는 황방黃榜이라 부른다. 예부상서는 무릎을 꿇고 이를 받아서 미리 준비된 탁자 위에 놓고 세 번 절한 뒤 물러난다. 그러면 다시 음악이 연주되고 의식 담당관이 합격자를 데리고 나와 백관 앞에 정렬시킨다. 의식 담당관이 큰 목소리로 '칙어를 내린다!(有制)'라고 소리치면 합격자는 일제히 무릎을 꿇는다.

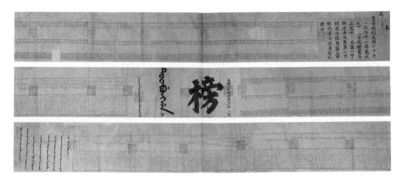

금방 1894년(광서光緖 20년)에 시행된 전시 합격자의 명단이다. 합격자 명단이 적힌 종이에 광서제(덕종德宗)의 도장이 찍혀 있음을 볼 수 있다.

음악이 잠시 중단되고, 의식 담당관이 처마 밑의 약간 동쪽으로 치우친 곳에 서서 칙어를 낭독한다. 그것은 대략 '그대들 공사는 멀리서 전시를 보기 위해 여기까지 와서 뛰어난 성적으로 합격하였기에 짐도 매우 기쁘게 생각한다. 이에 각각 진사 학위를 수여하니 향후에도 더욱 충절에 힘쓰라.'와 같은 내용이다.

칙어 낭독이 끝나고 나면 드디어 창명, 즉 이름을 부르는 의식으로 넘어간다.

"제1갑의 1등, 무슨 아무개"라고 호명하면 의식 담당관 한 사람이 당사자를 찾아 앞으로 데리고 나와 중앙에서 약간 동쪽 편에 무릎을 꿇린다. 호명은 세 번 반복된다. 다음으로 "제1갑의 2등, 무슨 아무개"라고 세 번 호명하면 2등 합격자가 이끌려 나와 중앙에서 서쪽 편에 무릎 꿇고 앉는다. 다음으로 "제1갑의 3등, 무슨 아무개"라고 세 번 호명하면 3등 합격자가 대열에서 나와 1등의 뒤에 무릎을 꿇는다. 이런 식으로 "제

2갑의 1등 무슨 아무개, 2등 무슨 아무개,
……" "제3갑의 1등 무슨 아무개, 2등 무 아
무개, ……"라고 순서대로 이름을 세 번씩 호
명하는데, 이때 이름이 불린 사람은 자신의
자리에서 듣고 있기만 하고 대열에서 벗어나
지 않는다.

창명이 끝나면 음악이 전보다 한바탕 더
활기차게 연주된다. 의식 담당관이 큰절을 올
리라는 호령을 내리면 합격자들, 이제는 진사
학위를 받은 신입 관리들은 일제히 삼궤구고
두의 예를 행한다. 의례가 끝나면 의식 담당

장원급제 편액

관이 새로운 진사들을 인솔하여 원래의 위치, 즉 백관이 늘어서 있는 곳
의 뒤쪽으로 가서 서게 한다. 이로써 의식이 끝난다.

음악이 멈추고 의식 담당관이 신호를 보내면 예부상서가 합격자 명
단이 적힌 방을 공손하게 받들고 중앙 계단을 내려가 운반雲盤이라는 들
것에 실은 뒤 천자의 표식인 황색 우산을 앞세워서 정문을 빠져나간다.
예부상서와 제1갑의 새로운 진사 세 명은 그 뒤를 따라 정문으로 나가지
만, 그 외의 진사들은 동서로 나뉘어 곁문으로 퇴장한다.

의식 담당관이 채찍을 휘둘러 세 번 소리를 내면 음악이 연주되고 천
자가 자리에서 일어나 황궁의 거처로 돌아간다. 음악이 완전히 그치는
것을 신호로 백관 일동이 퇴장한다.

제1갑의 세 명 가운데 1등은 장원壯元, 2등은 방안榜眼, 3등은 탐화探花

라고 부른다. 이 세 사람은 천자로부터 진사급제進士及第라는 학위를 받으므로 대단한 명예로 여긴다. 특히 장원은 인생에서 최대 최고의 영광을 얻은 것으로, 장원급제자는 소설 주인공으로도 자주 등장한다. 이에 비해 제2갑 전원은 진사출신進士出身, 제3갑 전원은 동진사출신同進士出身이라는 학위를 수여받고 평생 동안 직함으로 기록하여 명예로 삼는다고 한다. 서양인들은 대체로 진사를 'doctor(박사)'라고 번역한다.

합격자 명단이 적힌 방은 들것에 실려 새로운 진사 일동의 행렬을 인도하다가 궁성 정문에 해당하는 오문 앞에 도착하여 멈춰 선다. 그곳에는 용정龍亭이라는 오색으로 꾸며진 가마가 미리 마련되어 있는데, 그 가마 가운데에 명단이 적힌 방을 세운 다음 병졸들이 그것을 어깨에 메고 대열을 지어 천천히 거리를 행진한다. 음악대가 음악을 연주하면서 동장안문東長安門 원래 명칭은 장안좌문長安左門이며 천안문 앞 동쪽에서 황성으로 출입하던 문이다. 반면 천안문 앞 서쪽에서 황성으로 출입하던 문은 장안우문長安右門이며 서장안문西長安門이라고도 불린다. 밖까지 나가 그곳에 가마를 내려놓고 자리를 잡는다. 이들과 같이 이동한 새로운 진사들도 여기에 모여들어 다시 한번 찬찬히 명단에서 자신의 이름을 뚫어져라 쳐다본다. 그들은 궁에서 의식을 치를 때는 약간 혼이 나간 상태였지만 이곳에 와서야 겨우 제정신을 차리고 감개무량한 기쁨을 느꼈음이 틀림없다. 방은 그대로 사흘 동안 문 밖에 붙여둔 채로 사람들이 구경하게 했다가 기한이 지나면 내각으로 보내서 보존하도록 했다.

새로운 진사들은 동장안문까지는 방의 앞뒤를 호위하며 대열을 지어 천천히 걷는 군대와 음악대의 대열에 참가하여 같이 오지만 이곳에 이르러서 해산한다. 그 뒤 각별히 장원을 포함한 제1갑의 세 명만은 순천부윤順天府尹 부윤은 오늘날 시장에 해당하는 정3품의 벼슬이며, 순천은 북경을 가리킨다. 지금의 한국으로 치면 서울시
장과 같은 직책이다.과 동행하여 의종들을 따라 부府로 가서 급제 축하연에 참가
한다. 이 축하연에서는 장원이 주빈이므로 남향 상석에 앉고 방안이 그
왼쪽, 탐화가 오른쪽에 앉는다. 순천부윤은 손님을 대접하는 주인의 역
할을 맡아 말석에 앉아서 대접한다. 이때 음악으로는 특별히 궁중에 직
속된 교방教坊 음악을 관리하던 관서이 기악妓樂을 들려준다. 연회가 끝나면 부윤과
부승府丞 오늘날 부시장에 해당이 장원만 데리고 숙사까지 바래다준다. 얼마 전까
지만 해도 그저 일개 서생에 불과하던 무명의 청년이 이제는 완전히 딴
판으로 융숭한 대접을 받는 것이다.

그 뒤로도 한동안 새로운 진사들은 공적·사적 연회를 비롯하여 의례
적인 왕래로 쉴 틈이 없다. 그 분주함에 즐거운 비명을 지를 정도였다.

예로부터 인생에서 잊을 수 없는 최대의 기쁨이 네 가지 있다고 한다.

久旱逢甘雨　　　오랜 가뭄 뒤에 내리는 단비

他鄕遇故知　　　먼 이국에서 옛 친구를 만났을 때

洞房華燭夜　　　신방에서 화촉을 밝힐 때

金榜掛名時　　　진사로 보기 좋게 급제했을 때

연회와 사은 의식

전려가 있고 난 뒤 이튿날 새로운 진사 일동은 예부에 초대되어 은영

연思榮宴이라는 축하연에 참석한다. 그 장소는 예부이지만 천자가 주최하는 연회이므로 궁중의 대신이 주인 역할을 맡는다. 이 연회는 전시에 관계했던 독권대신뿐 아니라 사무 계통의 담당관도 전부 모이는 큰 주연이다. 관리와 새로운 진사들은 적당히 뒤섞여 탁자 앞에 앉는데, 이때는 대신 이하 관료들이 따로 상석을 구분하지 않고 편하게 앉는다. 왜냐하면 이 연회는 이른바 전시를 치르는 동안의 수고를 위로한다는 의미를 갖고 있기 때문이다. 천자가 베푸는 연회이므로 요리나 술도 궁중에서 제공되고 음악도 궁중에 직속된 교방의 기악이 연주된다. 그런 가운데 의식 담당관이 술을 따르며 돌아다닌다.

이 연회에는 기묘한 관행이 있다. 연회가 끝나고 주빈이 자리를 뜨면 문 밖에서 때를 노리며 기다리고 있던 잡역부들이 앞다퉈 장내로 들어와 남은 음식을 공공연히 훔쳐 간다. 서로 아우성을 치면서 뺏고 뺏기는 대소동이 벌어진다. 새로운 진사들은 그저 멍하니 바라볼 뿐 행여 음식 국물이라도 튀어서 옷이 더럽히지 않을까 신경을 곤두세우며 허둥지둥 나가버린다. 그들은 햇병아리 관리가 되자마자 관계官界의 문란한 기강을 목격하면서 귀중한 체험을 하는 셈이다. 청 대 초기부터 이미 이러한 악습이 있었는데, 기강을 바로잡기로 유명한 옹정제가 엄명을 내려 금지했지만 결국 청나라 말기까지 고쳐지지 않았다고 한다.

그리고 그로부터 나흘 뒤인 4월 28일에는 새로운 진사 일동이 함께 오문으로 가서 멀찍이 황제가 있는 곳을 향해 배례하고 학위 수여와 은영연에 대한 사은 의식을 행한다. 이때 장원이 일동을 대표하여 사은의 표문表文을 바쳐야 하는데, 아무래도 진사가 된 지 며칠밖에 지나지 않은 까닭에 형식을 잘 몰라서 선배에게 대신 써달라고 부탁하는 것이 일반적이었다. 대신 써줄 사람으로는 3년 전의 장원이 첫 번째 후보이지만, 만약 그가 관직을 맡아 수도에 없는 경우에는 다시 그 3년 전의 장원이 후보가 된다. 그 사람도, 또 그 전의 사람도 없을 때는 서둘러 대신 써줄 사람을 찾아야 한다. 적어도 제1갑의 세 명 가운데 들었던 사람이 아니라면 체면이 서지 않기 때문에 누군가에게 부탁을 하러 가면 정작 상대방은 어디의 아무개가 더 좋을 거라며 사양하기 일쑤였다. 그 바람에 돌고 돌다가 결국에는 제일 처음 부탁했던 사람에게 다시 부탁하게 되었다는 이야기도 있다. 참으로 형식적이고 번잡스러운 번문욕례繁文縟禮가 아닐수 없으며 지나치게 사양하는 것처럼 느껴지기도 하지만, 표문을 대신 써주는 사람에 대한 사례금이 거액이다 보니 대필을 부탁받는 측도 이처럼 사양했던 것이라고 한다. 이렇듯 장원은 급제한 지 얼마 되지도 않아 장차 관계에서 어떻게 처신해야 할지를 몸소 뼈저리게 느끼게 된다.

바로 이날, 궁중의 의식 담당관이 오문으로 나와 기다리고 있으면 장원이 선두에 서서 새로운 진사 일동을 거느리고 그곳에 나타난다. 이들은 두 편으로 나뉘어 중앙의 길을 사이에 두고 서로 마주 보며 선다. 장원이 앞으로 나와서 대신 작성해준 표문을 미리 마련되어 있는 탁자 위에 받들어 올린 뒤 세 번 절을 하고 물러난다. 의식 담당관이 호령을 하여 새로운 진사 일동을 북쪽으로 향하게 한 뒤 '큰절을 하시오最敬禮'라고 소리치면 일동은 삼궤구고두의 예를 행한다. 이때 천자는 진사 일동에게 의복, 모자, 신발 외에 은銀 5냥을 하사하는 것이 관례다. 표문은 예부로 전달되며, 예부는 그것을 내각으로 보내 그곳에서 보관한다.

북경공묘진사제명비림北京孔廟進士題名碑林　북경 공묘에는 원元, 명明, 청淸 3대에 걸친 진사 51,624명의 이름과 본적이 적힌 198개의 석비石碑가 세워져 있다.

　　5월 1일쯤, 새로운 진사들은 태학에 있는 공자묘를 참배하도록 명 받는다. 이때도 장원과 제1갑의 다른 두 명이 주역을 맡는데, 먼저 공자상에 절을 하고 공물을 바친 다음, 옆에 세워진 안자顏子, 자사子思, 증자曾子, 맹자孟子 이하 여러 제자를 향해서도 똑같이 행한다. 대학의 총장과 부총장에 해당하는 좨주祭酒(국자좨주)와 사업司業(국자사업)이 나와서 간단한 접대를 한다. 이를 석갈釋褐의 예, 즉 서생 신분에서 관료의 지위에 올랐다는 보고식이라 할 수 있다.

　　그 뒤 예부가 천자에게 상주하여 태학의 문 앞에 제명비題名碑를 세울 것을 요청하면 공부工部에서 은 100냥을 지출하여 공사하는 것이 관례였다. 커다란 돌의 전면에 제1갑 1등부터 제3갑 꼴찌에 이르기까지 모든 사람의 이름과 본적을 새겨서 비석으로 세웠다. 이런 관례는 원나라 때

장원방 전시에서 장원을 배출한 지역의 주민들은 이를 자랑스럽게 여겨 마을 입구에 방문을 세웠다.

시작되었으며, 태학의 위치가 그 이래로 바뀌지 않았기 때문에 명을 거쳐 청 말기에 이르기까지 제명비가 지금도 여전히 묘지의 비석처럼 빽빽하게 세워져 있다. 하지만 청 대의 관리 가운데는 정부가 지출한 은의 일부를 착복하여 전대 석비의 표면을 깎아낸 뒤 다시 써먹는 일도 있어, 원·명 시대의 제명비 가운데 일부는 소실되었다고 한다.

새로운 진사들에게는 각자 고향집의 문 입구에 방문坊門을 세울 수 있도록 은 30냥, 장원에게는 특히 80냥을 정부에서 지급했다. 방坊이란 일본의 도리이鳥居일본 신사神社 입구에 세운 기둥 문처럼 돌로 만든 기둥 같은 것으로, 만일 문 앞이 적당하지 않을 때는 골목 입구에 세운다. 모든 진사가 반드시 이를 세웠다고는 할 수 없지만 장원의 경우에는 지역 주민들이 고장의 명예로 여겼기 때문에 서로 후원하여 장엄한 방문을 세웠다. 중국 각지에서 흔히 볼 수 있는 장원방壯元坊이 바로 이것이다.

예부에서는 이 성대한 의식을 기념하기 위해 등과록登科錄이란 것을 편찬한다. 우선 천자가 하사한 제책制策인 문제와 이에 대한 제1갑 세 명의 대책對策인 답안 전문, 그리고 진사 전원의 이름과 본적을 기록한 책자를 천자에게 바치고, 그 책자를 인쇄하여 각 관청에 배포한다. 이를 금방제명록金榜題名錄이라고도 한다.

새롭게 진사가 된 이들은 자신이 작성했던 답안을 개인적으로 인쇄하여 친척과 지인들에게 배포하기도 하는데, 이때는 전시의 대책보다도 오히려 회시 때 작성했던 사서에 관한 답안을 선택한다. 전시의 대책은 본질이 상주문인 까닭에 공표를 꺼리는 경향이 있고, 그 내용도 형식적인 데다 지루하기 때문이다. 하지만 항간의 서점들은 앞다투어 대책의 본문을 입수하여 인쇄해서는 거자擧子들에게 팔아치움으로써 거액의 이익을 얻으려 했다고 한다.

당 대唐代의 진사

지금까지는 과거가 극단적으로 복잡해진 청조 말기의 상황을 중심으로 서술했다. 하지만 그로부터 대략 1천여 년 전인 당 대唐代는 사회 상황도 다르고 귀족 제도도 아직 온존하던 시대였으므로 과거의 방식도 청대와 달랐다. 그럼에도 불구하고 당 대의 고사故事가 의외로 오래도록 후세에까지 영향을 끼치고 있으므로 이제부터는 이에 초점을 맞춰 생각해

보고자 한다.

당 대에는 수도가 섬서성 장안長安이었으며, 과거제도에서 아직 전시라는 시험도 없었기 때문에 후세의 회시에 해당하는 공거를 통과하면 진사가 되었다. 그러나 도중에 어떠한 시험이 치러졌든 간에 최종 시험에 급제하여 진사라는 영예를 획득했을 때의 기쁨은 후세와 조금도 다를 바가 없었다. 당 대에는 아직 전 시대부터 이어져 내려오던 귀족주의가 그대로 존재하고 있었으므로 진사 급제를 전후로 시행되던 관례에도 고상한 취향의 관습이 남아 있었다.

새로운 진사들은 합격자 발표가 끝나면 모두 함께 시험관인 지공거의 집으로 찾아가 시험 기간 동안 신세를 진 일에 대해 예를 표한다. 인원이 상당히 많았는지 그들은 정원에서 대면하고 각각 이름, 석차, 나이를 대며 사제의 서약을 맺는다. 이후 시험관을 좌주座主라 부르고 스스로를 문생門生이라 일컬으며 평생 변치 않고 교분을 나눌 것을 맹세한다. 만약 시험관 자신이 예전에 급제했을 때와 같은 등수로 급제한 새로운 진사가 있으면 스승의 의발衣鉢을 이어받는 사람으로서 특별히 총애를 받는다. 이 대면이 끝나면 장원만 당상에 초대되어 지공거와 대좌하며 접대를 받는다.

그런 다음에는 시험관이 새로운 진사 일동을 데리고 재상의 집을 방문하여 한 사람씩 소개한다. 그 이후에야 새로운 진사들은 비로소 귀족 사교계에 출입할 수 있다.

다음으로 새로운 진사들은 기집원期集院이라는 관설 요리점에 모여 축하연을 즐긴다. 같은 해에 급제한 진사들은 서로 동년이라 부르면서 나이의 많고 적음에 상관없이 동료로서 교제하고 편의를 봐주었다. 이 요리점은 당시 장안에서 최고급의 술과 음식을 제공하는 곳으로 유명했다.

그 뒤에 새로운 진사는 인사 부서라고 할 만한 이부吏部에서 신身·언言·서書·판判의 시험을 치른다. 여기서 합격한 사람은 곧바로 관리로 임명되어 부임지를 지정받는다. 이 시험을 관시關試라고 부르는데, 관시를 치른 직후에 바로 다시 모두 모여서 연회를 연다. 이를 관연關宴이라고 한다. 이 연회에는 조정의 백관들도 참석하고, 천자가 궁정 직속 교방의 기악妓樂을 제공하여 아주 성대하게 거행된다. 연회 장소는 장안 성내 동남쪽 구석에 위치한 곡강曲江인데, 그곳에서 이른바 곡수유상曲水流觴 놀이^{굽이도는 물에 잔을 띄워 그 잔이 자기 앞에 오기 전에 시를 짓던 놀이}를 즐겼기 때문에 곡강연이라고도 불렀다. 진사 가운데 어떤 이는 먼 곳의 임지로 발령을 받아 부임해야 하기 때문에 이별을 아쉬워하는 의미도 있으므로, 동시에 이연離宴이라고 부르기도 했다.

곡강 근처에는 정부의 각 관청에서 마련한 연회장이 있어 고관들은 가족을 데리고 이 연회에 참가했다. 혼기가 찬 딸이 있는 대신은 이 연회를, 사위를 고를 수 있는 절호의 기회로 이용하기도 했다. 백관뿐만 아니라 천자 자신도 이 광경을 보기 위해 자운루紫雲樓라는 요정에 직접 거둥하였다. '루樓'라는 명칭이 드러내듯이 자운루는 2층 구조인데, 아마도 천자는 그 2층에서 백관과 새로운 진사가 옷을 차려 입고 의기양양하게 오가는 모습이나 연회 뒤 타구打毬라고 하는 폴로 경기에 열광하는 모습을 내려다보며 즐겼을 것이다.

새로운 진사 가운데 제일 나이가 어리고 용모가 단정한 두 사람이 선정되어 탐화探花라는 역할을 맡는다. 탐화는 장안성 안의 유명한 정원을 구석구석 빠짐없이 찾아다니며 가장 아름답게 핀 모란을 꺾어 와서 선을 보인다. 만일 이때 다른 사람이 그것보다 더 아름다운 모란을 갖고 오면 탐화는 임무를 소홀히 했다는 이유로 벌배罰杯, 즉 상당한 벌주를 마셔야 했다.

연회가 끝나면 새로운 진사들은 모두 함께 말을 타고 이날 가져온 모란이 피어 있는 곳으로 찾아가서 꽃을 관상하며 거닌다. 그야말로 새로운 진사들에게는 생애 최고의 날이다. 피눈물 나는 길고 긴 수험 생활로 심신이 피폐해져 있다가 드디어 진사로 급제하여 앞길이 훤히 열리고 오늘도 축하연, 내일도 축하연에 참가하면서 들떠 있는데, 이 대목에 이르러 그 감격이 절정에 달한 느낌이 든다. 오랫동안의 고생이 이로써 겨우 보답을 받게 되었다고 할 수 있을 것이다. 이런 기쁨을 노래한 시는 예로부터 상당수 남아 있지만 그중에서도 당 대 맹교孟郊의 시가 후세에 오래도록 전해지며 암송되고 있다.

昔日齷齪不足嗟　이제까지의 불운에 안달하며 왜 그렇게 한탄했을까
今日曠蕩思無涯　오늘은 이처럼 전도양양하니 생각해보면 감회가 새롭구나
春風得意馬蹄疾　봄바람도 불어와 만족스러우니 말발굽마저 가볍네
一日看盡長安花　온종일 돌아다니며 찾아낸 장안의 꽃은 어찌 이리 아름다운가

곡강 북쪽에 인접한 곳에는 유명한 현장법사玄奘法師가 세운 자은사慈恩寺가 있고, 그 경내에는 대안탑大雁塔이 높이 솟아 있다. 언제부터인지

새로이 진사가 된 이들은 그 탑의 석벽에 자신의 이름을 적어 놓았는데, 나중에는 동료 가운데 명필가를 뽑아서 글자를 쓰게 하였고 후대 사람들은 다시 그것이 지워지지 않도록 끌로 새겨 넣었다. 그리고 그들이 뒷날 출세하여 재상이나 장군이 될 때는 그 새겨진 이름에 붉은색 안료를 빨갛게 채우는 관습이 생겨났다. 원 대元代 이후 공자묘 앞에 제명비를 세우게 된 것도 이 고사에서 비롯되었다.

장원의 명예와 책임

새로운 진사들 가운데서도 1등인 장원의 인기는 대단했다. 만일 장원이 독신이라면, 딸을 주겠다면서 접근하는 유력자나 대신이 끊이질 않았다. 그중에는 1등으로 급제한 새로운 장원에게 이미 조강지처가 있음에도 불구하고 이혼을 시켜서라도 사위로 삼으려는 권세가도 있었다. 유명한 『비파기琵琶記』라는 희곡은 원말명초元末明初 사람인 고동가高東嘉(고명高明)의 작품인데, 그 주인공은 후한後漢 시대에 장원을 차지했던 채옹蔡邕이었다. 아직 과거제도가 존재하지도 않았던 한 대漢代에 장원이 등장한다는 것은 말도 안 되지만 지어낸 이야기이므로 눈감아주자. 어쨌든 이 작품의 내용은, 매우 우수한 성적으로 장원이 된 채옹에게 이미 아내가 있었지만 당시 권세가인 우 승상牛丞相이 칙명을 받아내어 강제로 그를 자신의 사위로 삼는다는 이야기다.

명 대明代의 탕림천湯臨川(탕현조湯顯祖)이 지은 『한단기邯鄲記』에도 장원으로 급제한 주인공이 나온다. 이는 널리 알려진 한단몽의 베개 고사를 바탕으로 한 희곡이다. 번화한 한단 고을에서 노생廬生이라는 가난한 청년이 선인仙人에게서 베개를 빌려 베고 잠깐 낮잠을 자는 사이에 한평생의 긴 꿈을 꾼다. 그는 꿈속에서 동경에 마지않던 장원에 급제하고 이어서 장군에 임명되어 큰 공을 세운 뒤 수도로 개선하지만 곧바로 간신의 참언을 받아 사형에 처해질 위기에 몰린다. 그러나 끝내 무죄로 밝혀져 재상에 임명되었으며 여든 살에 생을 마치고 꿈에서 깨어난다. 꿈에서 깨고 보니 몸은 여전히 여관의 처마 아래에 있고, 잠들기 전에 짓기 시작했던 밥은 냄비 안에서 다 익은 참이었다. 그리하여 노생은 인생이란 이렇게 꿈처럼 덧없음을 절실히 깨닫고 선인을 쫓아 선술仙術 수업을 받으러 나선다는 줄거리다.

장원이 이렇듯 세간의 주목을 받게 되자 장원에게 지워진 책임 또한 무거워졌다. 원래 천자가 진사에게 더없는 영예를 주는 것은 만일의 경우에 대비하여 조정을 위한 기둥이 되어서 일해달라는 뜻이었다. 특히 장원은 다른 진사와 달리 파격적인 은전을 받은 이상 스스로도 이러한 은혜에 감사하면서 천자 앞에 아낌없이 목숨을 내던질 각오를 해야만 했다. 남송이 몽골족의 원나라에게 수도를 함락당하고 망했을 때 이미 대세는 만회가 불가능하다는 것이 누가 봐도 확실했다. 그럼에도 불구하고 장원 출신의 재상인 문천상文天祥은 얼마 안 되는 수하 병사들을 이끌고 각지를 돌면서 한족漢族을 위해, 아니 송의 천자를 위해 엄청난 기염을 토했다. 그가 패전 중에 부른 영정양零丁洋 광동성廣東省 주강珠江 어귀에 있는 여울의 시(「영정양을 지나며(過零丁洋)」)는 장원의 입장을 잘 대변하고 있다.

辛苦遭逢起一經	고생은 경학에 뜻을 두었을 때부터의 숙명이라
干戈落落四周星	무기를 들고 전장에 나선 지 이미 4년여
山河破碎水漂絮	산하는 파괴되고 강물에는 솜옷이 떠다니네
身世浮沈風打萍	신세도 부침하여 정한 바 없어 바람에 흔들리는 부평초와 같구나*
惶恐灘頭說惶恐	황공탄에 다다르니 마음도 두렵고
零丁洋裏歎零丁	영정양에 이르니 몸이 영락함을 탄식하도다
人生自古誰無死	인간 세상에 예로부터 죽지 않은 이는 없으니
留取丹心照汗靑	이 진심을 잃지 않고 후세의 역사에 이름을 남기리라

거듭되는 패전에도 굴하지 않고 온갖 고생을 하는 것도 경서 공부에
뜻을 두기 시작한 처음부터 감수하고 각오했던 일이므로 이는 당연한 결
과에 불과하다는, 달관의 경지에 다다른 심경을 노래한 시다.

50년 전의 미소년

진사에 급제하는 것은 예로부터 어려운 일 가운데서도 가장 어려운
일로 일컬어졌다. 이번에야말로 급제하겠다며 열심히 시험공부를 하는

---

* 이 시의 두 구절은 미야자키 선생이 잘못 옮긴 듯하다. 원래 시의 해당 구절은 다음과 같이
되어 있다. '山河破碎風飄絮, 身世浮沈雨打萍' 이를 풀이하면 다음과 같다. '산하는 짓밟혀
바람에 흩날리는 버들솜과 같고 / 신세도 부침하여 비를 맞는 부평초와 같구나' ― 편집부 주

동안 세월은 기약도 없이 흘러가버리고 처음 공부를 시작할 때 홍안의 미소년이던 사람은 어느새 10년, 20년의 세월이 흐르면서 쉰 살, 예순 살의 노인이 되어버린다. 당 대에 이미 '쉰 살에 진사가 되는 것도 젊은 편이다(五十少進士)'와 같은 속담이 등장했으며, 송 대에는 노년에 진사가 된 사람을 '50년 전에는 스물세 살(五十年前二十三)'이라 부르면서 조롱했다.

남송 초에 전시가 끝난 뒤 창명 의식을 거행할 때 천자가 살펴보니 새로운 진사 가운데 몹시 늙은 백발의 노인이 눈에 띄었다. 불러오라 시켜서 나이를 물으니 일흔세 살이라 했다. 자식이 몇이냐 물으니 아직 독신이라고 답했다. 천자는 매우 안쓰럽게 여겨 궁인 가운데 시씨施氏라는 미인을 그에게 내려주어서 아내로 맞이하게 했다. 당시 사람들은 곧바로 글을 지어 놀려댔다.

新人若問郎年幾	새댁이 혹시 신랑에게 나이가 몇이냐고 물거들랑
五十年前二十三	50년 전에 스물세 살이었다고 대답하시게

또, 첨의詹義라는 사람은 진사에 급제한 뒤 스스로를 조롱하는 시를 지었다.

讀盡詩書五六擔	수레에 가득 찰 정도의 경서를 읽고
老來方得一青衫	늙어서야 간신히 얻게 된 벼슬아치 직함
佳人問我年多少	여인네들에게 나이가 몇이냐고 질문받으면
五十年前二十三	50년 전엔 스물세 살의 미소년이었다네

한 번 웃고 한 번 낙심하고

그런데 이렇게 어찌어찌 진사에 급제를 했다고는 하지만 그 이후 모든 진사가 세간의 주목을 받으며 순풍에 돛 단 듯 순조롭게 차근차근 승진의 계단을 밟아간다고는 할 수 없다. 설령 장원이라 할지라도 누구나 대신이나 재상의 지위에 오를 수는 없다. 과거에 급제하는 것은 단순히 실력으로만 되지 않고 운이 크게 작용한다. 따라서 시험을 칠 때는 운이 좋았던 사람일지라도 급제한 다음에 행운의 신에게 버림받으면 그대로 낙오되는 일도 있다.

1814년의 전시에서 장원을 차지한 용여언龍汝言은 실력이 아니라 당시 운이 좋아 장원을 했다는 소문이 자자했다. 그는 처음에 만주인 대신의 집에서 기거하고 있었는데, 이를 계기로 천자인 가경제嘉慶帝(재위 : 1796~1820)에게 얼굴이 알려졌다. 천자는 그를 상당히 신임했기에 전시 급제자 가운데 그의 이름이 없자 대단히 언짢아했다. 그런 소문을 전해 들은 다음 번 전시의 독권대신은 일부러 용여언을 1등으로 추천했다. 천자는 기뻐하며 그를 그대로 장원으로 정해서 옆을 보좌하도록 했으며 전대 기록인 실록의 편찬을 명했다. 그런데 용여언의 아내는 지나치게 질투심이 강해서 가정에 늘 불화가 끊이지 않았다. 그 때문에 그는 집에 붙어 있지 않고 외박을 하는 경우도 이따금 있었다. 어느 날 그가 집을 비운 사이에 실록 편집관으로부터 교열을 해야 하는 문서가 전달되었다. 하지만 용여언이 좀처럼 돌아오지 않고 계속 집을 비운 동안 문서를 가지러 두 번째 심부름꾼이 왔다. 어쩔 수 없이 그의 아내는 남편에게 보여줄 틈도 없었던 문서를 그대로 심부름꾼에게 건네주었다. 직무상 당연히 교열해야 할 문서가 그의 교열을 거치지 않은 채 교열이 완성된 것처럼 둔갑하여 반환되어버린 것이다.

그런데 운 나쁘게도 문서의 내용 중에 중요한 부분이 있었는데 교정 작업이 빠진 결과 중대한 과실이 발생했다. 결국 이 일로 그는 한순간에 명예로운 관리의 지위를 빼앗기고 말았다. 다음 황제인 도광제道光帝(재위 : 1820~1850) 때 그는 용서를 받아 다시 말단 관직으로 복귀했으나 한 번 입은 상처는 의외로 깊었고, 또 사실 그만큼의 실력도 없었던 터라 별수 없이 그대로 말단 관리로 생애를 끝냈다. 운으로 얻은 지위는 또한 운으로 잃기 쉽다는 사실을 보여주는 예라 할 수 있다. 그 밖에도 장원으로 재상까지 올라간 사례를 역사상 찾아보면 뜻밖에 많지 않은 것이 사실이다.

여타 진사들의 장래 운명도 제각각이었다. 반평생 고생 끝에 겨우 얻은 진사 지위이건만 예상과 달리 겉보기엔 그럴 듯하나 실속이 없음을 깨달았을 때, 불우한 늙은 관리의 심경은 꽤 복잡했을 것이다. 특히 젊은 후학들이 수험 공부에 매진하는 모습을 볼 때, 나서서 이를 격려해야 할지, 아니면 아예 부질없는 일이라며 찬물을 끼얹어야 할지 망설이는 적도 많았을 터다. 송의 조충지晁冲之는 다음과 같은 시를 남겼다.

老去功名意轉疎　나이가 들면서 공명에 대한 뜻도 점점 사라지고
獨騎瘦馬問田廬　짝도 없이 홀로 말라빠진 말을 타고 시골길을 걷는 신세라니
孤村到曉猶燈火　쓸쓸한 마을에 새벽까지 아직 불이 켜져 있는 것을 보니
知有人家夜讀書　어느 집엔가 수험 공부로 밤새는 젊은이가 있음을 짐작하겠구나

그러나 수험생의 처지에서는 과거에 통과해도 실망을 할 정도라면 만약 합격을 하지 못할 경우에는 더 큰 실의에 빠질 수밖에 없다고 답할 것이다. 그렇다! 젊은이는 역시 청운의 큰 뜻을 품고 어떠한 역경이라도 극복해 나가고자 하는 의지가 있기 때문에 고귀하다고 이 늙은 관리도 맞장구쳤을 것이 틀림없다.

전시에도 부정이 있다

전시는 천자가 직접 주관하고 천자의 신임을 받는 대신이 답안을 예비 심사하기 때문에 다른 시험처럼 까다로운 단속 규정을 두지는 않았다. 그런데 이러한 점을 이용하여 대신들은 제멋대로 자신의 마음에 드는 사람을 편파적으로 골랐으며, 또한 수험자도 그 점을 이용하여 대신들에게 청탁을 넣기도 했다.

전시는 상당히 형식을 중시하는 시험으로, 특히 답안의 제일 처음 14행은 책모策冒라고 해서 그곳에 써야 할 내용이 대체로 정해져 있다. 따라서 시험을 치르기 전부터 미리 쓸 내용에 대해 생각해 두는 것도 가능하다. 그런 까닭에, 독권대신이 될 가능성이 높은 대신과 친분이 있는 사람은 책모의 14행을 종이에 써서 대신에게 보내어 첨삭을 청한다. 사실 이는 자신의 전시 답안 처음 부분을 이러이러한 문구로 시작하겠으니 기억해 두었다가 좋은 점수를 달라는 의미다. 수험자로서는 다른 사람들도 전부 이런 일을 하는데 자기만 하지 않으면 손해라고 여겨서 모든 연줄을 다 동원한다. 그래서 표면적으로는 상당히 깨끗해 보이지만, 그 이면에는 그것이 누구의 답안인지를 많은 시험관들 가운데 누군가 한 사람 정도는 반드시 알고 있다. 다만 그것을 말하느냐 말하지 않느냐의 차이가 있을 뿐이다. 답안 주인의 이름을 알고 있다는 것은 당연히 부정을 발생시키는 원인이 되지만, 실상 답안의 주인을 알고 있다고 한들 시험관 측에서 너무 대놓고 불공평하게 채점하면 눈에 띌 수밖에 없으므로 오히려 편파적인 심사를 할 수 없게 만드는 결과를 낳는다. 전시는 독권대신 여럿이 정해진 책임자 없이 천자의 그림자 뒤에 숨어 채점했다는 점이 특징이다.

청조 함풍제咸豊帝 치세에 종실의 한 사람인 숙순肅順이라는 자가 있었다. 그는 위세를 부리며 내정과 외교의 모든 방면에 참견하면서 입을 놀린 까닭에 한인 관료들로부터 엄청난 원성을 샀다. 1860년에 실시된 전시에서 숙순이 시험 사무를 총괄하는 직책을 맡자 심사원들에게 권력을 휘두르며 자신의 사설 비서인 막우幕友 고 아무개라는 사람을 장원으로 추천하도록 을러댔다. 그런데 독권대신 가운데 한 사람이 제일 처음에 자신에게 배분된 답안지 중에서 고 아무개의 것을 발견하자 좌중에게 큰 소리로 말했다.

"모두 들으시오. 이 답안은 고 아무개의 것이 틀림없소. 나는 이 답안에 ○를 주지 않기로 결정했소. ○는 5등급으로 나눈 성적 채점에서 100점 만점에 해당한다. 160쪽 참조 여러분이 어떻게 하든 그건 자유지만, 만약 문제가 생기더라도 모든 책임은 내가 지겠소."

이렇게 호언장담한 뒤 ●를 진하게 칠했다. ●는 80점에 해당한다. 다음 순서로 그 답안을 배정받은 심사관도, 그 다음 심사관도 전부 ●를 매겨버렸다. 그 결과 숙순의 기대는 허무하게 무너져서 고 아무개는 겨우 제2갑의 15등으로 급제하는 데 그쳤다.

이렇게 여러 가지 기이한 일들이 벌어졌기 때문에 정부에서도 그 폐해를 막기 위해 전시 성적을 발표한 뒤 따로 대신을 임명하여 다시 한번 답안을 심사하도록 했다. 이는 답안의 수준을 보려는 것이 아니라 무엇보다 부정이나 과실의 존재 여부를 조사하는 데 목적이 있었다. 만약 그런 결점이 발각될 경우에는 설령 이미 전려의 대의식이 치러져 천자로부터 직접 진사 학위를 받은 뒤라 하더라도 성적 등수를 강등하거나 맨 꼴찌로 만들기도 했다. 요컨대 공자묘의 문 앞에 세우는 제명비에 이름을 새겨 넣기 전까지만 시간을 맞추면 된다.

전시에 나타난 응보

전시의 성적 심사 때도 확실히 심사관의 불공정, 즉 수험자 입장으로 보면 행운과 불운이 발생하는 것은 피할 수 없었다. 다만 전시의 경우에는 향시나 회시 때와 같은 괴담은 거의 나오지 않았다. 아마도 전시는 궁중에서 천자가 직접 주관하는 시험이기 때문에 망령으로서도 황공함을 느껴 접근하기 힘들지 않았을까? 귀신이 나타날 생각을 갖고 있었다면 향시나 회시 때 나타났으리라.

그러나 천자의 위엄 아래 공정을 위한 만반의 준비를 갖춘 시험이면서도 여전히 행운과 불운이 생기는 것은 왜인가? 이는 역시 염마왕의 힘이 암암리에 작용했다고밖에 볼 수가 없다. 특히 장원이라는 명예로운 지위는 1,000만 명 가운데 한 명에 해당하는 행운을 거머쥔 것이므로 장원으로 뽑힌 사람은 반드시 그에 합당한 선근을 남몰래 쌓고 있었음이 틀림없다. 염마왕만이 그 사실을 알고 있다가 뒤에서 실을 잡아당겨 조종하듯 천자나 시험관의 손을 빌려 이런 밝은 무대에서 상을 내리는 것이라는 해석이 성립한다.

명 대의 이야기로 다음과 같은 것이 있다. 나륜羅倫이라는 가난한 거인擧人이 회시에 응시하기 위해 강서성江西省에서 멀리 수도로 올라가고 있었다. 소주蘇州에 이르러 예전에 묵은 적이 있던 여관에서 하룻밤을 보내게 되었는데, 그날 밤 꿈에 송 대의 대정치가인 범 문정공范文正公(범중엄范仲淹)이 나타나 말했다.

"이번 시험의 장원은 당신으로 해달라고 부탁할 참입니다."

그 말을 듣고 나륜이 깜짝 놀라서 이유를 물었다.

"당신은 벌써 잊었습니까? 당신이 몇 년 전에 이 여관에 묵었을 때 젊은 여인의 유혹을 받은 적이 있었지요. 그것을 물리친 당신의 용기는 대단했습니다. 그만큼의 용기를 공부하는 데 쏟았을 테니 당연한 결과가 아니겠습니까."

범 문정공은 그렇게 말하고 사라졌다. 나륜은 좋은 징조인 것 같아 기뻐했다. 산동성에 이르러 다시 한 여관에 묵을 때 그가 데리고 온 하인이 정원에서 몰래 황금 팔찌를 주워 그대로 감추고서 갖고 있었다. 그런데 그곳을 출발한 지 이틀째 되는 날에 나륜이 무심코 여비가 부족할 것 같다고 하인에게 털어놓자, 그 하인은 충성스러운 얼굴로 지난번에 주은 황금 팔찌를 내밀며 이것을 팔아 나눠 갖자고 제안했다. 나륜은 깜짝 놀라 하인을 꾸짖으며 어서 빨리 돌아가 되돌려주자고 말했다. 하인은 그를 제지하면서, 지금 되돌아간다면 시험 날짜에 늦을 것 같으니 돌려준다고 하더라도 돌아가는 길에 주면 된다고 주장했다. 나륜도 그렇게 할까 생각했지만 금방 제정신을 차리고 스스로를 꾸짖으며 말했다.

"시험은 몇 번이고 다시 볼 수 있다. 이 팔찌는 아마 여관의 하녀들이 잘못해서 주인의 팔찌를 떨어뜨린 것일 게다. 이는 어쩌면 사람 목숨이 달린 큰일일지도 모른다. 이렇게 잠자코 있을 수는 없다."

나륜은 하인을 데리고서 오던 길을 되돌아갔다.

바로 그 무렵 산동 여관에서는 황금 팔찌가 없어졌다며 큰 소동이 벌어졌다. 사실은 여관 주인의 부인이 얼굴을 씻을 때 팔찌를 세숫대야 안에 넣어 두고 깜박 잊은 것을 하녀가 세숫물과 함께 정원 구석에 뿌려 버렸던 것이다. 주인의 부인은 하녀가 팔찌를 훔쳐 갔다고 오해해서 체벌을 가했다. 주인은 주인대로 부인이 잘못한 거라며 꾸짖었다. 여관 주인의 부인도 하녀도 모두 자기 탓이 아니라면서 울며불며 목을 매 죽으려고 할 정도로 난리법석이었다. 이때 나륜이 나타나서 팔찌를 돌려주자 겨우 진상이 판명되었다. 하녀는 나륜을 살아 있는 보살님이라면서 엎드려 절했다.

나륜은 가던 길을 멈추고 되돌아오는 바람에 사나흘이나 허비했기 때문에 시험 날짜에 맞춰 갈 수 있을지 걱정하면서 끼니도 거르고 밤낮으로 길을 재촉하여 부랴부랴 북경으로 향했다. 그리하여 가까스로 입장하기 바로 전날 북경에 도착하여 간신히 공원에 들어갈 수 있었다. 나륜은 이 회시에서 별 문제 없이 합격했으며, 이어서 전시를 본 결과 운 좋게도 1등 장원으로 급제했다. 실로 범 문정공이 꿈에서 예언한 그대로였다. 장원으로 합격한 나륜은 그 뒤 수많은 저서를 남겨 명 대의 훌륭한 사상가로서 존경받고 있다.

다음도 명 대의 이야기다. 왕화王華라는 거인이 어느 대관의 부탁을 받고 그 집의 입주 가정교사로 일하고 있었다. 그 대관은 수많은 첩을 거느렸지만 자식이 한 명도 태어나지 않았다. 어느 날 밤 그 가운데 가장 아름다운 첩이 왕화의 방에 들어오려고 했다. 왕화는 놀라 문을 꽉 닫고 여인이 들어오지 못하게 했다. 그러자 첩이 말했다.

"실은 바깥어른의 명입니다. 만약 의심이 가신다면 이것을 보십시오."

그러면서 한 장의 종잇조각을 문틈으로 밀어 넣었다. 보아하니 확실히 주인의 필적이 틀림없었다.

'인간의 자식이 필요합니다.(欲乞人間子)'

왕화는 그 문장을 보고 그 뒤에다가 다음과 같은 글을 써넣었다.

'천상의 신을 놀라게 해서는 안 됩니다.(恐驚天上神)'

이 종이를 여인에게 주고는 돌려보냈다.

이듬해 왕화는 북경 회시에 응시하여 급제했고 전시에서는 1등 장원으로 급제했다.

그즈음 대관의 집에서는 도사를 불러들여 조상에게 제사를 지내고 있었다. 한창 제사를 지내는 와중에 도사가 그만 잠이 들어버렸는데, 아무리 깨워도 일어나지를 않았다. 얼마 지나지 않아 깊은 잠에서 깨어난 그는 다음과 같이 말했다.

"방금 천상에서 과거가 치러졌는데, 거기에 입회했다가 시험이 끝나고 시험장 문이 열리기를 기다리다 보니 이렇게 늦었습니다."

"호오, 천상에도 과거가 있습니까? 그래서 장원은 누구였습니까?"

"이름은 잊어버렸습니다만, 장원이 타고 있는 말 앞으로 행렬이 늘어서고 커다란 깃발이 이들을 선도하고 있었습니다. 그 깃발에 '恐驚天上神공경천상신(천상의 신을 놀라게 해서는 안 됩니다)'이라고 적혀 있던 것이 기억납니다."

이 왕화로 말할 것 같으면 바로 명 대의 대사상가로 일컬어지는 왕양명王陽明, 바로 그의 아버지다.

이상의 이야기는 충분한 재능을 가진 상태에서 남몰래 음덕陰德을 쌓아 당당히 장원의 지위를 획득한 예이다. 이와는 반대로 아무리 문재文才가 뛰어난 인물이라도 남몰래 악행을 저지르면 마땅히 차지해야 할 장원의 영광도 스스로 달아나버린다고 사람들은 믿었다.

송 대에 정생丁生이라는 거인이 전시를 치르기 위해 수도에 머무르고 있을 때 어떤 점쟁이를 만났다. 점쟁이는 정생의 얼굴을 찬찬히 살펴보다가 말했다.

"아무리 봐도 당신은 대단한 복상福相입니다. 이번 전시에서 꼭 장원이 되실 것이 분명합니다. 거짓이라 생각하신다면 지금 약조해드리지요."

그렇게 말하고는 여관 벽에 장원 정생이라고 써 놓고 사라졌다. 며칠 뒤 정생은 친구를 초대하여 노름을 하였다. 그날 따라 운이 좋았던지 순식간에 6,000관貫을 벌어들였다. 드디어 운이 트였다며 기뻐 어쩔 줄 모르고 있을 때 지난번의 그 점쟁이가 다시 찾아와 정생의 얼굴을 보더니 대뜸 말했다.

"참으로 이상한 일도 다 있군요. 당신은 뭔가 나쁜 짓을 하지 않으셨습니까? 아니면 제가 잘못 본 걸까요? 지금 당신의 관상으로는 도저히 장원이 될 수 없습니다."

정생은 놀라서 도박했던 사실을 고백하고 앞으로 어떻게 하면 좋을지를 묻자, 점쟁이는 한동안 생각하더니 말했다.

"지금이라면 아직 늦지 않았습니다. 어서 빨리 그 돈을 되돌려주십시오. 장원은 힘들지 모르지만 우등 정도로 급제하실 수 있을 듯합니다."

정생은 점쟁이의 말을 듣고는 서둘러 친구들을 불러 앞서 노름에서 딴 돈을 돌려주었다. 전시의 합격자 발표를 보니 장원은 다른 사람에게 빼앗겼으나 그래도 6등으로 급제했다.

당 대唐代에 살았던 이생李生은 거인이 될 때는 뛰어난 성적으로 1등에 합격했으나 그 뒤로는 언제나 불운이 계속되어 좀처럼 진사가 되지 못했다. 그래서 당시 유명한 섭葉 도사에게 의논을 하러 갔다. 섭 도사는 한동안 별실에 틀어박혀 무어라 주문을 외우다가 이윽고 자리로 돌아와서 말했다.

"당신은 지난 시험이 끝난 직후에 바로 이웃집 처녀를 유혹했군요."

"생각해보니 확실히 그런 일이 있었습니다. 하지만 그때는 실행하지 못하고 미수로 그쳤을 뿐입니다."

"유혹에 성공했는지 여부를 따지자는 게 아닙니다. 그 행실이 나쁘다는 것입니다. 당신은 확실히 그 다음 번 공거에서 장원이 될 운명이었습니다. 하지만 천제天帝는 이미 당신의 품행을 알고 벌로써 당신을 제2갑 29등으로 떨어뜨렸습니다."

"그렇다면 어째서 저는 제2갑의 29등으로도 급제를 하지 못했을까요?"

"기다리십시오. 아직 또 있습니다. 당신은 집안 대지의 경계 문제를 놓고 친형과 싸움을 한 적이 있군요. 그래서 천제는 당신을 제3갑 38등으로 떨어뜨렸습니다."

"하지만 저는 그 등수로도 급제하지 못했습니다."

"기다려보시지요. 아직도 남아 있습니다. 당신은 수도에 머무는 동안 남편이 있는 아름다운 부인을 홀렸습니다. 이는 모두 벌써 저지른 죄에 불과합니다. 그런데 지금 당신은 또 다른 처녀를 유혹하려 계획하고 있습니다. 이래서는 과거 급제가 문제가 아닙니다. 이미 그 죗값으로 천벌이 내려 당신의 수명까지 갉아먹고 있습니다."

이생은 그 말을 듣자 안색이 흙빛으로 변했다. 이제 와 후회해봐야 어쩔 수 없다는 생각에 이생은 몹시 괴로워하다가 세상을 떠났다.

이러한 이야기가 사실이라면 참으로 무서운 일이다. 염마왕이나 천제는 부하들을 시켜 온 세상에 안테나를 설치해 놓고서 인간들의 선악을 조사한 뒤 그에 상응하는 상벌을 내린다. 따라서 인간은 잠시라도 마음을 놓을 수 없다. 이것이 중국에서 보편적으로 인정되는 도교의 실천 도덕 밑바닥에 깔려 있는 사상이다.

이러한 견지에서 보자면 시험 심사관의 사소한 불공정도 사실은 수험생 본인의 업보가 되어버린다. 시험 성적의 발표가 있을 때마다 세상에는 여러 가지 말들이 떠돈다. 몇 등을 한 아무개 합격자는 뇌물을 준 결과라더라, 몇 등을 한 아무개는 문장이 서툴기로 유명한 사람이다, 몇 등은 품행이 좋지 않은 남자라더라, 이러쿵저러쿵 비난의 소리가 일어나기 쉽다. 그러면 다른 견해를 가진 측에서는, 아니 제일 처음의 경우는 조상 대대로 음덕을 쌓은 집안이란다, 두 번째 경우는 효성스러운 남자다, 세 번째 경우는 남몰래 착실히 선행을 베푼 남자다 등과 같이 말하면서 변호하는 사람도 나타난다.

어떤 생원이 향시에서 낙제하자 그에 대한 화풀이로 시험관이 눈뜬 장님이라며 끊임없이 욕하고 다녔다. 그 말을 옆에서 듣고 있던 도사가 말했다.

"어째 그게 아닌 듯싶습니다. 아마 당신의 문장이 별로였던 게지요."

그러자 생원이 화가 나서 덤벼들었다.

"이 빌어먹을 도사 놈아. 네 놈이 문장을 알기나 하느냐?"

도사는 침착하게 반박했다.

"모름지기 문장이란 평정한 마음으로 써야 하는 것인데, 당신처럼 화를 잘 내서야 좋은 문장을 쓸 수 있겠소?"

그 말에 생원은 말문이 막혀 한풀 꺾인 기색으로 그럼 어떻게 하면 좋은 문장을 쓸 수 있을지 물었다. 그러자 도사가 말했다.

"모든 것은 천명에 달렸습니다. 천명이 들어맞으면 문장이 나빠도 급제합니다. 하지만 만약 천명이 들어맞지 않으면 문장이 아무리 훌륭해도 낙제하고 맙니다. 천명이란 사실 전부 스스로 만드는 것입니다. 일단 먼저 공덕을 쌓고 난 뒤 조용히 천명을 기다리십시오."

"공덕을 쌓으라고 하지만 나처럼 가난한 사람은 공덕을 쌓을 능력이 전혀 없는데 그건 어찌 해야 합니까?"

"아니, 공덕을 쌓는다는 것은 돈을 내놓는 것만이 아닙니다. 모든 것은 마음가짐에 달려 있습니다. 항상 바른 마음가짐을 갖고 있으면 그것이 제일 좋은 공덕입니다. 이와 반대로 본인 마음대로 되지 않는다고 화를 내는 것은 가장 해서는 안 될 일입니다."

도사가 이렇게 간곡히 타이르자 생원은 크게 반성하고 자신의 마음가짐을 새로이 다잡았다. 그러자 과연 다음 번 시험에서는 낮은 성적이기는 하지만 합격할 수 있었다고 한다.

이런 도교 사상은 지나치게 현실을 긍정한 나머지 불만이 생겨날 여지가 없고, 이 때문에 그로부터 혁신 사상도 생겨나기 어렵다. 그러나 철저한 현실 긍정도 이 정도의 수준이라면, 또 그 가운데서 배울 점이 없지도 않다. 조정 내 정치적 관점에서 과거에 대해서는 그 특유의 엄격한 처벌이 정해져 있어 관리의 배임죄나 수험생의 부정에는 일반적인 형벌 이상으로 엄중한 처벌을 내리도록 규정하고 있다. 그와 마찬가지로 도교의 도덕률에도 과거에 관해서는 그 특유의 적용법이 있어 학문의 길에 대해 특히 엄격함을 요구한다. 과거에 응시하려 하는 사람은 대개 유한계급의 자제다. 그들은 돈도 있고 시간적 여유도 있기 때문에 곧잘 음탕함에 빠지기 쉽다. 따라서 특히 음란한 생활을 엄하게 경계한다. 그 다음으로 경계하는 점은 돈을 가지고 위세를 부려 가난한 사람들을 괴롭히는 것이다. 한편 여자의 정조를 지켜주거나 가난한 사람의 어려운 형편을 도와주는 일은 더없는 공덕으로서 장려하고 과거 급제라는 상을 아낌없이 준다. 이러한 사상을 뒤집어보면 인류는 본래 대등한 존재로 평등하게 평화로운 생활을 영위할 권리가 있지만, 다만 빈부의 격차로 인해 위에 선 사람과 아래에 놓인 사람으로 나뉠 뿐이다. 그러므로 위에 선 사람은 결코 힘을 앞세워 아래에 놓인 사람의 생활을 위협해서는 안 된다는 것이다. 이는 매우 진보적인 사상이라 해도 좋을 것이다.

도교는 원래 지극히 평민적인 종교다. 선한 것을 좋다고 하고 못된 것을 나쁘다고 하며, 갖고 싶은 것은 솔직하게 그 욕심나는 마음을 인정함으로써 부끄러워하며 숨기거나 까다로운 이치를 늘어놓지 않는다. 여기에는 매우 소박한 윤리관이 담겨 있으며, 그 점이 강력하게 민중의 마음속을 파고들었다. 이러한 힘을 갖고 있었기 때문에 도교는 단순히 하층민만이 아니라 상류 지식계급에게도 받아들여져 그들의 과거관科擧觀에도 깊은 영향을 끼쳤다고 할 수 있다.

조고朝考

과거시의 연장선

전시는 좁은 궁중에서 치러지고 게다가 하루로 끝나는 시험이기 때문에 그 성적 평가는 그다지 믿을 만하지 못하다는 비난이 예전부터 있었다. 원래 시험은 운에 좌우되는 경향이 있지만, 특히 전시는 그 정도가 심했다. 이는 모두 천자의 이기심에서 비롯되었다. 즉 모든 결정을 천자 자신이 해야만 성에 차고 시험도 관리에게만 맡겨 두지 못하고 직접 본인의 손으로 해야 마음이 놓이는 군주독재 권력 행사의 한 단면이다. 이에 비하면 앞서 치러지는 회시 쪽이 그나마 낫다. 회시는 3회에 걸쳐 실시하여 그 평균을 내고, 각각의 시험에 충분한 시간을 주었기 때문이다. 그래서 예로부터 다음과 같은 속담이 있다. "회시 1등은 천하제일의 문재이고, 전시 1등은 천하제일의 복을 가진 자다.(會元天下才, 殿元天下福)" 이렇듯 전시 성적이 요행수로 얻어진 측면이 있다지만, 전시가 가장 마지막에 치러지는 시험이다 보니 평생을 따라다니며 그 등수가 계속해서 힘을 발휘하게 된다.

명 대 이후부터 제1갑 3등까지는 합격자 발표 뒤에 곧바로 관직이 내려졌다. 1등 장원은 한림원 수찬翰林院修撰, 2등 방안과 3등 탐화는 한림원 편수翰林院編修로 임명되는 것이 관례다. 한림원은 보통 영어로 'academy'로 번역되지만, 실제로는 천자 직속의 비서실에 해당한다. 이곳은 서적을 편찬하거나 조칙의 초안을 작성하는 기관인데, 수찬이나 편수는 이곳에서 근무하는 서기였으며 간혹 용무에 따라서는 지방에 사자로 파견되는 심부름꾼의 임무도 맡았다. 한림원은 이 같은 신진 관료의 공급원이기도 했다.

전시와 회시를 비교했을 때 회시 성적이 그나마 믿을 만하다고는 하지만, 천자가 몸소 주관하는 전시를 치른 이상 전시 성적을 무시하고 회시 성적을 끄집어내 그것으로써 새로운 진사들의 임관 표준으로 삼을 수는 없었다. 그래서 청조의 옹정제는 전시를 치른 뒤에 다시 또 하나의 시험을 추가했다. 마치 지붕 위에 또 지붕을 얹는 격이지만, 이를 통해 다소나마 전시의 불합리한 점을 시정하고자 했다.

4월 28일쯤 전시의 재시험 같은 형태로 조고朝考라는 시험이 실시된다. 장소는 전시가 치러졌던 보화전이고, 시험 방식도 거의 전시에 준하지만 조고를 주관하는 기관은 한림원이다. 한림원은 문재가 뛰어난 사람들의 보고寶庫라 일컬어졌으며 유능한 인재들을 모아 공부나 실무 수습 과정을 거치게 한 다음 필요할 때마다 중앙관청이나 지방 요직에 임명하여 실제 정치를 맡겼기 때문에, 이른바 고급 관료 예비군이 모여 있는 기관이었다. 새로 진사가 된 사람이 일단 시골의 지현知縣 등으로 부임하게 되면 관리로서 치적을 쌓아야만 관위를 높일 수 있었다. 그러나 사실상 그것은 상당히 어려운 일이라 어떻게든 한림원에 남아 있다가 기회를 봐서 조금 더 비중이 있는 직위에 오르는 것이 관계官界의 처세로 보자면 훨씬 이득이었다. 그래서 누구나 한림원에 남기를 바랐다. 한림원에는 이렇게 항상 수백 명의 고관 후보자가 잔뜩 모여 있었다. 전시 제1갑 3등까지는 당연히 이 가운데 들어가지만, 그 외에 누가 채용이 될지는 조고 성적에 따라 정해진다. 조고는 이른바 한림원에 잔류시킬 사람을 정하는 시험이며, 그런 까닭에 한림원 관리가 책임자가 되어 실시한다. 조고는 일종의 취직 시험이라는 성격을 갖고 있으며, 낙제자를 탈락시키는 데 목적이 있지 않았다.

조고의 출제는 시대에 따라 다르지만 대개 논論·조詔·시詩·소疏의 네 항목에서 나온다. 논은 논문, 조는 조칙의 원안, 소는 상주문이다. 수험자가 이 모든 항목에 반드시 답을 써야 할 의무는 없다. 자기가 가장 자신 있는 항목에 대해 생각나는 대로 쓰면 된다. 다만 동일한 문항, 예를 들어 시에 대해서만 여러 수를 적는 것은 금지되어 있다. 이는 심사원과 수험자 간에 시 몇 수를 적어 낸 답안은 누구누구의 답안지라는 식의 사전 모의 가능성을 막기 위해서다.

답안의 심사 성적은 1, 2, 3등급으로 나누어서 천자에게 상주하고, 5월 10일 이전에 발표한다. 1등급을 차지한 사람은 한림원의 수습 관리인 서길사庶吉士라는 관직에 임명되어 다시 3년간 면학을 계속할 수 있다. 이에 비해 2등급은 중앙정부의 하급 관료로, 3등급은 지방의 지현 등으로 임용된다.

한림원의 서길사는 3년 뒤에 졸업 시험이라 할 수 있는 산관고시散館考試를 치르는데, 이 시험은 다음 번 전시가 치러지기 직전에 보화전에서 거행된다. 시험은 시詩와 부賦에 관한 문제가 출제되며, 여기서 1등급으로 합격한 사람은 그대로 한림원 본관本官인 편수編修 혹은 검토檢討로 임명되고, 2등급은 중앙정부의 관료로, 3등급은 지방의 지현 등으로 임용된다.

그런데 한림원 잔류 시험이라 할 수 있는 조고에서조차 시험 심사원과 수험생 사이에 은밀히 내통하는 폐해가 있다는 사실이 자주 지적되었다. 건륭 연간(1736~1795)에 다음과 같은 일이 있었다. 성적이 발표된 뒤 다시 한번 답안을 조사해보니 엄본釅本이라는 자의 답안 첫 부분에 '엄釅'이라는 글자와 '본本'이라는 글자가 포함되어 있고, 왕세유王世維라는 자의 답안에는 '유황維皇'이라는 글자가 사용되었으며, 포지종鮑之鐘이라는 자의 답안에는 일부러 '포鮑'라는 글자의 우변에 해당하는 '包포' 자를 사용했음이 드러났다. 더욱이 이때 심사원들의 채점 결과가 엄본 1등, 왕세유 2등, 포지종 3등이었다는 점을 종합해보면 이 답안들의 글자는 단순한 우연으로 쓰였던 것 같지는 않다. 시험에 얽힌 부정행위는 과거시의 연장선인 조고에까지 이어진 듯하다.

무과거武科擧

과거의 별과別科

중국 정치의 원칙에 따르면 문文과 무武는 수레의 양 바퀴와도 같은 것으로 어느 한쪽이라도 무시하면 정치가 제대로 굴러가지 못한다고 여겼다. 따라서 과거도 실제로는 문과거文科擧와 무과거武科擧의 두 종류로 나뉘어 있었다. 그러나 그 비중은 두말할 필요도 없이 문과거 쪽이 더 크고 존중되었으며, 단순히 과거라고 할 경우에는 문과거를 가리켰다. 이 책에서 지금까지 서술한 내용도 정확하게 말하면 문과거에 한정되는데, 이와는 별도로 무과거, 줄여서 무과武科 혹은 무거武擧라는 시험이 존재했다. 하지만 정부나 세간에서 무과거에 대한 관심은 지극히 낮았고, 그 합격자에 대한 예우나 합격한 뒤의 대우도 거의 주목할 만한 점이 없는 수준이었다. 그러나 제도로서 이런 시험이 존재했다는 사실을 완전히 간과해버리면 한쪽으로 치우친 이해에 그치게 되므로 문과거 자체에 대해서도 충분히 이해하지 못하는 결과를 초래한다.

무과거는 문과거와 완전히 동일한 단계를 거친다. 즉, 동시童試의 세 단계인 무현시武縣試·무부시武府試·무원시武院試를 치러서 합격하면 무생원武生員이 된다. 무생원이 되면 무향시武鄕試에 응시할 수 있는 자격을 얻고, 무향시를 통과하면 무거인武擧人이 된다. 무거인이 무회시武會試를 통과하면 무공생武貢生, 그리고 다시 무전시武殿試에 급제하면 무진사武進士가 되는 것이다. 다만 문과거에는 그 중간에 각종 복시覆試라 일컫는 재시험이 있지만 무과거에는 그러한 시험이 없었다.

무생원이 되기를 희망하는 젊은이, 이른바 무동생武童生은 우선 지현이 실시하는 무현시에 응시한다. 여기서도 세 번의 시험이 치러지는데 첫 번째 시험은 연병장에서 치르는 기사騎射 시험으로, 말 위에서 세 발의 화살을 쏘아 약 1.6m 높이의 사람 모양을 한 과녁을 맞혀야 한다. 세 발 모두 명중하면 쌍호雙好라고 칭하며 만점인 우優, 두 발을 맞히면 단호單好라고 해서 양良, 한 발만 맞히면 합식合式이라고 해서 가佳 성적을 매긴다. 이상의 성적을 받아야 합격으로 처리되어 계속해서 다음 시험에 응시하는 것이 허용되는데, 만약 한 발도 맞히지 못하거나 낙마와 같은 실수를 하면 불합격 처리되어 이후의 시험은 볼 수 없다.

두 번째 시험은 현청의 안뜰에서 실시되며 이때는 보사步射와 기용技勇을 시험한다. 보사는 다섯 발의 화살로 50보 떨어진 곳에서 원형의 과녁을 맞히는 시험이다. 네 발 이상 맞히면 쌍호로 우, 두 발 또는 세 발은 단호로 양, 한 발만 맞혔다면 합식인 가로 채점한다. 이상의 성적이라야 합격이며 한 발도 맞히지 못하면 실격된다. 기용은 개궁開弓, 무도舞刀,

철석撥石의 세 과목으로 나뉜다. 개궁은 단단한 활을 만월滿月처럼 둥글게 휘도록 잡아당기는 시험으로, 궁력의 강도를 무게로 나타내어 120근, 100근, 80근으로 구분했다. 중국에서 1근은 600g에 해당한다. 120근의 활을 잡아당기면 우, 100근이 양, 80근은 가로 배점한다.

무도는 3m 정도 길이의 청룡도靑龍刀, 즉 언월도偃月刀를 다루는 시험이다. 우선 칼을 손에 쥐고 얼굴 앞에서 머리 위로 번쩍 쳐들었다가 등 뒤로 돌려 앞으로 받는다. 그런 다음 손에 쥔 칼을 풍차처럼 휘두르는데, 이 동작을 하는 동안 한 번이라도 칼이 땅에 닿아서는 안 된다. 성적은 칼 무게에 따라 정해지며 120근이 우, 100근이 양, 80근이 가이다.

철석이란 무거운 돌을 들어 올리는 시험으로, 300근, 250근, 200근 무게의 돌을 땅에서부터 적어도 1척(대략 30cm) 이상 높이로 들어 올려야 하며, 그 무게에 따라 성적에 차등을 둔다. 300근이 우, 250근이 양, 200근이 가다. 지금까지 설명한 첫 번째와 두 번째 시험은 모두 바깥에서 치러지기 때문에 외장外場이라 칭하고, 합격 여부는 시험을 치른 그 자리에서 결정난다.

마지막 세 번째 시험은 현청 건물 안에서 치러지기 때문에 내장內場이라 부른다. 이는 학과 시험으로서 무경武經을 암기하여 그 가운데 지정된 부분의 약 100글자를 청서하면 끝이다. 무경이란 전술서戰術書로서 예로부터 무경칠서武經七書『손자孫子』,『오자吳子』,『사마법司馬法』,『위료자尉繚子』,『삼략三略』,『육도六韜』,『이위공문대李衛公問對』라 일컬어지는 7종의 고전이 있는데, 시험에 사용되는 경서는 그중에서 『손자孫子』·『오자吳子』·『사마법司馬法』의 세 종류다.

그러나 무예를 닦는 무동생에게 이러한 학과 시험이란 골칫거리였으

므로 대부분 휴대용 소책자 같은 것을 시험장에 몰래 갖고 들어가 부정
행위를 했다. 시험관으로서도 무동생의 합격 여부는 이미 외장의 성적으
로 결정되었기 때문에 대개는 부정행위를 보고도 못 본 척 눈감아주고
적발하지 않았다고 한다. 책을 훔쳐보면서라도 제대로 베껴 쓰면 그나마
다행이지만 때로는 너무나 어이없이 잘못 베껴 쓰기도 한다. '一旦일단'이
라는 두 글자를 줄여서 '旦선'이라고 쓴다든지, '丕비'라는 한 글자를 '不一
불일'이라는 두 글자로 따로 쓰는 바람에 비웃음을 사는 일도 있었다. 이
는 글의 의미를 전혀 이해하지 못한 채 베껴 쓰는 데만 급급했기 때문에
일어난 실수다. 그러나 어차피 군인이 되기를 지원한 까막눈이의 실수라
여겨서 크게 문제 삼지 않고 못 본 척했다.

무현시에 합격한 사람은 다음의 무부시에 응시한다. 시험 방식은 현
시와 완전히 동일하지만, 다만 채점 기준이 이때부터 조금씩 높아진다.

무부시에 합격한 사람은 다음에 학정이 실시하는 무원시에 응시한
다. 각 성의 학정이 관할 내의 부府를 순회하면서 세시歲試를 실시할 때
무원시가 거행된다. 이 시험의 방법도 앞의 시험들과 동일한데, 단지 합
격자 수가 제한되어 있기 때문에 성적이 좋은 사람부터 순서대로 합격을
결정한다. 합격자는 현의 무학武學에 배속되며, 그들을 무생원武生員 또는
무생武生이라 부른다. 무생원의 자격은 문생원과 동일하고 무생원인 이상
학정이 3년에 한 번 실시하는 세시를 치러야 하는 것도 문생원과 같다.
3회 연속으로 결시를 하면 무생원의 지위를 박탈당한다. 무생원의 대부
분은 다음 단계인 무향시에 응시한다.

무향시는 문향시가 치러지는 해, 즉 자子·묘卯·오午·유酉의 해에 각 성

의 성도에서 10월 초에 거행된다. 무향시의 책임자는 성의 총독 혹은 순무인데 이들은 문관이기 때문에 무관인 제독提督이나 총병總兵 가운데 한 사람이 동고관으로 임명되어 시험에 입회하도록 되어 있다.

시험 과목은 기사육시騎射六矢 말을 타고 여섯 발의 화살을 쏘는 것, 보사육시步射六矢 50 보 떨어진 과녁에 여섯 발의 화살을 맞히는 것, 개궁, 무도, 철석 외에 지구地球라는 과목이 있다. 지구란 높은 곳에 올려놓은 둥근 공을 말 위에서 활을 쏘아 맞춰 떨어뜨리는 것이다. 이 공은 정중앙을 맞혀야만 떨어지기 때문에, 이를 통해 조준의 정확도를 시험한다. 다만 지구 시험의 결과로 낙제를 당하는 일은 없고, 합격 여부는 그 외 과목의 종합 점수로 결정된다.

마지막으로 무경을 청서해야 하지만 이 역시 합격 여부와는 관계가 없다. 단지 성적 순위에만 영향을 미칠 뿐이다. 향시의 경우에도 합격자 수에 제한이 있기 때문에 일률적으로 말할 수는 없지만, 대개 실질적인 합격 성적은 기사의 경우 5발 이상 명중, 보사도 5발 이상 명중, 개궁 120근, 무도 120근, 철석 300근이 보통이었다고 한다.

무향시에 합격하면 무거인의 직함이 내려지고 그것만으로도 하급 무관에 임용될 수 있다. 하지만 대부분의 무거인은 다음 단계인 무회시에 응시했다. 무회시는 문회시와 같은 해, 즉 축丑·진辰·미未·술戌의 해에 북경에서 거행되는데, 시험이 치러지는 달은 3월이 아니라 9월로 관례화되어 있다.

9월 5, 6, 7일의 사흘간에 걸쳐 첫 번째 시험인 기사가 실시된다. 이는 무술의 성격상 한 사람씩 순서대로 보기 때문에 사흘이라는 시간이 요구된 것이다. 그러나 응시자 전원을 한 장소에 모아 놓고 실시하는 문

회시처럼 무거인들을 시험장 안에 구속한 상태로 치르지는 않았다. 다음으로 8, 9, 10일의 사흘간에 걸쳐 보사와 기용 시험을 치르고, 이상의 성적을 바탕으로 대체적인 합격 여부를 결정하여 11일에 그 결과를 발표한다. 대략 합격의 기준은 모든 시험에서 우·양 이상의 점수를 획득한 사람 100명 가운데 22명을 합격시킨다. 그 뒤 14일에 다시 세 번째 시험을 시행한다. 이때 시험은 북경 공원 안에서 거행되는데, 우선 개궁, 즉 활을 당기는 실력을 시험하여 이전의 성적과 다르지 않은지를 확인하고, 다음으로 무경 가운데 한 부분을 청서시킨다. 이 시험 역시 합격 여부와는 관계없지만, 다만 이때의 성적을 이전 성적과 함께 종합하여 평균을 낸 다음 합격자 명부를 작성하고 천자에게 올려 결재를 청한다. 합격자 수는 일정하지 않지만 대략 100명 전후가 일반적이다.

9월 말에는 무전시가 거행된다. 첫 번째 시험 장소는 궁중의 태화전으로, 전각 안에서 무경 가운데 한 부분을 청서시킨다. 이어서 10월 3일에 두 번째 시험이 자광각紫光閣에서 치러진다. 자광각은 황거皇居의 서쪽에 펼쳐진 서원西苑이라는 풍광이 수려한 외원外苑 가운데에 있는데, 이곳에는 명 대부터 천자 직속의 연병장이라 부를 만한 광장이 있었다. 그 가운데 세워진 자광각은 군사박물관이라 일컬을 수 있을 정도로 청조가 신강성을 평정했을 때의 노획품과 전쟁화 등이 진열되어 있는 곳이다. 시험 때는 천자가 몸소 이 전각에 올라 아래 광장에서 펼쳐지는 무술을 관람하는 것이 관례였다. 시험 과목은 이전과 다름없이 여전히 기사와 보사로서 수험자 간에 승부를 겨루는 어전御前 시합 같은 것은 없었다. 응시자는 각기 기사 3발, 보사 2발을 시험 보게 되는데, 실패해도 낙제되는

무전시 자광각에서 열린 무전시로, 달리는 말 위에서 활을 쏘는 시험(기사)을 치르는 모습이다.

일은 없다.

이튿날 4일에는 기용 시험이 치러진다. 이때도 역시 천자 앞에서 개궁, 무도, 철석을 시험한다. 만일 이때 성적이 회시 성적과 일치하지 않더라도 곧바로 낙제를 시키지는 않고, 다만 벌로써 3년 뒤 같은 시험을 다시 치르게 하는 정도로 끝난다. 시험관은 당일로 종합 성적에 따라 순위를 매기고 합격자 명부를 작성하여 천자에게 바친다. 그리고 천자의 승인을 거쳐 다음 날 문진사의 경우와 마찬가지로 전려의 의식을 태화전에서 거행한다. 제1갑 3명까지는 무진사급제武進士及第, 제2갑 약간 명에게 무진사출신武進士出身, 나머지 제3갑 전원에게 동무진사출신同武進士出身이라는 직함을 하사한다.

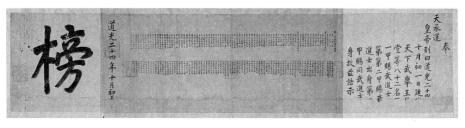

무전시의 금방 1844년(도광道光 24년)에 치러진 무전시의 합격자 명단이다.

　무진사들은 그 성적에 따라 각각 무직武職에 임명되지만, 세간에서도 또 군대 내에서도 그다지 중시되지 않았다. 정치와 달리 시험에 운 좋게 급제를 했다고 해서 그것으로 전쟁에 실질적인 도움이 되지는 않기 때문이다. 문진사는 이래저래 비난을 받으면서도 그 가운데 유명한 정치가나 학자가 다수 배출되었지만, 무진사로서 실제로 전공을 세운 사람은 거의 없다.

　군대에서 세력을 장악하는 길은 누가 뭐래도 병졸부터 시작하여 갖은 고초를 겪고 실전에서 공을 세워 장군에 오르는 것이다. 군대라는 곳은 일종의 특별한 사회로, 처음부터 그곳에서 고생을 하면서 경험을 쌓지 않으면 병졸들의 심리도 이해할 수 없고 군대의 진퇴나 임기응변의 기술도 얻을 수 없다. 정작 위험이 닥칠 때 군대에서 가장 의지가 되는 사람은 병졸 출신의 장군이다. 병졸들로부터 신뢰를 받지 못하면 어떤 부대장이라도 자신의 소신껏 전쟁을 치를 수 없다. 결국 무진사는 후방 내지의 평온한 장소에서 부대장으로 근무하면서 정년까지 평범하고 무사하게 지내면 되는 자리다. 그러니 세상 사람들이 조금도 떠받들어주지 않는 것도 당연하다.

제과 制科

과거보다 수준이 높은 시험제도

과거는 밑에서부터 한 단계씩 정해진 순서에 따라 수많은 시험을 통과해 나가야 하는 제도로서 위로 올라가면 올라갈수록 수준이 높아진다고 한다. 그러나 출제 범위나 채점 방식이 대체로 정해져 있기 때문에 어떤 때는 매우 특별한 재능을 지닌 사람이 오히려 떨어질 위험성도 있다. 또, 그런 특별한 재능을 가진 사람일수록 과거와 같은 시험제도를 경멸하여 보이콧할 수도 있다. 이 같은 과거의 약점은 예전부터 지적되었다. 이 때문에 역대 정부는 과거와 병행하되 일반적 과거 시험의 그물로는 건져낼 수 없는 대어를 다른 시험을 통해 얻고자 시도했다. 그것이 제과制科, 즉 천자의 조칙(詔)를 통해 부정기적으로 실시하는 시험이다.

제과는 과거가 시작된 수 대隋代부터 이미 존재했으며 당송 시대에도 이따금씩 실시되었다. 한마디로 제과라고 일컫기는 하지만 그 목적에 따라 여러 가지 이름이 붙는다. 예를 들어 사회적으로 엽관獵官이 너무 심해져서 교육으로는 풍습을 교화하기 힘들다고 판단되면 속세의 명리名利에 욕심이 없고 집착하지 않는 은둔 명사를 찾아 표창하고자 했는데, 이때는 고도유은과高蹈幽隱科라든가 산림은일과山林隱逸科라는 이름의 제과를 실시한다. 천자가 관리들에게 산속에 숨어 선인처럼 생활하고 있는 은자隱者를 추천하라고 명하면, 그에 따라 추천된 사람을 궁중으로 불러들여 간단한 시험을 거친 뒤 우대하면서 이들과 같은 사람을 본받도록 전국에 선전하는 것이다. 그러나 진정한 은자라면 천자의 부름을 받았다고 해서 순순히 나서는 것 자체가 이상한 일이다. 설령 천자의 명령이나 대신의 추천이 있다고 해도, 이를 전혀 거들떠보지 않고 거절하는 사람이야말로 진정한 은자이다. 그래서 세상 사람들은 이런 제과를 비난하면서 '주마부산림은일과走馬赴山林隱逸科'라고 불렀다. 이때를 기다렸다는 듯이 말을 달려 산림은일과에 응시하려는 사람이 있는데 제과에는 바로 그런 사람들만 모여들었음을 풍자한 말이다.

산림에 은거하고 있던 사람을 얻으려 한 제과는 비현실적이었지만 박학홍사博學鴻詞, 즉 뛰어난 대학자를 구하는 제과라면 다소 명목이 섰다. 이런 종류의 제과는 청조 초기에 가끔 시행되었다. 청조는 만주에서 흥기한 이민족이 중국을 평정하고 세운 왕조였기 때문에 중국인들 사이에서는 청조에 대한 적개심이 좀처럼 없어지지 않았다. 특히 명 대 후기에 태어나서 이미 어느 정도 학문을 닦았으나 명말청초의 전란기를 거치면서 과거를 볼 기회를 잃은 사람들은 천하가 태평해진 다음에는 나이도 어지간히 들은 데다 이제 와서 젊은 사람들과 어깨를 나란히 하고 과거에 응시하는 것이 바보 같은 일이라 생각했다. 딱히 청조에 강한 반감을 갖고 있지는 않았지만 시기를 놓쳤기 때문에 그대로 재야에서 공부를 계속하는 노학자가 적지 않았다. 청조로서는 그런 중립적 입장의 노학자들을 끌어들여 아군으로 만드는 것이 중국을 통치하는 데 가장 효과적일 수 있었다. 그래서 1678년 청조가 북경에 입성한 지 35년째 되는 해에 강희제는 최초로 박학홍사과를 열어 중앙과 지방의 대관들에게 대학자를 추천하도록 명했다. 물론 현임 관리를 추천해도 상관없었지만 원래 목적은 명 대의 옛 신하를 발굴하는 데 있었다. 한 사람이라도 좋으니 그런 거물급 인사가 조정에 나와주기라도 한다면 그 선전 효과는 실로 막대했기 때문이다.

　당시 청조는 남방에서 오삼계吳三桂의 반란 삼번의 난을 가리킨다. 1673년 삼번三藩 중에서 가장 세력이 강한 오삼계가 반란을 일으키자, 이어서 경정충耿精忠, 상지신尙之信이 이에 호응하여 청에 반기를 들었다. 1681년 청조에 의해 평정되었다.이 일어나 전시 상황에 처해 있었다. 그럼에도 불구하고 조칙에 응해 추천을 받은 노학자는 속속 북경으로 모여들어 그 수가 143명에 달했다. 그래서 이듬해 3월 1일 강희제는 예부와 한림원에 명을 내려 시험 준비를 시키고 궁중 체인각體仁閣에서 연회를 베푼 다음, 시와 부 문제를 출제하여 시험을 시행했다. 그리고 그들 가운데서 1등급 20명, 2등급 30명을 급제로 결정하고 각각 한림원의 관리로 임명하여 명 대의 역사를 편찬하도록 명했다.

　이때 급제한 사람 가운데 대표적인 인물이 주이존朱彝尊인데 일반적으로 이름보다는 오히려 아호인 죽타竹垞로 통하는 인물이다. 예로부터 학문과 문장은 양립하기 어렵다고들 하는데, 주죽타는 경학에 조예가 깊어

뛰어난 저서를 여러 권 저술했을 뿐만 아니라 문장가로서도 시인으로서도 청조에서 손꼽히는 대가다. 주죽타는 명 말에 태어나 16세가 되던 해에 명조가 멸망했으므로 이른바 전란을 몸소 체험한 전중파戰中派의 한 사람이었다. 그는 매우 가난한 가정환경 아래 전란이 끊이지 않는 시기를 살았기 때문에 과거를 볼 시기를 어쩔 수 없이 놓쳐버리고 말았다. 따라서 나이 쉰에 정복 왕조의 천자로부터 특별한 초청을 받아 그것에 응하는 것이 딱히 떳떳하지 못한 일은 아니었다.

그러나 그보다도 약간 나이가 많은 사람의 경우라면 사정이 달라진다. 이미 청조에 무릎을 꿇고 학교의 생원이나 관리가 되어버린 사람은 제외하고, 포의布衣, 즉 일개 평민에 지나지 않던 사람이 박학홍사과에 추천받았을 때는 거취를 정하는 데 상당히 망설였을 것이 틀림없다. 그대로 명나라의 유민으로서 시골에 파묻혀 일생을 보내는 대신 끝까지 이민족 왕조를 섬기지 않았다는 청명淸名의 평가를 후세에 얻을 것인지, 혹은 이미 형세가 이렇게 확실히 정해진 이상 청조의 부름에 응하여 적당한 사회적 지위를 얻어서 자신의 면학에도 도움을 받고 자손을 위해서도 발판을 마련해 둘 것인지, 이것저것 생각하면서 고민했을 게 틀림없다.

주죽타보다 열 살 연상인 왕선산王船山(왕부지王夫之), 그보다 더 연장자인 고염무顧炎武와 황종희黃宗羲 등은 이미 나이도 예순을 넘겼고, 처음부터 반청조反淸朝의 태도를 견지했다. 따라서 설령 추천을 받았다고 해도 그들은 응하지 않았을 것이다. 부산傅山이라는 일흔 남짓의 노학자는 지방관의 강제 추천을 받았지만 여러 차례 사퇴를 반복했다. 그럼에도 사의가 받아들여지지 않자 하는 수 없이 자신의 아들을 마부로 삼아 당나귀가 끄는 수레를 타고 북경 초입까지 갔다. 그러나 그곳에서 다 쓰러져가는 절 안에 묵으면서 병이 났다고 핑계를 대며 더 이상 꼼짝도 하지 않았다. 조정의 대관들이 그 소식을 듣고 찾아와 입을 모아 회유했지만 끝까지 병을 핑계로 버티는 바람에 천자도 결국 그의 귀향을 허락했다고 한다.

그런데 이 시험은 그 뒤 아둔한 시험관 때문에 불공평한 심사가 이루어졌다는 등, 여러모로 뒷맛이 개운하지 않은 평판이 나돌았다. 그래서 강희제는 당시 선발에서 누락된 사람 가운데 성적이 우수한 몇 명을 골라 관직을 주라고 지시했다. 그렇게 선발된 이들 중에 손지울孫枝蔚이라는 노학자가 들어 있었다. 인사를 담당하는 이부 관리가 선정된 몇 사람을 불러내 인물 점검을 했는데 손지울의 머리카락이 완전히 백발인 것을 보고 나이가 너무 많다고 지적했다. 그러자 손지울도 울컥해서 말했다.

"이번 시험에서 저는 처음부터 이미 나이가 너무 많아 힘들다고 완강히 거절했건만, 그때 관리가 제게 아직 젊다면서 무리하게 억지로 여기까지 끌고 왔습니다. 지금도 저는 다 늙어서 관직에 오르는 건 딱 질색이라고 말씀 드리려던 참인데, 당신도 제 나이가 너무 많다고 하시는군요. 정말 옳으신 말씀입니다."

그러자 모든 사람들이 와하고 웃음을 터뜨리며 그의 바람대로 귀향을 허락해주었다. 어딜 가든 공무원이란 다 이런가 보다.

강희제의 다음 황제인 옹정제도 말년에 박학홍사과를 실시하도록 명령을 내렸는데, 그것이 그의 아들인 건륭제가 등극하고 이듬해(1736)에 마침내 실시되었다. 그러나 이때 모인 176명 가운데 급제시킨 사람은 겨우 1등급 5명, 2등급 10명에만 그쳤다. 이처럼 제과의 규모가 오히려 축소된 것은 제과 출신자와 과거 출신 관료의 암투로 인한 결과다. 과거를 통해 진사에 오른 사람의 입장에서 보면 자신들은 오랫동안 연속적으로 치러지는 시험을 뚫고 올라와 겨우 진사의 영광을 획득했는데, 제과 출신들은 연습도 없이 불쑥 한 차례 치른 시험에 통과한 것만으로 자신들보다 더 높은 명예를 낚아챘으니, 정말 어처구니없는 일이었다. 사실 강희제 때 제과 출신 한림관들은 기존의 과거 출신 한림관들의 텃세 때문에 시집살이를 당하다가 하나둘씩 도망쳐버렸다. 결국 마지막까지 굴복하지 않고 제과 출신의 체면을 세웠던 사람은 주죽타 한 명이었다고 전해진다. 게다가 제과의 시험 심사원은 한림원 관리가 맡았으므로 건륭제 때 실시된 박학홍사과에서는 일부러 점수를 박하게 매겨 급제자 수를 줄였을 것이다.

건륭 시대 이후 어느 때부터인가 제과가 쇠퇴하면서 시험은 오로지 과거 하나로만 운용되었다. 그러나 시간이 흐름에 따라 예전 기억도 희미해져 과거에 실패한 학자들 사이에서는 강희·건륭 시대를 회고하면서 옛날에는 문화가 융성했고 무엇보다 조정이 학자를 우대하여 제과와 같은 것을 시행함으로써 널리 인재를 등용했다는 이야기가 회자되었다. 그러면서 자신들의 꿈을 투영하여 강희·건륭 시대를 칭송하는 이들이 많아졌다. 청 조정에서도 당시 여론에 밀려 제과를 부활하려는 움직임이 있었지만, 그때마다 과거 출신자들 쪽에서 압력을 가했기 때문에 결국 실행하지는 못하였다.

맺음말

과거에 대한 평가

과거는 유용했나

과거는 장기간에 걸쳐 연속적으로 이루어지는 시험의 축적이다. 이를 위해 정부로서도 적지 않은 비용을 들였으며, 수험자는 그 이상의 정신적 육체적인 고통을 참아내는, 그야말로 피를 말리고 뼈를 깎는 고행을 감수해야 했다. 이 정도의 희생을 치러야 하는 만큼 그에 상응하는 효과가 없으면 수지 타산이 맞지 않는다. 개인의 손익은 논외로 하더라도 도대체 과거는 사회적으로 봤을 때 중국에 어느 정도의 효능이 있었을까? 그러나 이 문제를 논할 때 단순히 한 시기의 현상을 거론하는 것만으로는 해결할 수 없다. 오랜 역사의 흐름 속에서 재검토하여 공정한 관점으로 논해야만 한다.

지금으로부터 1,400여 년 전인 수 대에 처음으로 과거를 실시한 목적은, 이를 통해 전대의 세습적인 귀족정치에 타격을 입히고 천자의 독재 권력을 확립하는 데 있었다. 그 이전의 이른바 육조六朝 시대3세기부터 6세기까지 중국 삼국시대의 오吳·동진東晉 및 남조의 송宋·제齊·양梁·진陳을 모두 합한 시대는 귀족 세력의 황금시대로서 특권 귀족이 판을 치며 중앙과 지방의 관리직을 독점했다. 이 귀족정치는 어떤 면으로는 일본의 후지와라藤原 시대894년 견당사 폐지 이후 헤이안平安 중기·후기를 가리킨다. 천황의 외척인 후지와라 씨 가문이 권력을 독점했다.와 비슷하고, 어떤 면에서는 일본의 봉건시대와도 닮아 있다. 다만 일본의 후지와라 시대는 후지와라 씨 가문이 상층부의 관직을 독점했던 데 반해, 중국의 육조 시대에는 무수한 귀족들이 대략 네 계층 정도로 나뉘어 각각의 격식을 지켰다. 또한 일본의 봉건제도하에서는 아버지가 죽으면 아들이 그대로 아버지의 지위를 계승하는데 비해, 육조 시대의 귀족 자제는 그 초임初任 지위와 마지막에 도달할 수 있는 지위의 한계가 가문에 따라 대체로 정해져 있을 뿐 갑자기 아버지가 죽었을 때 그 아들이 지위를 이어받는 일은 없었다. 이런 점에서 중국의 귀족정치와 일본의 그것은 서로 양상이 달랐다.

그러나 이런 상황에서는 천자의 관리 임용권이 상당히 제한되기 때문에 재능에 따라 인물을 자유롭게 등용하는 일이 불가능하다. 만약 천자가 기존의 관례를 깨는 인사를 단행한다면 귀족 출신의 관료들로부터 심한 반발을 사게 된다. 그래서 수나라의 초대 황제인 문제文帝(재위 : 581~604)는 내란을 평정하는 과정에서 막강한 권세를 이용하여 기존 귀족들이 갖고 있던 특권, 즉 귀족이라는 이유만으로 관리가 될 수 있었던 권리를 단숨에 박탈해버리고 시험제도를 실시하여 그에 급제한 사람에게

만 관리가 될 수 있는 자격을 부여했다. 이 시험을 통해 다수의 관료 예비군을 비축해 두었다가 필요에 따라 중앙과 지방 관리의 결원을 보충하는 제도로 수립한 것이다. 이것이 중국 과거제의 기원이다.

수는 이내 망하고 당唐이 들어섰는데, 당조도 대체로 이러한 정책을 그대로 답습했다. 그런데 당은 난을 평정하여 천하를 얻었기 때문에 건국 초기의 공신들이 새로운 귀족으로 부상하여 그들의 특권적인 지위를 고스란히 자손에게 세습할 수 있기를 희망했다. 이에 대해 천자 쪽에서는 과거를 통해 선발한 진사들을 신하로 삼아 요직에 배치하고 천자의 뜻대로 정치를 펼치려고 노력했다. 여기서 귀족 그룹과 진사 그룹 간에 알력이 발생했는데, 형세는 점차 진사파로 기울어지면서 진사 그룹 쪽에 유리하게 전개되었다. 귀족의 자제라도 단지 아버지 덕에 관직에 오른 사람은 정부나 세간으로부터 존경을 받지 못했다. 따라서 귀족도 출세하고자 할 경우에는 과거의 관문을 통과해야만 했다. 확실히 이는 귀족층의 패배다.

당 중기 현종玄宗(재위 : 712~756) 치세에 재상이 된 31명 가운데 진사는 11명으로 약 3분의 1을 차지하는데 불과했으나, 헌종憲宗(재위 : 805~820) 시대에 이르러서는 25명의 재상 가운데 진사가 15명으로, 약 5분의 3으로 비율이 역전된다. 이러한 형세가 전개되자 가문을 과시하던 기존의 귀족도 가만히 두고 볼 수만 없게 되었다. 재빨리 변신을 꾀한 귀족만이 오랫동안 살아남을 수 있는 것이다. 범양范陽 지역의 노씨盧氏 가문은 이와 같은 시대의 변화에 잘 적응한 예다. 이미 귀족이라는 기반을 갖고 있었으므로 과거에 힘을 쏟고자 마음만 먹으면 얼마든지 유리한 기회를 잡을 수 있었다. 그리하여 실제로 노씨 가문은 당 말기까지 일족 가운데 116명의 진사를 배출했다고 하는데, 이런 예는 다른 곳에서는 찾아볼 수 없다. 이는 귀족이기 때문에 가능했던 대담한 변신이었다.

이에 반해 늘 귀족의 자존심을 내세우면서 과거 시험 따위는 평민이나 보는 것이라며 하찮게 여기고 초연하게 있던 사람들은 결국 후회할 수밖에 없는 때를 맞이했다. 귀족 출신의 명사 가운데 한 사람인 설원초薛元超는 만년에 접어든 뒤 절실하게 느낀 바를 회고했다. 자신은 만회할 수 없는 실책을 세 가지 저질렀는데 아무리 생각해도 한스럽기 그지없다는 것이었다. 그 첫 번째가 과거를 보지 않아서 진사가 되지 못한 일이다. 두 번째는 신분이 낮은 가문에서 아내를 얻은 것, 세 번째는 조정의 문화 사업에서 책임자가 될 수 있는 기회를 놓친 것이다. 두 번째와 세 번째 실책은 첫 번째 실책에 견주면 아마 언급할 가치도 없을 만큼 사소할 것이다.

그러나 사실 대신과 대장군, 그 외 고관의 자식들은 아버지의 후광으로 일종의 낮은 관직에 오를 수 있는 당연한 권리를 갖고 있었기 때문에 특별히 과거에 응시할 필요는 없었다. 과거는 그러한 연줄이 없는 낮은 계급의 사람을 위해 시행되는 것으로 여겨졌다. 따라서 과거 시험에 귀족 자제가 끼어드는 것은 마치 부잣집 학생이 아르바이트를 하려고 기를 쓰는 것처럼 가난한 사람들의 생활 영역을 침범하는 꼴이었다. 이런 사고방식은 송 대까지 존재했으며, 또 그 사고방식에 따라 행동하는 사람도 있었다. 그러나 일반적으로는 이미 당 대부터 귀족도 평민과 비슷한 처지에서 과거를 보는 것이 미풍양속이라고 여겨졌다. 과거가 지닌 평등, 공평이라는 장점이 강조되었던 것이다.

이런 경향이야말로 천자가 가장 바라는 것이었다. 당 대의 천자도 처음에는 귀족정치와는 또 다른 틀로서 관료제도라는 큰 그물을 쳐 놓고 거기에 평민 출신의 관료를 띄엄띄엄 배치해 놓았는데, 그 결과 같은 먹이에 이끌려 이번에는 귀족 자신이 그 그물 안으로 들어온 격이다. 천자로서는 이미 예상했던 바로, 참을성 있게 기다린 보람이 있었다. 당 왕조에서 우선 이 그물을 치는 일을 생각해낸 사람은 아버지를 도와 당조를 창업한 2대 황제 태종太宗(재위 : 626~649)이었다. 태종은 과거를 치른 뒤에 새로운 진사들이 의기양양하게 줄을 지어 퇴청하는 모습을 보고 '천하의 영웅이 모두 내 수중에 들어왔다(天下英雄入吾穀中矣)'고 외쳤다 한다. 그러나 실상 자존심 높은 귀족들을 거의 모두 천자의 휘하에 두는 데는 당나라 일대 300년이라는 오랜 세월이 걸렸다.

당 대는 육조 시대부터 계속된 귀족정치에서 새로운 관료정치로 이행해가는 과도기로 볼 수 있다. 귀족정치에서 관료정치로의 이행은 뭐라 해도 사회의 크나큰 진보다. 그리고 과거는 이 사회적 진보에 크게 공헌했다. 이런 관점에서 보면 그 역사적 의의는 매우 크다. 게다가 이 과거제는 지금으로부터 1,400여 년도 더 거슬러 올라간 때의 일이다. 바로 유럽에서는 봉건적인 기사 제도가 겨우 틀을 잡아가던 시기에 해당한다. 이에 비하면 과거제도는 차원을 달리할 만큼 진보한 제도이며, 당시 세계적으로도 유례를 찾아볼 수 없는 뛰어난 이념을 갖고 있었다고 할 수 있다.

다만 당 대의 과거에는 아직 실질적인 면에서 몇 가지 결점이 발견된

다. 우선 첫째로 그 채용 인원이 너무 적었다는 점이다. 이는 당시 중국
의 문화 보급 범위가 지극히 좁았기 때문에 발생한 필연적인 결과다. 아
직 인쇄술이 실용화되지 못하여 책을 손으로 베껴 써야 했기 때문에 서
적이 매우 희귀한 동시에 고가의 물건이었다. 그래서 학문에 종사할 수
있는 사람은 상당히 제한된 범위에 지나지 않았다.

　당시 관료정치는 막 성립되고 있는 단계라 역사나 경험이 부족했기
때문에 항상 원활하게 운영되었다고는 할 수 없었다. 때로는 관료들 사
이에 격렬한 파벌 싸움이나 정쟁이 전개되었는데 과거 자체가 원인이 되
었다는 사실도 지적되고 있다. 이것이 두 번째 결점이다. 앞에서도 서술
한 바와 같이 과거 시험이 치러지면 그때마다 시험관을 좌주座主라 칭하
고 합격자는 스스로 문생門生이라 칭하며, 우두머리와 하수인의 관계를
맺었다. 또한 같은 시기의 합격자들은 서로를 동년이라 부르면서 상부상
조했는데, 그 결합이 지나치게 강해지면 거기서 파벌이 발생했다. 이때
시험관을 맡게 된 사람은 힘들이지 않고도 많은 하수인을 얻을 수 있으
므로, 그 지위가 또 쟁탈의 대상이 되었다. 이렇게 시험관을 중심으로 무
수한 파벌이 생겨났는데, 만약 진사와 입장이 전혀 다른 세력이 출현하
면 진사들은 대동단결하여 이에 대항하려 했다. 실제로 이런 당파 싸움
이 일어나서 40년의 긴 세월 동안 정권 쟁탈을 반복했다. 진사들의 당파
가 천하를 손에 넣으면 비非진사 당파는 모조리 중앙에서 퇴출되었고, 비
진사 당파가 천하를 얻으면 이번에는 진사 당파가 전부 중앙에서 쫓겨났
다. 그렇게 하기를 수차례 반복하면서 그때마다 내치와 외교의 기존 방
침을 완전히 뒤집어엎어버렸는데, 이는 결국 중앙정부의 위엄을 훼손했

을 뿐이다. 마침내 당시의 천자 문종文宗(재위 : 826~840)이 외부의 도적을 정벌하는 것은 아무것도 아니지만 조정 내의 파벌을 없애는 것은 불가능 하다며 탄식했다고 한다.

송 대 이후에는 이상의 두 가지 폐해에 관해서만은 완전히 일신했다고 말해도 좋을 정도로 개혁이 이루어졌다. 첫째로 과거 급제자의 수가 송 대 들어 급격히 늘어났다. 이는 과거에 응시하는 사람도 많아졌음을 말해준다. 중국 사회는 당 대에서 송 대로 바뀌는 동안 비약적인 발전을 이루어 구태를 완전히 벗어버렸는데, 그 근저에 있던 것은 무엇보다 생 산력의 발전, 그리고 그에 따른 부의 축적이다. 마치 유럽의 근세 초기 부르주아와 같은 계급이 중국에서는 이미 송 대에 성립한 것이다.

이 신흥 부민富民 계급이 앞다퉈 학문에 뜻을 둠에 따라 그들을 고객 으로 하는 출판업이 크게 융성하였다. 불교, 유교 경전은 물론이고 같은 시대 사람의 문집, 어록, 시사평론까지 출판되었고, 정부에서도 관보를 인쇄하여 배포했다. 이른바 매스커뮤니케이션의 시대로 진입하기 시작 한 것이다. 그 결과 학문이 광대한 범위로 보급되어 전국 각지에서 과거 를 보려는 수험생들이 모여들게 되었다. 정부는 자유롭게 이들 가운데서 우수한 사람을 선발하여 관료 예비군을 형성해 놓을 수 있었다. 송 대에 는 3년에 한 번씩 과거를 실시하는 제도가 성립되었는데, 그때마다 대략 300명 전후의 진사를 채용했다. 따라서 평균으로 따지면 1년에 100명씩 고등관 유자격자가 배출되었던 셈이다. 결국 조정의 요직은 대개 진사가 차지하게 되었으며, 당 대에 발생했던 것과 같은 진사 대 비진사라는 이 질적인 집단 간의 대립은 일어나지 않았다.

다음으로 송 대의 과거가 당 대에 비해 개량된 점으로는 전시의 성립을 들 수 있다. 당 대에는 과거의 각 단계 시험을 모두 관청에 전적으로 위임했다. 하지만 천자의 명령으로 시행되는 시험이기 때문에 딱히 천자가 무시를 당한 것은 아니었다. 측천무후則天武后(재위 : 690~705) 같은 여제는 인기를 얻기 위해 직접 시험을 시행하기도 했다. 그러나 당시 여론을 살펴보면 그것은 관리의 일을 가로챈 것이라 하여 상당히 평판이 나빴다. 다만 실질적인 문제로서 시험을 관리에게만 전부 맡겨버리면 아무래도 시험관과 그때의 합격자 사이에 우두머리와 하수인이라는 공고한 결합이 생겨서 정치의 공정성을 해치는 폐해를 초래하기 쉽다. 그래서 송 초대 천자인 태조는 종래 예부에 위임했던 공거를 치른 뒤에 천자가 친히 주관하는 전시를 추가한 것이다. 그리고 이후 각 관청에서 실시하는 시험에 대해서도 시험관을 좌주, 합격자 자신을 문생이라 칭하는 것을 금지하면서 천자야말로 모든 진사의 좌주이고 모든 진사는 천자의 문생이라 했다. 우두머리와 하수인의 관계는 천자와 진사 사이에서만 성립해야 하는데, 만약 그 외 시험관이 우두머리가 된다면 그것은 천자의 특권을 침해하는, 도리에 어긋나는 일이라고 선언했다. 바꿔 말하면 천자는 이제 진사 출신자들로 조직된 커다란 정당의 당수가 된 것이다. 물론 시험 때마다 시험관과 그때의 합격자 사이에 스승과 제자, 좌주와 문생이라는 파벌이 생기는 폐해가 완전히 자취를 감추었던 것은 아니다. 하지만 그것은 큰 그룹 가운데 작은 파벌에 불과했으며, 천자만 확고하게 존재하면 무시할 수도 있는 미미한 결합력밖에 가지지 못했다.

　　천자가 정부 기구 안에서 차지하는 위상도 당에서 송으로 바뀌는 사이에 크게 변화했다. 천자는 이미 더 이상 궁중 깊숙한 곳에 틀어박혀 두세 명의 대신과 정치의 최고 방침을 의논할 뿐인, 곧 실무로부터 유리된 존재가 아니었다. 이제는 중요한 관청을 모두 직접 지배하에 두고 행정 구석구석까지 지시를 내리는 독재자가 되었다. 하찮은 인사 업무의 세세한 부분까지 천자의 재가를 받지 않으면 실행에 옮길 수 없게 된 것이다. 천자는 말하자면 가장 핵심적인 위치를 차지하고 있으므로, 만일 천자가 없으면 중앙정부의 각 관청은 뿔뿔이 해체되어버린다. 과거에서 마지막에 치르는 전시가 천자의 직속 권력 아래로 편입된 일도 실은 이러한 다른 행정기관의 기능 변화와 병행해서 일어난 일이었다. 이는 천자 독재권의 강화라는 대세의 필연적 귀결이었다고 해도 좋을 것이다.

과거는 이처럼 중국 사회의 발달과 함께 그 필연적인 요구로 발생했고, 또한 그 필연적인 요구에 따라 발전해왔다. 과거가 그 효능을 최대한 발휘한 것도 이를 전후한 시대였다. 앞서 당 대의 천자는 귀족 세력을 억누르기 위해, 다음 송 대 초기의 천자는 그 독재 체제의 확립을 위해 진사 출신 신진 정치가들의 협력을 간절히 바랐다. 그래서 송 초기에는 진사 출신자의 관위 승진이 매우 빨랐고, 특히 전시 1등인 장원은 10년도 되지 않아 재상의 자리에 오르는 예 역시 적지 않았다고 전해진다.

그렇지만 역사상 나타난 모든 제도에는 영고성쇠가 있으며, 이는 개인의 생애와도 다를 바 없다. 맨 처음에는 정부 측에 필요한 인원은 많은데 인물이 부족했다. 그래서 과거를 활성화하여 진사를 다수 채용했으나, 그러는 사이에 이번에는 진사의 수가 너무 늘어나서 할당해주어야 할 관직의 수가 모자랐다. 그렇다고 진사 합격자의 수를 줄일 수도 없었으므로 기존에 하던 대로 진사를 배출했다. 결국 이로 인해 진사들의 취직난이 발생함으로써 과거가 오히려 정부에 무거운 짐으로 작용하게 되었다.

이렇게 되자 정부 측에서도 과거제도에 대해 재검토를 할 수밖에 없었다. 북송 중기 신종神宗(재위 : 1067~1085) 시대에 왕안석王安石이 재상이 되었을 무렵이 바로 그 시기에 해당한다. 왕안석은 관리를 채용할 때 그저 시험을 실시하는 것만으로는 불충분하고 더 훌륭한 인재를 양성할 필요가 있음을 인식했다. 그리하여 근본적인 교육부터 바로잡아야 한다고 생각해서 새롭게 학교 건설에 나섰다. 이는 당시로서는 매우 진보적인 사고방식이었다. 이 시대에 수도에 훌륭한 국립대학을 세우고 한 동에 학생 30명씩 80동의 기숙사에 총 2,400명을 수용하여 수업을 실시했다는 사실은 실로 경탄할 만하다.

북송이 망한 뒤에도 이 학교제도는 거의 그대로 남송에 계승되었다. 그리하여 그 졸업생은 과거 출신자와 동일한 자격으로 관직의 길에 오를 수 있었다. 왕안석은 궁극적으로 과거를 폐지하고 태학 졸업생만으로 관리를 채용하려고 생각했던 것 같다. 비록 이 이상이 실현되지는 못했지만 과거제도 이외에 학교제도를 병행해서 실시했다는 사실은 송 대 사회의 선진성을 말해주는 것임이 틀림없다.

이같이 학교제도가 모처럼 마련되어 있었음에도 과거제도를 압도하여 이를 완전히 대체하지 못했던 까닭은 무엇보다 경제적인 사정이 작용했을 것이다. 교육은 원래 돈이 드는 일이기 때문이다. 남송 대에 접어들면 태학은 규모 면에서 북송에 비해 훨씬 축소되었다. 정부는 대개 교육처럼 바로 눈앞에 효과가 나타나지 않는 일에는 돈을 들이려 하지 않는 법이다.

이후 중국의 역사는 교육에 관한 한 시대의 진보와는 반대 방향으로 나아갔다. 명·청 시대에는 중앙에 태학이, 지방에 부학과 현학이 있었지만 이것들은 이름뿐이고 실질적인 교육은 이루어지지 않았다. 학교제도는 오히려 과거제도 속에 흡수되어 학교시는 과거의 예비시험으로 이용되는 실정이었다. 그 결과 실제로는 학교가 없어지고 과거만으로 환원되어버렸다고 해도 과언이 아니다. 과거를 실시하는 데 돈이 들지 않는 것은 아니지만 학교교육에 비하면 훨씬 싸게 먹힌다. 안일한 정치가 북송시대에 기껏 싹을 틔운 학교교육제도를 짓밟아버린 것이다.

그러나 명·청 시대에도 과거제도가 그 나름의 효과를 발휘했던 적은 있다. 그것은 모두 개국 초기였다. 명은 한족 왕조, 그리고 청은 이민족의 왕조였지만 무력으로 천하를 거머쥐었다는 점에서는 다르지 않다. 그런데 천하를 거머쥔 다음에는 그 천하를 무력만으로 통치할 수는 없다. 그래서 자연히 문관 관료의 손을 빌려야만 한다. 그럴 때 조정에서는 매우 절실하게 인재를 구하기 마련이다. 이에 따라 과거에서도 형식은 중시 여기지 않고 현실적으로 필요한 사람을 채용했기 때문에 우수한 성적으로 급제한 사람들 가운데 훌륭한 정치가가 나타났다. 청조를 놓고 보자면 대략 건륭 시대까지가 과거의 황금시대라고 말할 수 있다.

그런데 이후의 시대가 되면 조정은 이미 차고 넘칠 정도의 관료 예비군을 떠안고 있었기 때문에 사실상 더 이상의 사람이 필요하지 않게 되었다. 단지 당시까지의 관례에 따라 과거를 실시하는 데 지나지 않았다.

이런 상황에서 시험을 시행하면, 응시하러 오는 거자들은 모두 사탕에 모여드는 개미처럼 관직을 얻기 위해 서로 다투는 무리(엽관자獵官者)로밖에 보이지 않는다. 사실 수험자 쪽에서도 평화로운 시기가 오래 지속됨에 따라 일반적으로 학력도 높아져서 성적이 평준화되었기 때문에 시험관 쪽이 우수한 인재를 취사선택하기가 어려울 정도였다. 그래서 시험을 시행하는 쪽에서는 어떻게 인재를 발탁할 것인가를 고민하기보다 어떻게 하면 다수를 떨어뜨릴까에 대한 방법을 더 많이 생각했고, 그리하여 여러 가지 번잡한 형식을 만들어냄에 따라 결국에는 과거의 진정한 정신을 잊어버리고 말았다. 청조 말기의 상황은 특히 심각했다. 과거제도는 이미 시대에 뒤떨어졌으며, 그에 더해 관계官界의 거듭된 풍기 문란 문제를 단순히 기술적인 개량을 통해 해결하려고 했기 때문이다. 따라서 과거제도의 득실을 논할 때 그저 한 시대에 한정하여 관찰하고 곧바로 결론을 도출하면 공정성을 잃는다. 긴 역사의 흐름 위에서 바라보면 과거는 그 무엇보다 중국 사회에 크게 이바지한 시기가 있었음을 인정해야만 한다.

과거의 이상과 현실

과거는 예로부터 여러모로 다른 입장에서 수많은 비평과 비난을 받고 그 효용성을 의심받기도 했다. 그럼에도 불구하고 1,300여 년이나 계속해서 실시되었던 데는 역시 그 제도로부터 뭔가 얻을 만한 이점이 있었음을 증명한다. 그래서 지금부터는 과거제도의 이상 가운데 어떤 점이 뛰어났는지를 생각해보고자 한다.

첫 번째로 과거는 누구나 응시할 수 있는 개방적인 제도였다는 점이 그 특징이라 할 수 있다. 다만 약간의 예외, 예를 들면 할아버지, 아버지, 자신의 3대가 특정 천직에 종사했던 사람이어서는 안 된다는 등의 제약은 있다. 그러나 이는 아주 특별한 경우이며, 또한 거기에는 그 나름의 이유가 없지도 않다. 따라서 일단 이 점을 제외하면 과거는 사농공상을 따지지 않고 누구나 응시할 수 있기 때문에 매우 민주적이고 훌륭한 제도였다고 할 수 있다.

그러나 실제로 과거에 응시하는 사람의 입장에서 본다면 만인이 평등하게 과거에 응시할 권리를 행사할 수 있었다고는 말할 수 없다. 거기에는 경제적인 문제가 있기 때문이다. 과거는 오랜 기간 연속해서 치러야 하는 시험이며 그 경쟁도 심하기 때문에 20대 초반에 진사의 영광을 얻는 사람은 굉장히 운이 좋은 편이었다. 30대라도 그다지 늦은 편이라고 할 수 없다. 그렇다면 진사가 되기까지 끊임없이 공부를 계속해야만 하고 그만큼의 경제적인 뒷받침도 필요한데, 가난한 사람에게는 도저히 그만 한 여유가 없다. 또 개개의 시험에 대해 따로 수험료를 받지는 않았지만, 그에 따르는 지출 비용이 어마어마했다. 특히 시골에 사는 사람은 향시를 보기 위해 성도까지 오가는 왕복 여비와 숙박비 외에 시험관에게 줄 사례비, 담당 관리에게 줄 축의금이 필요했으며, 연회비나 교제비도 빼놓을 수 없었다. 더 나아가 회시, 전시를 치르기 위해 수도까지 올라가게 되면 비용은 한층 더 불어난다. 명 대 후반 16세기에 이 비용이 대략 은 600냥이었다고 하는데, 당시 은 1냥으로 쌀 한 가마니를 살 수 있고 지금 저자가 이 책을 펴냈을 무렵인 1963년이다. 의 일본 돈으로 따지면 1만 엔 정도의 가치라고 하니, 이는 600만 엔에 해당하는 금액이다.* 지금 이 정도의 돈이 있으면 부부가 충분히 세계 일주 여행을 할 수 있다. 실제로 당시 중국의 오지에서 북경까지 가는 일은 오늘날로 치면 세계 일주만큼 엄청난 여행이었다. 이것은 가난한 사람에게는 도저히 불가능한 일이었다. 아무리 과거의 수험료가 무료라고 한들, 혹은 아무리 여비를 적게 쓴다고 한들 어차피 일반인에게는 그림의 떡 같은 일이었다.

그러나 이것도 또 다른 관점에서 볼 수 있다. 원래 세상은 처음부터 불공평하므로 괜히 중국의 과거만 탓해서는 안 된다. 교육의 기회균등 원칙이 인정되고 있는 현재에도 일본뿐만 아니라 세계 각국에서 국민 개개인이 똑같이 평등하게 교육을 받을 수 있는 곳은 존재하지 않는다. 게다가 교육은 바로 취직으로 연결되기 때문에 과거를 치르는 데 돈이 드는 것을 꼭 나쁘다고만 비난할 수 없다.

다만 그것도 결국은 정도의 문제다. 오늘날의 시선으로 공평하게 보자면 과거는 시험을 치르는 데 지나치게 돈이 많이 들어간 것 같다. 무엇보다 시험 준비 과정에서 드는 비용이 전부 수험자의 부담이다. 정부는 교육을 활성화하기 위한 학교 설비에 전혀 관심을 두지 않았다. 하지만 이것도 달리 보면 민간의 경제력이 증진되어 특별히 정부가 지원하지 않

---

* 일본은행에 따르면 1963년에서 2014년까지 일본 소비자물가지수는 약 4.5배 상승하였다. 따라서 1963년 600만 엔의 가치는 2014년 현재 가치로 2,700만 엔에 해당한다. 이는 한국 돈으로 환산하면 약 3억 원에 해당하는 아주 큰 금액이다. https://www.boj.or.jp/announcements/education/oshiete/history/j12.htm 참조 ― 편집부 주

아도 교육비는 어느 정도 민간에서 감당할 만큼 여유가 생겼다고도 말할 수 있다.

앞에서도 서술했듯이 송 대 이후 중국의 생산력은 급격히 상승하여 신흥 부자 계급이 도처에서 발흥했다. 정부가 과거를 실시한 것도 실은 이러한 계급을 상대로 했다고 할 수 있다. 따라서 교육은 물론 시험에 필요한 비용도 모두 수험자에게 떠넘기고 정부는 그저 시험 사무만 관리하면 그만이었다.

이렇게 보면 과거가 만민에게 문호를 개방했다는 말에는 과장이 들어가 있다. 확실히 그런 면이 있기는 하지만, 이것도 시대와 비교한 뒤에 비평하지 않으면 균형이 맞지 않는다. 어쨌든 지금으로부터 천 년도 훨씬 더 거슬러 올라간 시대의 일이다. 유럽에서는 아직 봉건제도가 세력을 떨치던 시대였다. 가문도 혈통도 따지지 않고 실력이 있는 사람이라면 누구나 시험을 볼 수 있다는 정신만으로도 과거는 당시 세계에서 그 유례를 찾아볼 수 없는 진보적인 제도였다. 그리고 중국은 송 대 이후 비교적 최근까지 사회 구성의 본질이 그다지 변하지 않고 부자와 가난한 사람 간의 격차가 벌어진 채로 지금까지 계속 이어져 내려왔기 때문에 과거제도도 거의 송 대의 제도가 그대로 계승되었다. 이를 유럽 사회와 비교하면 처음에는 매우 진보된 제도였지만 후세에는 완전히 시대에 뒤떨어진 제도가 되어버린 것이다.

다음으로 과거가 가진 훌륭한 장점은 시험이 매우 공평하게 치러졌다는 점이다. 답안의 심사가 이름을 가린 채 좌석 번호만으로 이루어졌던 점도 그 한 예다. 더욱이 향시와 회시에서는 답안 자체에 심사원이 손

부정행위에 사용된 방법 수험생들은 속옷이나 겉옷의 안감, 버선에도 교묘히 사서오경의 내용을 빽빽이 적어서 시험장에 입고 들어갔다.

을 대지 않고 단지 그 사본만 보고서 채점하는 방식은 오늘날 세계에서도 그 유례를 찾아볼 수 없다. 세간에서 과거에 기대를 걸고 그 합격자를 존경했던 것도 과거의 공평함을 믿었기 때문이다.

그러나 여기에도 한계는 있었는데 과거가 종종 수험생 자신의 손에 의해 그 공정성이 훼손되는 일이 발생했다는 점이다. 원래 시험 경쟁이 심하게 과열되면 수험생 쪽에서는 어떻게 해서든 합격하고 싶은 마음에 자칫 손쉬운 방법으로 부정을 저지르기 쉽다. 그리고 한번 부정이 성공하면 그렇게 안 하는 사람이 도리어 손해라는 생각이 퍼져서 차츰 부정행위가 만연해지기 시작한다. 휴대용 소책자를 시험장에 갖고 들어갈 뿐 아니라 심한 경우에는 비단 속옷에 사서오경의 본문을 빽빽이 적어서 입장했다. 실로 러닝셔츠가 아니라 커닝셔츠라고 말장난을 하고 싶게 만드는 물건이다. 더 심각한 경우는 대리 시험이다. 이는 나중에 거액의 보수를 지불하는 거래로 이루어져서 충분히 장사가 되었다고 한다. 우수한 답안을 쓰는 선수가 등장하여 여러 사람의 답안을 책임지고 대신 써서 제출했던 것이다. 청조 말년인 19세기 후반에 이러한 폐해가 극심했는데, 특히 남경 향시에서 대리 시험이 성행하여 전국적으로 이름난 대리업자가 번창했다. 이런 풍조가 결국 북경에도 파급되어 유 아무개라는 사람은 회시 때 자신의 답안 외에 두 사람분의 답안을 써냈는데 둘 다 합격시켰음은 물론 한 사람은 1등 회원會元이 되었다고 한다. 그러한 풍문이 나중에 전시 심사원들의 귀에도 들어가, 심사원들은 정신을 차리고 좋은 점수를 주지 않으려고 주의해서 그들 모두를 3갑으로 떨어뜨려버렸다. 그리고 유 아무개는 필적이 뛰어나서 원래대로라면 한림원의 관리가 되었을 것이지만 심사원들이 의도적으로 낮은 점수를 매겨 정부의 말단 관리로 배치되었다고 한다. 이는 과도하게 돈벌이에 집착한 데 따른 벌이었을 것이다.

수험생이 스스로 부정을 저지르는 데 그치지 않고 만약 시험관까지 끌어들일 수 있다면 합격 가능성은 더욱 높아진다. 이렇게 수험생과 시험관이 공모하는 것을 관절關節이라 한다. 중국의 관료제에는 서로의 체면을 세워주려는 잘못된 관행이 있다. 부탁을 받으면 싫다고 거절하지 못하는 의리가 존재하는데 바로 그 때문에, 시험관이 된 뒤 여러 곳에서 부정한 청탁이 들어오면 자기도 모르게 무심코 그 함정에 빠져버리는 경우가 있다.

그러나 이런 부정에 대해서 여론은 상당히 민감하다. 세간에서는 눈을 크게 뜨고 시험 합격자의 발표를 지켜보기 때문에 합격자 가운데 요직에 있는 대관의 자제나 시험관의 지인 등이 너무 많다 싶으면 바로 그것이 화제가 되어 여론이 들끓는다. 중국은 예로부터 여론의 나라로, 지나치게 부정이 심할 때는 여론의 제재를 받아 두 번 다시 재기할 수 없을 정도로 심각한 타격을 입는 경우가 있다.

1699년 북경에서 실시된 향시의 정고관은 강신영姜宸英이라는 노인이고 부고관은 이반동李蟠同이었는데, 이 시험 때 뇌물 수수가 널리 횡행했다는 소문이 돌았다. 합격자 발표를 보니 과연 요직에 있는 대관의 자제들 이름이 줄지어 올라 있었다. 내각대학사급의 자제가 네다섯 명에다 육부상서급의 자제가 수십 명이고, 게다가 그들 모두 우등 성적이었다. 그래서 여론은 떠들썩하게 심사원의 불공평을 책망하였고, 길거리에는 그것을 공격하는 벽보가 나붙었다. 결국 이 일은 천자 강희제의 귀에까지 들어갔으며 마침내 고관들을 체포하여 감옥에 가두고 실상을 조사하기 시작했다. 정고관인 강신영은 두 해 전에 막 진사가 되었는데 그때이미 실제 나이가 일흔 살이 넘은 상태였다. 게다가 몹시 야윈 노인이었기 때문에 감옥 생활을 견디지 못하고 영양실조로 죽고 말았다. 그리하여 진상 조사는 결국 유야무야 되어버렸지만, 벽보에 적힌 죄상을 보면 누구로부터 3,000냥, 누구로부터 1만 냥을 받았다고 되어 있으니 완전히 근거 없는 이야기는 아니었던 모양이다. 부고관은 재판 결과 변경으로 유배되는 형벌에 처해졌다.

이런 사건이 일어나면 한동안 시험장도 숙연하게 정화되지만 오랜역사에 의해 때가 묻은 과거제도는 그 뒤 다시 10년만 지나도 원래대로 돌아와버렸다. 그래서 정부에서는 이런저런 방법을 고안하여 시험에 시험을 거듭함으로써 부정을 단속하려 했다. 지붕 위에 다시 지붕을 올리는 식의 재시험제도는 이렇게 완성되었고, 시간이 지남에 따라 점점 시험 횟수가 많아져서 그만큼 시험지옥도 더욱 끔찍함을 더해갔다.

원래 시험이라는 것은 그 효과에 일정한 한계가 있는 듯하다. 지나치게 경쟁이 치열해지면 답안의 우열에 따른 차등을 엄밀히 매기는 일이 어려워진다. 그러니 합격을 해도 요행수일 뿐이고 떨어지는 것은 운이 나빠서라는 인식이 퍼질 수밖에 없으며, 그로 인해 부정이 끼어들 여지도 생겨나게 되는 것이다. 하지만 그 외에 적당한 방법이 없다면 가능한 한 공정하게 시행하도록 노력하면서 계속 그 제도를 지켜 나가는 수밖에는 뾰족한 길이 없다. 중국의 역대 정부에서 적어도 천자 자신은 어디까지나 시험의 공정성을 끝까지 지키고자 했다. 그리고 세간에서도 이러쿵저러쿵 비난을 하면서도 과거에 지대한 관심을 표하고 사교계 최고의 화두로 삼았던 까닭은 천자의 공정한 태도에 일말의 기대를 품고 있었기 때문이 틀림없다.

낙제자의 비애와 반항

옛 중국에서는 관리가 되는 것이 가장 명예로운 일인 동시에, 또한 가장 유리한 직업을 갖는 것임을 뜻했다. 그래서 유산 지식계급의 자제는 너나없이 과거의 좁은 문으로 몰려들었다. 그 가운데 보란 듯이 최후의 영광을 획득한 사람의 환희는 알고도 남음이 있다. 하지만 그 이면에는 여러 차례 시험에서 항상 실패의 고배를 마시고 실의에 빠져 불만스럽고 즐겁지 않은 나날을 보내면서 잿빛 인생에 불운을 한탄하는 낙오자 무리가 생기는 것도 그 필연적인 결과였다.

당 대에는 아직 학문도 민간에 널리 보급되지 않았고 과거 응시자의 수도 후대만큼 많지 않았지만, 그래도 마지막 진사 시험의 급제자는 100명 가운데 1~2명꼴의 비율에 불과했다. 송 대에 접어들면 과거 지원자의 수가 급격히 늘어나서 3년에 한 번 열리는 공거에 응시하기 위해 지방에서 상경하여 대기하는 사람이 늘 6,000~7,000명에 이르렀다. 공거 기간에는 그 수가 곧바로 두 배로 증가했는데, 그 가운데서 대략 300명 정도가 급제했을 뿐이다. 어림잡아 50명당 1명의 합격률이었다.

명·청으로 시대가 내려오면서 경쟁은 더욱 치열해졌다. 우선 학교의 생원이 되기 위한 입학시험은 지역에 따라 난이도가 완전히 다르기 때문에 이는 일단 제외한다. 생원에서 거인이 되기 위한 향시는 대략 100명당 1명꼴의 비율로 합격되기에 이 시험이 최대의 난관이었다. 다음의 회시는 숫자상으로는 30명당 1명꼴의 합격률이지만, 이미 충분히 선택을 거친 뒤에 뽑힌 뛰어난 사람들끼리 겨루는 시험이기 때문에 실질적으로는 가장 치열한 경쟁이었다. 결국 전국의 생원 가운데 실제로 시험에 응시한 사람들만 따지자면 약 3,000명당 1명만이 진사 지위를 획득하는 행운을 거머쥐었을 뿐이다.

무엇보다 학문에 뜻을 둘 정도의 사람이라면 대체로 어느 만큼은 돈을 가진 사람이다. 또한 생원의 지위, 더 위에 위치한 거인의 지위는 일반 민중에 비하면 훨씬 높은 것이라 그들 나름대로 부업을 찾고자 마음만 먹으면 없지도 않았다. 그러나 그 가운데는 상당히 무리하게 돈을 변통하면서까지 학업을 계속하면서 비장한 각오로 배수진을 치고 오로지 과거 도전에만 목매다는 사람도 있었다. 그들에게 과거에서 실패한 상처란 글로는 다 표현하지 못할 만큼 쓰라린 일이었을 것이다. 당 대의 시인은 이 낙제의 비애를 두고 다음과 같이 읊었다.

棄置又棄置　낙제한 뒤 또다시 낙제로구나
情如刀刃傷　상처의 아픔이 칼에 베인 것보다도 깊네

　　외출해서 바람에 산들대는 초목을 봐도, 하늘에 떠 있는 조각구름을 봐도 온통 상처 입은 마음에 아픔만 더해줄 뿐이다. 숙소로 돌아와 침상에 누워도 얕은 잠으로 뒤척이고 밤새 아홉 번이나 눈이 떠진다. 꿈속에서 여태 한 번도 고향이 나타나지 않는 이유는 꿈이 너무 짧고 고향으로 가는 길이 멀기 때문에 다다르지 못하는 것이라면서 시인의 근심은 면면히 길게 이어진다.
　　낙담해도 다시 재기의 희망을 버리지 않고 권토중래捲土重來를 꾀하는 사람은 그나마 괜찮다. 자신의 무력함과 불운을 깨닫고 그대로 체념하는 사람도 잘 매듭을 지은 편이라 할 수 있다. 그런데 재능을 갖췄을 뿐 아니라 활동적이고 야심이 있음에도 불운 때문에 매번 낙제라는 쓰라린 경험을 겪는 사람은 실망에서 자포자기로, 자포자기에서 반항의 과정을 거치는 경우가 적지 않다. 특히 왕조 말기 사회가 혼란에 빠졌을 때, 그들은 지금이 기회라면서 반란군에 가담하고 나아가 그 지도자가 되어 현 정권에 타격을 가함으로써 쌓였던 울분을 해소하려 했다. 한 왕조가 멸망하는 이면에는 항상 이처럼 지식계급 불평분자의 책동 흔적이 보인다. 지금 역사상 눈에 띄는 예만 들어봐도 다음과 같은 사람들의 행적을 열거할 수 있다.

황소黃巢 당 말唐末에 세상이 어지러워지기 시작했을 무렵 대규모 난을 일으켜 거의 당 왕조의 기반을 흔든 반란군의 수령. 그는 산동성 서부의 부유한 집에서 태어나 학문을 닦고 과거에 응시했으나 누차 실패했다. 결국 관리가 되기를 단념하고 비밀결사를 조직하여 당시 전매품이었던 소금을 밀매매하다가 세상이 혼란한 것을 보고 병사를 모아 모반을 일으켰다. 그 반란의 영향은 전국에 두루 미쳐서 남쪽으로는 광동으로부터 중부 양자강 유역까지 어지럽히고, 더 나아가 수도 장안을 함락하여 왕공과 대관 이하에 대해 대학살을 벌인 다음 스스로 제위에 올랐다. 그러나 당의 군대가 세력을 회복하여 반격해오자 백성도 떨어져 나가고 반란군 내부의 단결도 깨져 부하의 대부분이 당에 항복했다. 황소 자신도 처자식 일족과 함께 살해됨으로써 난이 평정되었다.

이진李振 황소의 부하였던 주전충朱全忠은 황소에게 등을 돌리고 당에 투항하여 반란을 평정하는 데 공을 세운 뒤 당 조정의 권력을 장악했다. 이 주전충을 도와 획책을 꾸민 사람이 과거에 낙방했던 이진이다.

그는 조정의 대관과 귀족, 과거 출신자들을 매우 미워하여 기울기 시작한 당 조정의 요직에 있는 자 30명을 살해하고 그 시체를 황하에 던져 버렸다. 이윽고 주전충은 당 천하를 빼앗고 양梁(후량) 왕조의 태조太祖라 칭했는데, 이진은 그의 재상이 되어 권세를 떨쳤다. 나중에 양이 후당後唐에게 멸망하고 난 뒤 이진의 일족은 멸문당했다.

장원호張元昊 북송 중기에 서북 국경에서 탕구트족이 독립해 서하西夏를 건설하고 중국에 침입하여 자주 송을 괴롭혔다. 이때 서하를 도와 중국식 조정을 세우게 하고 중국의 문화를 수입하면서 중국을 적으로 돌려 송에게 큰 골칫거리를 안긴 사람이 장원호이다. 그는 과거에 뜻을 두었으나 성공하지 못한 독서인이었다.

우금성牛金星 명 말에 섬서 지방에서 반란을 일으킨 무리의 수령은 이자성李自成으로, 그는 나중에 북경을 공격하여 무너뜨리고 명의 마지막 천자인 숭정제崇禎帝(재위 : 1627~1644)를 자살하도록 만들었다. 이때 이자성의 군사軍師가 되어 활약했던 참모 가운데 거인이 두 명 있는데, 그 한 사람이 우금성이다. 그는 명 왕조에 한을 품고 가는 곳마다 왕족이나 대관을 찾아내 학살했다. 또 다른 한 명의 거인은 이암李巖으로서 원래 명조 대신의 아들이었다. 그는 이자성에게 천하를 얻고자 한다면 무익한 살인을 그만두고 인심을 사로잡는 일이 중요하다고 설득했다. 이자성이 애써 북경을 점령하고 명 왕조를 멸망시켰으면서도 단지 전쟁에만 진력하여 백성으로부터 마음에서 우러난 복종을 받지 못하고 결국 청조 병사들에게 쫓겨 최후를 맞이한 원인은 우금성을 지나치게 신임했기 때문이다. 우금성과 이암, 이 두 사람이 거인 신분이었다는 점은 주목할 만하다. 마지막까지 진사가 되지 못한 것이 그들로 하여금 이자성 진영으로 가게 만든 이유였다.

홍수전洪秀全 청조 말기에 광서성 산골에서 들고일어나 양자강 유역으로 진출한 뒤 남경을 점령하여 수도로 삼고 북경 근처의 천진天津까지 밀고 들어가 청조를 떨게 만든 이가 태평천국군太平天國軍의 수령인 홍수전이다. 그는 광동성의 서생으로, 생원이 되기 위한 원시院試에 여러 차례 응시했으나 실패한 남자였다. 기독교를 변형한 일종의 종교를 창립하여 도당을 이끌고 반란을 일으켰는데, 중국 본토 18성 가운데 16성이 그 화를 입었다. 청조가 외국의 원조를 받아 겨우 이 내란을 평정했지만 이미 그때 청의 위광은 땅에 떨어진 상태였다. 청조는 사실상 이때 멸망했다고 해도 과언이 아니다.

이렇게 보면 과거는 당시 왕조에 충성을 다하는 관료를 배출하는 제도이면서 동시에 불평분자를 만들어내는 역할도 했음을 알 수 있다. 무릇 모든 일에는 이익이 있으면 그 반대로 손해도 생기는 법이다. 과거라고 예외일 수는 없다. 물론 불평분자가 단지 불만을 갖는다고 해서 왕조가 망하지는 않는다. 한 왕조의 멸망과 같은 정치적으로 큰 사건에는 복잡한 사정이 뒤얽혀 있기 때문에 이를 과거의 결과라고 속단할 수는 없다. 그 증거로, 멸망한 왕조 다음에 세워진 새로운 왕조는 거의 전대와

변함없이 과거제도를 서둘러 복구하려고 노력했다는 점을 들 수 있다. 낙제 생원인 불평분자가 이끈 태평천국에서조차 몇 번인가 독특한 과거가 실시되었다는 사실은 과거가 당시의 주권자에게 가장 유리한 제도였음을 확실히 말해준다.

과거제도의 붕괴

과거의 특징은 무엇보다 그것이 교육을 수반하지 않는 관리 등용 시험이라는 점에 있다. 역대 왕조는 돈이 드는 교육을 일체 민간에 맡기고 민간에서 자연스럽게 육성된 유능한 인물을 그저 시험을 통해 선발함으로써 정부에 도움이 되도록 만들려고 했다. 이는 매우 얌체 같은 방식이기는 하지만 시험의 정신 자체에는 이의를 제기할 여지가 없으며, 또한 시험제도 자체도 오랜 기간의 경험을 바탕으로 세계에서 유례를 찾아볼 수 없을 정도의 완비된 외형을 갖추었다.

관리를 채용하는 데 시험을 실시한다는 것은 유럽 등에서는 극히 최근까지도 생각지 못한 일이었다. 왜냐하면 봉건적인 풍습이 오래도록 끈질기게 남아 있어 관리는 가문에 의해 채용되거나, 혹은 더 원시적인 매관 제도를 통해 관리의 지위를 돈으로 사는 방식이 오랫동안 지속되었기 때문이다. 민주주의가 가장 발달한 영국에서 관리 임용에 시험을 도입한 시기는 1870년 이후이며, 미국은 더 늦은 1883년의 일이었다. 이후 각국이 모두 이를 모방했으나, 사실 이러한 관리 등용 시험제도의 시작은 중국 과거의 영향을 받았다는 견해가 유력하다.

그러나 한편으로 중국의 교육제도는 당시 서구에 비해 현저히 뒤떨어져 있었다는 점은 이론의 여지가 없다. 중국의 교육제도는 지금으로부터 1천 년 훨씬 이전인 송 대를 정점으로 하여 이후로는 점점 하강 곡선을 그리며 쇠퇴의 길을 걸었다. 명·청 시대에 이르러서 중앙에는 태학이, 지방의 부현에는 국립학교가 마련되었으나 유명무실하여 어떠한 실질적인 교육도 시행되지 않았다. 교육을 민간에 떠넘긴 실정이었으므로 점차 시대에 뒤떨어지게 되었으며 사회가 진보하는 속에서도 홀로 뒤처져버렸다.

민간 교육이라도 어떻게든 지속될 수 있었던 것은 과거가 존재했기 때문인데, 이 과거가 정말 유용한 인재를 발탁하기에 충분치 못했다는 점은 중국에서도 예로부터 지적되었다. 경서를 통째로 암기하는 것이나 시와 문장을 잘 짓는 것이 대체 실제 정치에 얼마나 도움이 될까? 그것은 단순히 고전적인 교양을 시험하는 데 지나지 않는다. 관리로서 가장 중요한 인물 됨됨이나 품행은 과거라는 그물만으로 걸러낼 수 없다는 것이 예전부터 제기된 과거 반대론의 핵심 주장이었다.

그러나, 그렇다면 대체 어떻게 하면 좋을지에 대한 물음에 다다르면 다른 적당한 방법이 생각나지 않는다. 과거는 오래전부터 시행되어왔으며 과거 급제자 가운데 훌륭한 인물도 많이 배출되었기 때문에 이것으로 충분하지 않느냐는 상식적인 현상 유지론이 승리를 거두는 것이다. 그리고 중국이 동아시아에서 유일한 강국으로 세력을 떨치던 동안에는 그나마 괜찮았다.

그런데 유럽에서 산업혁명 이후 새로운 문화가 일어나고 그 영향력이 멀리 동아시아로 파급되자 더 이상 가만히 있을 수 없게 되었다. 새로운 세계의 정세에 대응하기 위해서는 새로운 지식과 새로운 기술 습득이 필요했다. 동아시아 국가 가운데 이 같은 형세를 잘 파악하고 재빨리 그에 순응하여 성공한 나라가 일본이다. 메이지유신 정부는 1872년 학제를 반포하고 곧이어 학교를 세워 서구를 본뜬 신교육을 시작했다. 이후 급속한 일본의 발전은 이 신교육제도의 도움을 크게 받았다.

중국에서도 여러 차례 유럽 국가들과 싸워서 패한 경험으로 인해 일본 이상으로 신기술 습득의 필요성을 느끼고 있었다. 이미 1866년에 복건성에 선정학당船政學堂을 창립하여 선원 양성에 착수했다. 이러한 신교육을 시행하는 곳을 학당學堂이라 칭하고 기존의 구식 학교學校와 구별했는데 이후 각종 학당이 곳곳에 창설되었다. 그러나 그 뒤 흘러가는 형세를 보면 좀처럼 신교육이 발전하지 않는다. 이는 한쪽에 여전히 과거제도가 있어서 신교육의 보급을 방해했기 때문이다.

겨우 1901년에야 그 전년도에 의화단義和團 사건1900년 6월, 북경에서 배외운동을 내걸며 교회를 습격하고 외국인을 박해하는 따위의 일을 한 의화단을 청나라 정부가 지지하는 한편 서구 열강에 대해서는 선전포고를 했는데, 이에 대해 미국을 비롯한 8개국 연합군이 북경을 점령하고 의화단을 진압한 사건에서 고배를 마신 청조가 마침내 스스로 깨닫고 전국적인 신교육제도를 반포했다. 그리고 이를 육성하기 위해서는 과거제도를 완전히 폐지해야 한다는 결론에 다다랐다. 이에 대해 대부분 과거 출신자인 구파 정치가들은 맹렬한 반대 공격을 퍼부었다. 그러나 역시 많은 사람이 원하는 일이었던지라 결국 개혁파의 의견에 따라 1904년 5월의 과거를 마지막으로 1,300

여 년의 역사를 가진 이 제도는 영원히 막을 내렸다.

과거가 폐지되고 나자 그때까지 과거를 목표로 했던 시험공부는 거의 쓸모없어져버렸다. 그렇다고는 해도 그 시점에서 거인이나 적어도 생원이라도 되어 있어서 사회적인 지위를 획득해 놓은 사람이라면 그런 대로 괜찮은 상황이었다. 과거 시험을 준비했던 사람들 가운데는 최하급의 생원도 되지 못한 채 공부에만 골몰하던 늙은 동생童生도 있었다. 그들은 이미 머리가 굳어서 새로운 학문을 다시 배우려 해도 그렇게 간단하게 방향 전환을 할 수 없었다. 자존심만은 세다 보니 장사치도 되지 못하고, 근골이 약하다 보니 노동자도 적성에 맞지 않는다. 한편 세상은 점점 변해가고 과거 시험에서 요구되었던 교양이나 학문은 점점 시대에 뒤떨어져 오히려 세상 사람들에게 비웃음을 사기까지 했다. 이런 낙오자들이 세간에 우글거리자 노신魯迅은 그 가운데 한 사람을 주인공으로 내세워 과거의 희생자, 아니 과거가 중국 사회에 남긴 상흔을 생생하게 묘사했다. 과거제도가 폐지되고 15년째 되던 해에 발표한 「공을기孔乙己」라는 제목의 글 한 편이 그것이다. 공을기는 이 책의 '시험공부' 부분에 나와 있는 22쪽 참조, 어린아이의 붓글씨 연습장 표본의 두 번째 줄 글자다. 공을기는 물론 원래 공자를 가리키는 말이지만 노신의 글에서는 어떤 가난한 서생의 별명으로 되어 있다.

진강鎭江 근처 노진魯鎭의 함형주점咸亨酒店은 짧은 상의와 긴 상의 차림의 여러 손님들로 북적인다. 짧은 상의를 입은 손님은 노동자인데 흙바닥에 선 채로 와자지껄 떠들어대며 술을 마신다. 긴 상의 차림새를 한 손님은 귀한 손님으로서 따로 마련된 자리로 안내를 받는데, 딱 한 사람 긴 상의를 입었으면서도 서서 술을 마시는 무리에 끼어 있는 사람이 있다. 큰 키에 푸르스름한 얼굴 가득 수많은 상처 자국이 남아 있고 새하얘진 턱수염이 덥수룩이 자라 있다. 그가 입고 있는 상의도 대충 10년은 넘게 깁지도 빨지도 않은 듯싶다. 바로 그가 생원 나부랭이도 되지 못한 서생 공을기 선생이다. 공을기는 따뜻한 술과 회향콩을 조금 주문한 뒤 술 데우는 소년에게 말을 건다. 회향콩의 '회茴' 자는 어떻게 쓰는지, '회回' 자를 쓰는 방법에는 네 가지가 있는데 그걸 아는지 등등. 술값 19전을 내는 것도 이따금 체불하는 공을기는 독서인의 신분이면서 때때로 절도나 소매치기를 한다. 얼굴의 상흔은 그때 입은 상처 자국이다.

어느 해 중추절 무렵, 주점의 칠판에는 공을기가 직접 분필로 쓴 19전 외상값 내역이 오랫동안 지워지지 않고 남아 있었다. 가을바람이 불어와 나날이 추워지던 어느 날 오후에 손님이 한 사람도 없는 주점 안으로 공을기가 들어왔다.

'데운 술 한 사발!'이라고 외치는 익숙한 목소리가 들렸지만 계산대에서는 공을기의 모습이 보이지 않는다. 보이지 않는 게 당연하다. 왜냐하면 공을기는 가게에 서서 걸어 들어온 것이 아니라 기어 들어왔기 때문이다. 그는 어느 부유한 거인의 집에 몰래 숨어들어 도둑질을 하려다가 발각되어 몰매를 맞고 반죽음 상태가 되어서 다리가 부러졌다. 그의 얼굴은 더욱더 바짝 말라비틀어져 칙칙했다. 찢어진 솜옷으로 몸을 감싸고 마대를 끈으로 어깨에 매달아서 그 위에 무릎을 올린 다음 두 손으로 땅을 짚으며 가까스로 가게 안으로 기어 들어왔던 것이다.

"넘어져서 다리뼈가 부러졌어."

묻지도 않았는데 이렇게 변명을 하면서 4전짜리 데운 술 한 잔을 현금으로 지불하고 다 마신 뒤 19전의 예전 외상값은 그대로 둔 채 나가버린다. 그것을 마지막으로 공을기의 모습은 두 번 다시 그 주점에서 볼 수 없었다. 아마 어디선가 객사라도 했을 터다.

과거의 뛰어난 점

이미 지나간 역사상의 일에 대해 현재 입장에서 평론하는 것은 매우 쉬운 편이다. 어차피 지나간 옛날의 일이기 때문에 거기에는 뭐라 해도 구시대에 따른 낡은 모습이 있기 마련이라 봉건적이라든지 전근대적이라는 비난의 재료는 얼마든지 있다. 그러나 단순히 비난만 해서는 역사에 대한 진정한 평가라고 할 수 없다. 정말 역사를 올바르게 이해하기 위해서는 일단 대상을 뛰어넘어 더욱 높은 곳에 서서 전체적인 관점으로 다시 고찰할 필요가 있다.

과거제도를 문제로 삼는다 해도 단순히 중국 평론가의 의견에 따라 그 제도를 운운하는 것만이 아니라 문제를 더 파고들어 이런 제도의 영속을 가능하게 만들었던 중국의 사회와 문화의 기반에서 출발해야만 한다. 왜냐하면 과거제도의 경우도 그렇지만 의외로 중대한 사항이 맹점이 되어 간과되는 경향이 있기 때문이다. 과거제도는 실로 중국 정치 특유의 문文을 숭상하는 경향, 더 구체적으로 말하면 무武를 억누르고 문文을 받드는 정신이 관철되어 있다는 점에 근본적인 특징이 있다. 당연히 문무는 수레의 양 바퀴와도 같아 한쪽 바퀴만으로는 앞으로 나아갈 수 없다는 이치에 따라 당 대^{唐代}부터 이미 무과거 같은 것도 실시되었지만, 실상 이는 사족에 불과했다. 과거란 본래 문을 중시하는 정신 위에서 성립되었으므로 군인들을 관여시켜서는 안 되었다. 따라서 무과거가 시행되어도 세간에서는 이를 문제 삼지 않았고 정부도 거의 열의를 보이지 않았다. 대체로 중국의 정치에서 문이 차지하는 위상은 무에 비교가 되지 않을 만큼 그 비중이 높았다.

중국 고대에는 문관과 무관의 구별이 명확하지 않아서 정치가는 동시에 군인이었으며, 안에서는 재상, 밖에 나가서는 장수가 되는 것을 이상으로 여겼다. 하지만 송 대 무렵부터는 문관과 무관의 구별이 점차 확연히 나뉘었다. 여기서 말하는 무관이란 부대장까지를 가리키기 때문에 군인의 출세 한도는 부대장에서 끝이었다. 그 이상에 해당하는 병부상서 兵部尙書 오늘날 국방부장관에 해당나 추밀사 樞密使 오늘날 참모총장에 해당에는 순혈 문관을 배치하는 것이 관례였다. 그뿐만 아니라 전선의 군대를 지휘하는 총사령관에도 문관을 임명하는 것이 보통이었다. 군인 출신의 부대장이 전선 총사령관이 된다든지, 혹은 중앙정부로 들어가 병부상서나 추밀사가 되는 것은 정부 체제를 흐트러뜨리는 일이라 해서 극도로 꺼렸으며 경계되기도 했다.

그러나 이처럼 문관이 정부 요직을 차지하고 무관을 부대장까지로만 차단해 두려는 방침이 오히려 정부에 불이익을 가져오기도 했고, 또한 그로부터 불만이 생겨나 비극이 일어난 경우도 있었다. 남송의 충신 악비 岳飛 같은 경우가 그 예다. 오랜 기간에 걸친 금金과의 교전 결과, 남송의 전선에서 무훈을 세운 부대장 악비는 어느새 부대장을 뛰어넘어 사령관의 지위에 올랐다. 조정에서는 이런 군인 출신의 무장을 전선 사령관으로 두는 것에 대해 말 못할 불안을 느꼈다. 결국 여러 가지 술책을 동원하여 악비를 제거하려 했고, 그 결과 악비는 희생양이 되어 처형당하는 참혹한 최후를 맞이하고 만다. 이래서야 군인 입장에서 보면 뛰어나게 활약할수록 손해이고 공을 세우는 사람이 바보인 격이다. 남송 조정은 이렇게 스스로의 전력을 약화시킨 결과, 이후 점점 더 병력이 쇠약해졌다. 그런데 이러한 정책은 이때 시작된 것이 아니라 이미 북송 시대부터 내려온 전통적인 방침이었다.

군인 세력을 억누르면 전쟁이 일어날 경우에 상당한 불이익을 초래할 수 있다. 그럼에도 군정권, 통수권, 지휘권을 중앙에서 확실히 장악해 두겠다는 방침은 매우 뛰어난 생각이다. 아무리 수훈을 세운 장군이라도 정책 결정을 하는 정치적 최고 자리에는 참여시키지 않는다는 제도는 언뜻 무정한 듯 보여도 사실은 정치적으로 최고의 안목이다. 왜냐하면 군인이 군인인 채로 정치에 참여하면 자칫 군대 입장을 중심으로 국가의 정치·외교를 좌지우지하려 하기 쉽기 때문이다. 두말할 필요도 없이 군대는 국가를 보호하기 위해 존재해야 하며 국가·국민의 지배자가 되어서는 안 된다. 영국 격언에 '군대는 가장 우수한 하인이지만, 그것이 주인이 된다면 최후·최악의 주인공이 된다'는 말이 있다고 한다. 일단 정치권력을 장악한 군대가 얼마나 빠른 속도로 타락하고 부패하는지는 이미 여러 차례 증명된 바 있다.

중국의 역대 왕조 가운데 송 대는 특히 문관에 의한 문치 정책의 방침을 견지했는데, 이후 각 시대도 대개 그 노선을 따랐다. 몽골족이 세운 원元 왕조는 이민족 왕조이기 때문에 제쳐 둔다면 명 대도 초기 창업기를 제외하고는 문치 정책이 유지되었다. 청조도 만주 이민족이 세운 왕조임에도 불구하고 대체로 명의 정책을 답습했다.

청 대는 지방의 각 성에 총독과 순무를 두고 군정과 민정을 담당케했는데, 그들은 대개 문관이었으며 무관이었던 예는 매우 적다. 중앙정부의 한인 관료는 모두 문관이며 병부상서도 문관이었다. 병부상서의 문관제야말로 송 대 이후 중국 역대 정치에 일관되게 적용되어온 방침이라 할 수 있다. 당연히 이런 방침에 약점이 수반되는 상황은 피할 수 없지만, 긴 안목으로 보면 가장 진보된 제도라는 점은 부정할 수 없다.

중국의 역사는 통일의 역사이고 평화의 역사이며 그 사이에 일어난 전쟁은 극히 적었다라고 한다면 혹여 이견이 제기될지도 모르겠다. 그러나 원래 중국의 넓이는 유럽 전체에 맞먹는다는 사실을 잊어서는 안 된다. 한 왕조의 창업기에는 내란 평정이나 대외 정복과 같이 종종 전쟁이 일어나지만, 그것이 끝나고 나면 뒤에는 일반적으로 평온하다. 특히 문치주의가 활성화된 송 대에는 전쟁의 기록이 적다. 송 대라고 하면 유럽은 중세 말기에 해당하는데, 그 무렵 유럽에서는 거의 매년 어디선가 전쟁이 일어났으며, 그것이 그대로 계속되어 현대에 이르고 있다 해도 과언이 아닐 정도다. 청조의 경우에는 말년에 이르러 대외 전쟁의 횟수가 많아졌지만 그것은 대부분 외부에서 먼저 싸움을 걸었기에 하게 된 전쟁이었다.

군부 세력에 의한 쿠데타 같은 것도 중국에서는 송 대 이후의 역사에는 거의 보이지 않는다. 만약 그런 일이 발생한다고 해도 아무도 따르는 사람이 없기 때문에 처음부터 시도하는 이가 없었을 것이다. 이는 백성의 수준이 상당히 높다는 사실을 나타낸다. 다만 백성이라고는 해도 여론을 형성하는 힘이 있는 사람은 지식계급과 유산계급에 한정되었음이 틀림없다. 그러나 이 또한 비교의 문제인데, 예를 들어 유럽 역사에서 중국 송 대 이후의 지식계급에 필적할 만한 계급은 언제부터 존재했을까? 아마도 유럽 선진국에서조차 15~16세기 르네상스 시대 이전으로는 거슬러 올라갈 수 없을 것이다.

과거제도는 이와 같은 중국의 지식계급을 기반으로 하여 그 위에서 번영한 제도이다. 과거에 급제한 진사는 천자로부터 명예로운 지위를 부여받았음이 틀림없지만, 동시에 그들은 지식계급의 여론으로부터 그 영예를 승인받은 사람이기도 하다. 그렇지 않다면 어떻게 시험관의 일거수일투족이나 합격자 성적의 등수 하나가 사교계에서 화제의 초점이 될 수 있겠는가? 이 점에서 보자면 과거는 형태를 바꾼 일종의 총선거라고도 할 수 있다. 교묘하게도 선거選擧라는 말은 중국에서 과거 그 자체를 가리킨다. 중국 고대에는 지방 말단 취락인 향리에서 인망이 있는 사람을 뽑아 추천하면 중앙정부가 그 여론에 따라 그를 관리로 임용했기 때문에 이 추천이 곧 선거로 불렸다. 그 뒤로 점차 세상이 변해 천자의 독재 권력이 강화되고 관리 임용권과 관리 자격 부여권이 모두 천자의 수중에 들어가게 되면서 과거와 같은 새로운 제도가 발생했다. 그러나 중국인의 사고방식으로 볼 때 이는 민간에서 할 일을 편의상 천자에게 위임한 데 지나지 않는다. 그렇기 때문에 모든 관리를 선발하는 것을 여전히 선거라고 칭하며, 특히 과거를 선거의 최고 수단으로 내세웠던 것이다.

　이처럼 민간의 여론을 배경으로 한 과거 합격자인 진사였기에 정치가가 되어 군부의 힘을 억누를 수도 있었던 것이다. 과거의 이점이나 폐해는 하나하나 열거하자면 끝이 없다. 하지만 과거가 가장 크게 작용한 결과의 하나로 병부상서 문관제를 꼽아 살펴보는 것만으로도 그 효능에 위대한 점을 발견할 수 있을 듯하다. 정치에 대한 군대의 간섭은 오늘날 세계의 선진국이라 일컫는 국가들에서조차 힘에 겨워하는 문제이기 때문이다.

후기

　나는 머리말에서 약속한 대로 중국 과거제도의 실체를 가능한 한 주관을 섞지 않고 그저 있는 그대로 서술함으로써 일단 그 책무를 다했다고 생각한다. 그러나 지금 여기서 글을 마치면서 역시 뭔가 중요한 점을 빠뜨린 것 같은 기분을 지울 수 없다. 그것은 부제인 '시험지옥'이라는 말이 시사하고 있듯이 중국의 과거제도와 일본의 현재 입시 지옥의 상대적 관계다.

　원래 인생 자체가 긴 경쟁시험의 연속이기 때문에 오늘날 일본의 입시 지옥도 어쩔 수 없다고 선을 그어버리면 문제될 것이 없다. 그러나 일본에서는 그 양상에 문제가 있다. 편의상 문제를 두 가지로 좁혀서 생각해보면 첫째는 들어가고 싶은 학교에 들어갈 수 없다는 문제, 둘째는 어디에도 들어가지 못한다는 문제이다.

나는 최근 미국에서 1년 가까이 지낸 경험이 있다. 미국에는 입학난은 있되 입시 지옥은 없다. 시험지옥과 같은 것이 있기는 하지만 그것은 일상적으로 배우는 과정에서 교사가 질릴 정도의 많은 숙제를 내주는 바람에 산더미 같은 참고서와 씨름하는 종류의 것이다. 각 대학은 서류 심사로 입학자를 결정하기 때문에, 제삼자의 입장에서 보면 혹 그에 대해 트집을 잡을 여지가 있을지도 모르지만, 사람들은 전혀 그런 것을 문제 삼지도 않을뿐더러 입학에 관해서는 모든 것을 대학에 일임하고 있다. 미국의 대학에서는 입학하고 난 다음부터 굉장히 힘들어지므로 만약 실력에 맞지 않게 너무 수준이 높은 학교에 들어가면 일상적으로 치르는 시험을 감당하지 못하고 도중에 낙오될 수밖에 없다. 도중에 낙오한다면 그만큼 손해를 보는 셈이므로 오히려 처음부터 수준이 안 맞는다고 딱 잘라 거절해주는 대학에 경의를 표한다. 요컨대 미국에서 입학은 비교적 쉽지만 졸업은 어렵다. 시험지옥은 졸업하기 위해 존재할 뿐 입학하기 위해 존재하지 않는다.

일본의 시험지옥은 미국의 그것과 비교하면 성질이 크게 달라서 오히려 옛날 중국의 과거로 인한 시험지옥 쪽에 가깝다. 이는 대체 무엇 때문일까? 동양과 서양의 문화적 차이일까, 아니면 세계사적으로 봤을 때 사회발전단계의 차이에서 비롯된 것일까?

중국의 과거제도는 그 이전에 존재했던 귀족 제도의 대안으로 고안되었고, 일본의 학교제도는 봉건제도가 붕괴된 직후에 주로 관리 양성의 목적으로 설치되었다는 점에서 무언가 공통적인 면을 갖고 있다. 그리고 사회 저변에 근대적인 조건이 충분히 갖춰져 있지 못했다는 점도 아울러

지적해야 할 것이다. 솔직히 말해 오늘날 일본 사회는 여전히 매우 봉건적이고 전근대적인 요소를 다분히 포함하고 있다. 특히 노동시장이 좁아 종신고용제가 사회 곳곳에서 시행되고 있다는 점이 입시 지옥을 만들어 내는 하나의 사회적 기반이 되었다고 생각한다.

중국 전통 시대의 관리는 전형적인 종신 피고용자이다. 관리가 되면 평생 그 지위가 보장되는 반면 다른 일로 전업하기가 대단히 어렵다. 그런 지위에 오르는 것을 최종 목표로 삼아 과거라는 어려운 시험에 세상 사람들이 몰려든 것이다. 오늘날 일본도 이와 유사한 부분이 조금 있다. 종신고용제인 탓에 최종 학교의 졸업과 취직이 밀접하게 결합되어 있으며, 그 결과 한번 취직을 해버리고 나면 그 뒤에는 전업이 어렵거나 거의 불가능한 상태에 놓인다. 오쿠라쇼大藏省 한국의 기획재정부에 해당의 관리가 되면 평생을 오쿠라쇼에서 보내고, 스미토모住友 1919년에 설립된 일본의 종합무역상사에 입사하면 평생 스미토모맨으로 통한다. 그렇다면 평생의 운명이 졸업하는 순간에 거의 정해진 바나 다름없으니, 바로 이 점이 과거와 서로 성격이 상당히 유사한 부분이다. 따라서 졸업한 뒤 취직에 가장 유리할 것 같은 대학으로 너도나도 입학하려 한다. 그러기 위해서 그 대학에 가장 입학할 가능성이 높은 고등학교에 입학하려 하고, 그 고등학교를 위해 중학교를 선택하고, 그 중학교를 위해 초등학교를 선택하며, 그 초등학교를 위해 유치원을 고르는, 매우 힘든 난관을 계속해 뚫어야 하는 일련의 경쟁 코스가 어느새 완성되어버린다. 이렇게 한 곳으로 집중되고 편재되는 상황이 시험지옥을 초래하는 것이다.

미국에서 취직은 결코 한 번으로 끝나지 않는다. 오히려 한 관청이나 한 회사에서 평생 근무하는 사람이 이례적이며, 심지어 엄청난 무능력자라는 소리를 듣는다. 유능한 사람일수록 여기저기서 스카우트 제의를 받고 좀 더 유리한 조건으로 직장을 바꿀 수 있다. 만약 이러한 사회라면 그렇게 무리해가면서까지 특정 대학에 필사적으로 입학하려고 집착하지 않을 것이다. 일본에서 시험지옥 현상이 나타난 근저에는 봉건적 요소가 매우 다분한 종신고용제가 자리 잡고 있으며, 이것이 일본 사회에서 진정한 의미의 인격의 자유, 취직의 자유, 고용의 자유를 빼앗고 있다. 이런 상황이 큰 관청이나 대기업일수록 심각하기에 더 골치가 아프다.

회사는 학교를 갓 졸업한 신입 사원을 채용할 때 앞으로 그들의 평생 고용을 보장해주는 대신 충성을 요구한다. 그것은 인간적인 성실함이 아니라 봉건적이고 몰아적인 충성이다. 만약 자기 일신상의 문제로 그 회사를 그만둔다면 배신자 취급을 받을 것이다. 또 만약 더 유리한 조건으로 고용하겠다는 고용주가 나타나면 의리를 내세우면서 극구 만류하려 할 것이다. 이는 단순히 노동력을 사는 데 그치지 않고 인격까지 산 것을 의미한다.

비단 회사만이 아니다. 가장 진보적이어야 할 대학에서조차 교수를 정년이 될 때까지 고용하려고 한다. 그렇다면 대체 어디서부터 일본 사회의 완전한 근대화가 진정으로 시작될 것인가?

학생이라는 신분 또한 종신 고용의 성격을 갖고 있다. 힘들게 노력하여 입학한 학생이기 때문에 전혀 공부를 하지 않더라도 졸업 연한까지 어떻게든 재학할 수 있으며, 아무리 나쁜 성적을 받더라도 적당히 조건만 갖추면 졸업을 시켜준다. 미국의 대학과는 반대로 입학은 어렵지만 졸업은 쉽다. 학교는 그저 입학하기 위해 존재할 뿐 공부하기 위한 곳은 아니라는 식의 결론까지 낳는다. 아이러니하게도 우수한 대학이라 일컬어지는 학교의 실체가 딱히 우수한 교육을 실시하는 곳이 아니라 그냥 그곳에 모여든 학생들의 우수한 자질에 기대어 팔짱 낀 채 넋 놓고 있는 경우도 있다.

이와 같은 종신고용제는 현실 사회의 상황에서 발생했음이 틀림없지만, 그렇다고 해서 언제까지나 실태 그대로 받아들이고 있으면 사회의 발전은 기대할 수 없다. 그렇다면 이런 현상을 타파하려면 도대체 어디서부터 손을 대면 좋을까? 나는 이것을 실업계에 기대하고 싶다. 왜냐하면 오늘날 일본에서 종신고용제는 사실상 사회 실태로부터 발생했을 뿐만 아니라 그 이상으로 거기에 관여된 사람들의 봉건적인 사상에 의해 한층 더 강화되고 있다고 생각하기 때문이다. 그런데 가장 실리적으로 운용되는 곳이 실업계. 나는 실업계에서 마음대로 인재 빼가기 경쟁을 해주길 바라는데, 어쩌면 이미 시작되었을지도 모른다고 생각한다. 그렇게 되면 사회적으로 직업 전환이 별로 이상하게 여겨지지도 않고, 고정관념을 타파함으로써 현실의 불합리성이 차츰 개선되어갈 것이라 생각한다.

또한 학교 측도 단지 학생을 입학시키고 졸업시키는 것만이 능사가 아님을 인식해야 한다. 재학 중에 충분한 학업을 시켜서, 설사 어려운 시험을 통과하여 입학했을지라도 그 수학 과정을 견디지 못하는 학생은 가차 없이 시험을 다시 치도록 하는 조치를 취해야 한다. 그와 동시에 열심히 공부할 수 있도록 충분한 설비와 교수 확보를 위해 노력해야 한다고 생각한다.

그러나 입학의 난관은 학교에서 수용 가능한 학생 숫자의 절대적인 부족으로 생겨난 문제이다. 특히 아직 전문화되지 않은 일반 교육에 속하는 고등학교의 설비 부족을 어떻게 해결할 것인지에 관한 문제에 이르면 해결책의 성질은 약간 달라진다. 하지만 그 해답은 아주 간단하다. 원래 교육에 돈이 드는 것은 당연한 일이다. 또한 그 설비가 부족하다는 것은 무엇보다 정치력 부족에서 기인하며, 부모들의 책임이기도 하다. 대체로 세상의 부모들은 개인적인 부담, 예컨대 자녀를 학원에 보내는 비용이라면 몇 년이라도 감수하지만 전반적인 교육에 대한 투자에는 전혀 관심이 없다. 오직 개인의 입장에서만 문제를 해결하고자 하는 점은 바로 자기만 잘 되면 그만이라는 옛날 과거 수험자들의 태도와 같다. 수험생에게 개인적으로 격려하면서 가정교사를 붙여주고 참고서를 얼마든지 사주며 수험장까지 따라나설 정도로 눈물겨운 노력을 다하지만, 사실 이러한 부모들이야말로 의외로 시험지옥을 만드는 원인 제공자가 아닐까? 그들이 이런 노력을 하면 할수록 시험지옥은 심해질 뿐이다. 그러나 만약 정말로 그들이 교육에 열성적이라면 좀 더 교육을 소중히 하는 국회의원과 나라의 수장을 뽑으면 한꺼번에 문제가 해결되리라고 생각한다.

신슈信州나가노 현을 가리킨다의 시골에서 나고 자란 나는 그곳에서 교육받은 것을 다행으로 생각한다. 내가 아직 어렸을 때는 마을의 세금이 매우 높아서 소득세의 10배나 되는 금액을 납부했던 것으로 기억한다. 그 대부분은 초등학교의 유지비로 쓰였고, 반면에 면의회 의원이나 관공서 관리는 거의 무보수에 가까운 상태였다. 현립 중학교는 매년 입학자가 정원

미달인 상황이었지만 끝까지 잘 버텨주었다. 나는 그 시절 당국자와 학교를 유지하게 지지해준 여론에 무조건적으로 감사와 경의를 표한다.

그런데 지금 번영을 구가하고 있는 대도시일수록 고등학교의 입학난이 심각하다는 상황은 도저히 이해하기 힘든 이야기로, 아무리 애를 써도 이해되지 않는다.

과거 연표

(수) → 581 수隋 문제文帝 개황開皇 원년元年
수隋가 북주北周를 무너뜨리고 화북을 지배함.

→ 587 문제 개황 7년
이 무렵에 구품관인법九品官人法을 폐지하고 과거제도를 시작함.
과목으로는 수재秀才, 명경明經, 진사進士가 있었음.

→ 589 문제 개황 9년
수가 남조南朝 진陳을 멸망시키고 천하를 통일함.

→ 595 문제 개황 15년
방현령房玄齡이 18세에 진사가 되었는데, 훗날 당唐의 재상이 됨.

→ 605~613 양제煬帝 대업大業 연간
일반적으로 과거가 대업 연간에 시작되었다고 하는 것은 오류임.

(당) → 618 당唐 고조高祖 무덕武德 원년
수가 멸망하고 당唐이 세워짐.

● 622 고조 무덕 5년
당에서 처음으로 과거를 실시함.

● 651 고종高宗 영휘永徽 2년
수재과秀才科를 폐지함.

● 728 일본 쇼무聖武 진키神龜 5년(당 현종玄宗 개원開元 16년)
일본에서 처음으로 진사 시험을 시행함. 이후 헤이안平安 시대에 관리 등용 시험
인 과시課試 제도가 시행됨.

● 875 당 희종僖宗 건부乾符 2년
황소의 난 발생.

● 880 희종 광명廣明 원년
황소가 당의 수도인 장안長安을 함락함.

● 884 희종 중화中和 4년
황소가 살해당함.
주전충朱全忠 세력이 확장됨.

후량 ● 907 애제哀帝 천우天祐 4년 / 후량後粱 태조太祖 개평開平 원년
3월에 당 최후의 과거가 실시됨.
4월에 후량의 태조 주전충이 당을 멸망시킴.

● 908 후량 태조 개평 2년
후량에서 최초의 과거가 실시됨.
이후 오대五代의 전란 중에도 과거가 계속 실시됨.

→ 916 말제末帝 정명貞明 2년

　　요遼의 야율아보기耶律阿保機가 스스로 황제라 칭함.

→ 960 송宋 태조太祖 건륭建隆 원년

　　후주後周를 무너뜨리고 송이 일어남. 이해에 송 최초의 과거가 시행됨.

→ 975 태조 개보開寶 8년

　　처음으로 전시殿試를 시행하였으며 이후 관례가 됨.

→ 988 태종太宗 단공端拱 원년

　　요의 성종聖宗이 처음으로 과거를 실시함.

→ 992 태종 순화淳化 3년

　　전시에 처음으로 호명법糊名法을 적용하여 답안에서 수험자의 이름 부분을 봉하
　　고 심사함.

→ 1007 진종眞宗 경덕景德 4년

　　예부시禮部試에서도 호명糊名을 사용하기 시작함.

→ 1015 진종 대중상부大中祥符 8년

　　예부시에 등록법謄錄法을 적용하여 답안의 원본이 아닌 사본으로 심사하기 시
　　작함.

→ 1057 인종仁宗 가우嘉祐 2년

　　구양수歐陽脩가 지공거知貢擧가 되어 고문古文으로서 진사를 뽑음.

→ 1067 신종神宗 치평治平 4년

　　3년에 한 번 과거를 시행하는 관례가 시작됨.

→ 1068 신종 희녕熙寧 원년

　　태학太學의 법을 새로이 마련함.

→ 1069 신종 희녕 2년

　　명경과를 없애고 진사과만 남김. 단 시험 과목에 경의經義를 추가함.

→ 1115 휘종徽宗 정화政和 5년

　　북만주에 여진족이 세운 금金이 일어나서 아골타阿骨打가 황제를 칭함.

→ 1123 휘종 선화宣和 5년

　　금 태종太宗이 처음으로 과거를 실시함.

→ 1125 휘종 선화 7년

　　금이 요를 멸망시킴.

남송 → 1127 남송南宋 고종高宗 건염建炎 원년

　　금이 북송을 멸망시키고, 송의 고종은 남쪽에서 자립함.

→ 1206 영종寧宗 개희開禧 2년

　　몽골의 테무친鐵木眞이 칭기즈칸(원 태조)이라 칭함.

→ 1234 이종理宗 단평端平 원년

　　몽골이 송과 동맹을 맺고 금을 멸망시킴.

→ 1256 이종 보우寶祐 4년

　　문천상文天祥이 장원으로 급제함.

→ 1276 공제恭帝 덕우德祐 2년

　　남송이 멸망함.

원 •— 1282 원元 세조世祖 지원至元 19년
문천상이 살해당함.

•— 1315 인종仁宗 연우延祐 2년
원조元朝에서 처음으로 과거를 실시함.

명 •— 1368 명明 태조太祖 홍무洪武 원년
명의 태조가 즉위하여 몽골인을 사막 북쪽으로 쫓아내고 남경南京을 수도로 삼
아 중국을 통일함.

•— 1370 태조 홍무 3년
명이 처음으로 과거를 실시함.

•— 1403 성조成祖 영락永樂 원년
북경을 세우고 마침내 북경으로 천도함.

•— 1466 헌종憲宗 성화成化 2년
나륜羅倫이 장원으로 급제함.

•— 1481 헌종 성화 17년
왕양명王陽明의 아버지인 왕화王華가 장원으로 급제함.

청 •— 1644 청淸 세조世祖 순치順治 원년
명이 멸망하고 만주족이 세운 청淸이 북경에 입성함.

•— 1646 세조 순치 3년
청이 처음으로 과거를 실시함.

- 1788 고종高宗 건륭乾隆 53년
  향시鄕試 뒤에 향시복시鄕試覆試, 회시會試 뒤에 회시복시會試覆試 시행을 정함.

- 1853 문종文宗 함풍咸豊 3년
  태평천국군이 남경을 함락하여 수도로 삼고 과거를 실시함.

- 1858 문종 함풍 8년
  직예성直隷省의 향시 부정 사건이 발각되어 대량의 처형자를 양산함.

- 1901 덕종德宗 광서光緖 27년
  신교육제도를 정함.

- 1904 덕종 광서 30년
  청조 최후의 과거를 실시함.

중화
민국

- 1919 중화민국中華民國 8년
  노신魯迅이 소설 「공을기孔乙己」를 발표함.

전시의 제1갑 1~3등인 장원급제, 방안급제,
탐화급제의 편액(본문 관련 내용 169쪽 참조)

해설

저자 주

본서 신서판[쇼와^{昭和} 38년(1963) 5월, 주오코론샤^{中央公論社} 간행 〈주코신쇼^{中公新書} 15〉]은 뉴욕시립대학의 콘래드 시로카우어^{Conrad Schirokauer} 교수가 영어로 번역하여 *China's Examination Hell*(중국의 시험지옥)이라는 제목을 달고 1976년 웨더힐^{Weather hill} 사에서 간행되었고, 이어서 1981년 예일대학 출판부(Yale University Press)에서 보급판으로 재판되었다. 이 영어판에는 역자가 쓴 매우 친절한 머리말이 붙어 있으므로 그 내용을 일본어로 번역하여 해설로 게재한다. 그리고 이 영어판에 대해 〈타임즈 문학 부록(*Times Literary Supplement*)〉을 비롯하여 여러 잡지에 비평이 소개되었기에 그 가운데 몇 개를 골라 마지막에 수록한다.

— 영문 번역 : 미야자키 이치사다

시험! 시험! 시험! 전 세계가 시험으로 고통을 받고 있는데, 그 이유
는 시험이야말로 사람의 일생을 좌우하고 어느 누구도 시험의 마수에서
벗어날 수 없기 때문이다. 게다가 이러한 시험제도는 시간이 지나면서
늘어나기만 할 뿐 줄어들 낌새가 보이지 않는다. 날이 갈수록 시험제도
의 옳고 그름을 따지는 문제가 논의의 주제로 등장하고, 특히 국제적인
규모로까지 발전하여 각국에서 시험제도에 관한 국정의 차이점에도 관
심이 쏠리는 상황에 대해서는 1969년판 『세계교육연감(*World Year Book of
Education*)』의 기사를 읽어보길 권한다.

중국의 시험제도는 오랜 역사를 가지고 있고 또한 그와 관련된 자료
도 풍부하다는 점에서 특별히 주목할 가치가 있다. 세계적으로 볼 때 시
험제도의 창설과 유지를 위한 노력은 중국에서 먼저 시도되었다. 시험관
은 무엇보다 시험 방법을 공평하게 만들고 수험 태도를 공정하게 이루기
위해 노력했는데, 그를 위해서는 각종 부정 수단에 대해 온갖 예방책을
강구해야만 했다. 이에 따라 허허실실의 지혜를 겨루는 일이 끝없이 계
속되었다. 그 시험은 마침내 실효를 거두었으나 과연 객관적으로 의의가
있었는지, 또 시험을 통해 과연 재주와 학문이 뛰어나고 덕과 의가 두터
운 인물이 채용되었는지 등에 대해서는 외국의 사례와 비교 연구를 통해
밝혀내야 할 과제일 것이다.

비교 연구는 매우 흥미로운 주제다. 중국의 시험제도를 근대국가의
시험제도와 비교해보면 매우 독특한데, 그 이유는 과거科擧가 인생에서
성공의 유일한 관문이었다는 점에 있다. 옛 중국에서 관료는 가장 명예
로운 지위였을 뿐만 아니라 가장 유리한 직업이었다. 정치를 운용하고

사회를 지도하는 관료를 선발하여 등용하고 엘리트 계급을 구성하는 데 과거는 가장 큰 역할을 했다. 과거는 전통적인 학문의 존중을 통해 교육이 유효하다는 점을 실제로 증명했지만, 그와 동시에 과거를 보기 위해서는 무엇을 배워야 하고 또 어떻게 배워야 하는지에 관한 교육 문제도 결정해버렸다. 그렇게 결정된 교육 내용이 바로 유교의 고전이다. 유교 고전은 국가의 보호하에 관료에 대해서는 도덕의 원리를 부여하고 일반 민중에 대해서는 현재 상황을 받아들이면서 각자의 지위에 안주해야 함을 가르쳤다. 그리고 이렇게 오래되고 강력한 전통은 어용학자를 고무하여 그들로 하여금 제자들을 계도해서 고전학을 익히게 했으며, 고전 속에서 인생의 의의를 찾도록 힘쓰게 만들었다. 이들 교사는 학문을 출세의 길로 간주하는 세속의 경향에 대해 개탄해 마지않았다. 그러나 일반 대중으로서는 시험에 통과하는 것이 그대로 승리의 기쁨을 의미한다고 한들 그렇게 이상한 일도 아니다.

게다가 과거제도는 관료를 등용할 때 가계나 혈통에 상관없이 개인의 재능과 학식을 시험하는 데 가장 좋은 방법으로서 정부는 물론 민중으로부터도 지지를 얻어왔다. 이런 이유만으로도 과거제도는 영속될 가치가 있었다. 오늘날의 교육제도나 관료제도를 비교 연구하려면 중국의 과거는 도외시할 수 없는 중요한 자료다. 그 때문에 옛 중국의 사회사나 사상사에 흥미가 있는 사람에게는 더더욱 필수적인 연구 소재일 수밖에 없다. 이러한 영향으로 지금까지도 과거제도에 대해 각각의 관점에서 바라본 전문 서적이 계속해서 출판되었다. 다만 한 가지 아쉬운 점을 지적하자면 초보 역사학도나 비전문가인 일반 독자를 위한 개괄적인 입문서가 부족하다는 점이다. 적어도 영어로 쓰인 책 중에는 그런 책이 없다.

이런 쓰임새를 위해서는 내가 번역한 이 책이 안성맞춤이라고 생각한다. 왜냐하면 이 책은 일반인을 대상으로 한 교양서 가운데 중국의 시험제도에 관해 학자가 쓴 거의 유일한 책이라고 해도 과언이 아니기 때문이다. 물론 원저자인 미야자키 이치사다 교수가 상정한 독자는 당연히 일본인이었다. 그러나 이 책에는 부제로 시험지옥이라는 일본식 단어를 사용하고 있음에도 불구하고 현재 일본의 시험제도에 대해 언급하는 내용은 극히 드물다. 또한 주 제목도 어디까지나 과거科擧, 곧 중국의 시험제도다.

원저자는 1901년 나가노長野 현의 작은 마을에서 나고 자랐다. 다행히 그때는 제1차 세계대전 전이라 저자가 대학에 진학할 때까지 시험 과정에서 겪는 경쟁도 그렇게 심하지는 않았고, 또한 지역적 특성으로 교육 자체를 존중하는 분위기 덕에 수험으로 인한 괴로움에 시달리는 일도 없었다고 한다. 그는 교토대학을 졸업한 뒤 그대로 교토대학 동양사학 강좌의 담임교수가 되었다. 그는 스승인 나이토 고난內藤湖南이 제기한 중국사의 시대구분론, 이른바 나이토 사학의 계승자로도 알려져 있으며, 중국 경제사·제도사·사회사 분야에서 수많은 연구를 발표하고 있다.

여기서 상세한 부분까지 설명할 여유는 없지만 다음 사항에 관해서만은 지적해 둘 필요가 있다. 즉 중국에서는 육조 시대 이래 귀족관료제도가 차츰 쇠퇴하고 송 대에 이르러 신흥 사대부 계급이 조정을 장악하여 청조 말년까지 이르렀다는 사실을 강조한다는 점에서 둘은 완전히 일치한다. 그래서 미야자키의 의도는 중국사에서 관리 등용 제도를 검증하

는 데 있으며, 이를 위해 본서 이전에도 이미 두 권의 단행본을 세상에
내놓았다. 그중 한 권이 1956년에 출판된 『구품관인법의 연구』로서 과
거제도 출현 이전의 관리 등용법을 명확히 밝혔으며, 또 다른 한 권이 이
책과 제목이 동일한 A5 판형의 『과거』로 1946년에 간행되었다. 똑같은
책 제목이지만 그것과 이 책은 완전히 별개의 기획에 근거했으며, 후자
는 결코 전자를 다시 찍어낸 책이 아니다. 본 역서는 후자를 번역한 책이
고, 원저자가 말한 대로 전자의 책만큼 전문적이지 않다. 대신 더욱더 간
단명료하게 일반인을 대상으로 쓰인 것이 특징이다.

중국의 시험제도는 사회의 다양한 부분과 관련되어 있기 때문에 연
구를 할 때도 세심한 주의가 요구된다. 원서의 저자는 이 책을 저술할 때
중국의 시험제도가 가장 복잡해지는 마지막 단계, 즉 청조의 제도에 초
점을 맞추면서 그 전대의 제도는 대체로 소홀히 다뤘다. 이는 매우 합당
한 태도로서, 청 대까지 내려오면 이용할 수 있는 자료가 매우 풍부해져
소설이나 수필, 희곡 등을 통해 수험자의 심리에 접근하는 일이 가능하
다. 또한 수험자 주위 인물들의 삶에 대한 묘사까지 가능해지는 성과를
얻는다.

이 책은 시험제도의 역사를 서술하는 데 목적이 있지는 않지만 그렇
다고 해서 그 역사적 전망에 부족함이 있는 것도 아니다. 게다가 맺음말
에서 과거제도에 대해 개관, 평론하는 것을 잊지 않는다. 그런데 여기서
저자가 과거제도가 시작되기 이전, 예를 들어 한 대漢代의 관리 후보자 추
천 제도인 효렴孝廉 중국 전한前漢의 무제武帝가 제정한 향거리선鄕擧里選 과목 중 하나을 섣불리 다
루지 않은 점은 오히려 현명한 태도라 할 수 있다. 저자가 다룬 것은 수

대隋代의 과거제도가 시작된 이후인데, 수 왕조야말로 그 이전의 육조 분열 시대에 정계에 뿌리내리고 있던 귀족 집단에 대하여 과거제를 통해 황제 권력이 최상임을 선언하고 도전을 시도한 것이었다.

수 왕조는 짧은 역사로 종말을 맞았지만, 그 뒤를 이은 당 왕조는 같은 방침 아래 과거제도를 더욱 광범위한 사회층으로부터 관료를 채용하기 위한 수단으로 삼았다. 그러나 과거제도가 진정으로 개화하여 기대하던 열매를 얻고 문인 관료가 완전히 세습 귀족층을 대체하기까지는 송 왕조의 출현을 기다려야만 했다. 송 이후에 들어선 각 왕조는 과거를 소중하게 지키고 발전시켜 나갔다. 단지 이민족 출신의 원 왕조가 과거제를 채용하기까지는 약 40년의 세월이 걸렸지만 결국은 중국적인 관습에 순응할 수밖에 없었다. 명·청은 과거를 가장 숭상한 왕조로 알려져 있다. 그러나 그와 동시에 한편으로는 학교교육의 중요성을 잊어버림으로써 엄청난 인구에 따른 어마어마한 수의 수험생들이 일제히 과거의 좁은 문으로 몰려드는 살인적인 경쟁을 야기했다. 이것이 바로 이 책에서 묘사한 '시험지옥—Examination Hell'이다.

청조 정부는 개국 이후 근대 세계에 대응하기 위해 시대에 뒤떨어진 과거제도를 폐지하는 수순을 밟았다. 그러나 때는 이미 늦었으며, 정치 개혁의 결실을 맺는 것도 왕조의 명맥을 유지하는 일도 실패했다. 청조는 과거제보다 겨우 6년 더 길게 유지되었을 뿐이다. 과거제가 폐지되었음에도 불구하고 옛 과거 시험에 목숨을 거는 늙은 지식인은 여전히 존재했다. 중국 근대의 문호인 노신은 이 같은 상황을 글로 묘사했는데, 그 내용이 이 책에도 인용되어 마지막을 장식하고 있다. 243~245쪽 참조

영역판에 대한 비평

■ *Times Literary Supplement* : 원저자는 과거제도가 긴 중국 역사 가운데 흥망성쇠를 겪은 내용을 서술하고 있다. 특히 송 대에 학교교육의 진흥을 꾀한 시기가 있었다는 점을 제외하면 역대 정부가 대체로 교육에 열성적이지 않았고, 그저 민간에서 이미 교육을 마친 사람을 선발하는 데 불과한 과거제도의 정비에만 열의를 기울였다는 점을 지적한다. 교육이란 많은 비용이 들어가는 일이기 때문이다. 그러나 저자는 이런 과거를 통해 과연 새로운 인재를 등용할 수 있었는지, 과거가 정말 사회적으로 성공하는 수단으로서 유용했는지에 관해서는 그다지 자세히 언급하지 않는다. 반면, 이 책은 과거에 뜻을 둔 젊은이들의 생활이 어떠했는지에 대해 선명한 영상을 보여준다. 중국 제정帝政 시대의 과거제도에 관한 복잡다단한 양상을 알고자 하는 사람들에게 가장 유용한 문헌이라 할 수 있을 것이다.

■ *Choice* : 이 책은 전문 중국학자뿐만 아니라 일반적으로 서구 사회 및 정치를 배우는 학생들에게도 똑같이 유용하다. 다만 역자는 자연스럽게 원저자의 결점을 답습하고 있다. 원저자는 명 이전의 과거에 대해 잠깐 일별하고 그대로 넘어가버렸기 때문에 그 시대의 과거 변천을 왜곡해서 이해했다. 예를 들어 송 대에 과거제도를 대신하기 위해 마련한 학교제도의 결함에 대하여 그 이유를 송학파宋學派의 책임으로 잘못 돌린 일이 바로 그것이다.

■ *Pacific Affairs* : 중국의 과거가 송 대 이후 점점 번영해가면서 동시

에 점점 복잡해진 이유에 대한 저자의 지적이 흥미롭다. 그것은 중국 당대唐代에 발명된 인쇄술이 10~11세기 송 대에 이르러 널리 일반화되었다는 사실이다. 그로부터 무려 400년이나 지나서야 유럽에서는 비로소 인쇄술을 활용하여 많은 학생이 학문의 길을 갈 수 있었다. 중국에서는 당대까지만 하더라도 학생들이 힘겹게 경전을 직접 베껴 써야 했지만 송대에 이르면 간단히 인쇄되어 책 숫자가 증가했다. 그에 따라 과거에 응시할 수 있는 학생 수도 늘어나서 결국에는 정부가 필요로 하는 숫자 이상의 진사를 급제시켜야만 했다.

■ *The Japan Times* : 역자인 시로카우어 교수는 일본어로 쓰인 이 책을 영어로 번역함으로써 큰 공헌을 했다고 할 수 있으며, 게다가 독자를 위한 장문의 머리말을 써서 본서에 대한 이해를 도왔다. 원저자에 따르면 중국의 과거제도는 문민 통치의 정부를 만드는 데 크게 기여했다고 한다. 정부는 학문을 장려하면서 과거를 통해 승진한 문신을 정치 요직에 배치했지만 직업군인에 대해서는 정치에 끼어들지 못하도록 했기 때문이다. 그런데 이 책을 읽고 드는 의문은 과거의 형식, 규제, 절차 등이 굉장히 자세하게 서술되어 그것 나름대로 흥미롭지만 다른 한편으로는 시험의 내면적 요소, 즉 문학과 철학에 관한 고찰이 이루어지지 않았다는 점이다. 사서오경이란 무엇이며 왜 그렇게 존중되어야만 했는지, 과거제도는 정말 유교주의에 기초했는지에 관해 좀 더 설명을 추가하면 좋았으리라 생각된다.

과거, 중국의 시험지옥

초판 1쇄 인쇄 2016년 6월 29일
초판 1쇄 발행 2016년 7월 7일

지은이 미야자키 이치사다
옮긴이 전혜선
펴낸이 정순구
책임편집 조수정
기획편집 정윤경 조원식
마케팅 황주영

출력 블루엔
용지 한서지업사
인쇄 한영문화사
제본 한영제책사

펴낸곳 (주) 역사비평사
등록 제300-2007-139호 (2007.9.20)
주소 10497 경기도 고양시 덕양구 화중로 100 (비전타워21) 506호
전화 02-741-6123~5
팩스 02-741-6126
홈페이지 www.yukbi.com
이메일 yukbi88@naver.com

『과거, 중국의 시험지옥』 독자 북펀드에 참여해주신 분들 (가나다순)

강부원 강석여 강영미 강영애 강은희 강주한 김기남 김기태 김병희 김성기 김수민 김수영 김유석 김인겸 김정민 김정환 김주현 김중기 김지수 김태중 김한별 김현철 김형수 김혜원 김회곤 나준영 남윤정 노진석 문성환 박경진 박근하 박나윤 박순배 박연옥 박진순 박진영 박진영 박혜미 서민정 서창겸 설진철 성지영 송덕영 송화미 신민영 신정훈 심만석 안진경 용진주 원성운 원성호 원 준 원혜령 유성환 유승안 유인환 유현경 이나나 이만길 이미령 이상훈 이성욱 이수한 이승빈 이원희 이주효 이지은 이하나 임원경 임태호 장경훈 장영일 전미혜 정담이 정민수 정솔이 정영미 정원택 정윤회 정율이 정지은 조민희 조세영 조승주 조정우 최경호 최영기 최헌영 탁안나 한민용 한승훈 허민선 허민효 허지현 황옥자

책값은 표지 뒷면에 표시되어 있습니다.
잘못 만들어진 책은 구입하신 서점에서 바꾸어 드립니다.